Wanda Klee, Philippe Wampfler, Axel Krommer (Hrsg.)
Hybrides Lernen

W0048800

Mit dem untenstehenden Download-Code erhalten Sie die PDF-Version dieses Buches.

So laden Sie Ihr E-Book inside herunter:

1. Öffnen Sie die Website: http://www.beltz.de/ebookinside
2. Geben Sie den untenstehenden Download-Code ein und füllen Sie das Formular aus.
3. Mit dem Klick auf den Button am Ende des Formulars erhalten Sie Ihren persönlichen Download-Link.
4. Für den Einsatz des E-Books in einer Institution fragen Sie bitte nach einem individuellen Angebot unseres Vertriebs: buchservice@beltz.de. Nennen Sie uns dazu die Zahl der Nutzer, für die das E-Book zur Verfügung gestellt werden soll.
5. Der Code ist nur einmal gültig. Bitte speichern Sie die Datei auf Ihrem Computer.
6. Beachten Sie bitte, dass es sich bei Ihrem Download um eine Einzelnutzerlizenz handelt. Das E-Book ist für Ihren persönlichen Gebrauch bestimmt.

Download-Code

XTUN7-FELMC-JEHJ8

Für Dr. Tanja Reinlein, ohne deren Initiative und Engagement es dieses Buch nicht gegeben hätte.

Wanda Klee, Philippe Wampfler, Axel Krommer (Hrsg.)

Hybrides Lernen

Zur Theorie und Praxis von Präsenz- und Distanzlernen.

Mit E-Book inside

Wanda Klee ist Schulleiterin am Westfalen-Kolleg in Dortmund.

Philippe Wampfler ist Deutschlehrer an der Kantonsschule Enge in Zürich und Deutschdidaktiker an der Universität Zürich.

Axel Krommer ist Akademischer Oberrat am Lehrstuhl für Didaktik der deutschen Sprache und Literatur an der Universität Erlangen-Nürnberg.

Dieses Buch ist erhältlich als:
ISBN 978-3-407-63223-4 Print
ISBN 978-3-407-63225-8 (PDF)

1. Auflage 2021

© 2021 Beltz
in der Verlagsgruppe Beltz · Weinheim Basel
Werderstraße 10, 69469 Weinheim
Alle Rechte vorbehalten

Lektorat: Dr. Erik Zyber
Umschlagabbildung: getty images © Klaus Vedfelt

Herstellung und Satz: Victoria Larson
Druck und Bindung: Beltz Grafische Betriebe, Bad Langensalza
Printed in Germany

Weitere Informationen zu unseren Autor_innen und Titeln finden Sie unter: www.beltz.de

Inhalt

III. Hybrides Lernen im zeitgemäßen Unterricht   81

Wanda Klee, Axel Krommer und Philippe Wampfler

Vorwort

Im Auftrag des Ministeriums für Schule und Bildung des Landes Nordrhein-Westfalen haben wir, Axel Krommer, Wanda Klee und Philippe Wampfler, im März 2020 ein Arbeitspapier mit sechs Hinweisen zum Distanzlernen verfasst. Diese Impulse wurden in den folgenden Monaten in verschiedenen Bundesländern diskutiert und in Online-Veranstaltungen mit Beispielen aus der Praxis verbunden.

Aus dieser Arbeit ist in Zusammenarbeit mit dem Beltz Verlag dieser Band entstanden. Er hat ein einfaches Ziel: Schulleitungen, Lehrkräfte, Schulträger, Fachdidaktiken und die Bildungspolitik sollen darin Orientierung für die Planung von Phasen des Distanzlernens finden. Die Beiträge zeigen, welche didaktischen Entscheidungen dazu geeignet sind, Lernumgebungen so zu gestalten, dass sie unabhängig von Präsenzunterricht funktionieren. Distanzlernen verstehen wir in diesem Sinne nicht als Notfallszenario und Krisenmodus der Schule, sondern als Möglichkeit für eine Entwicklung und Verbesserung schulischer Lernformen. Damit verbunden ist auch eine kritische Prüfung von Präsenzsettings.

Der Band besteht aus drei Teilen: Ein erster stellt die sechs Impulse vor. Diese werden in einem zweiten durch Einblicke in die konkrete Unterrichtspraxis aus verschiedenen Schultypen ergänzt. Der dritte Teil soll Wege aufzeigen, wie Schulen in Zukunft zeitgemäßen Unterricht ermöglichen können. Nach den ernüchternden Erfahrungen aus dem Herbst und Winter 2020 muss hinzugefügt werden, dass dafür endlich auch die notwendigen bildungspolitischen und juristischen Voraussetzungen geschaffen werden müssen.

Die Verbindung didaktischer Erwägungen in argumentativer Form mit den konkreten Erfahrungen in der Schulpraxis ist uns sehr wichtig: Deshalb haben wir Lehrkräfte aus unterschiedlichen Schultypen gebeten, ihre Perspektive zu formulieren. Das erklärt, weshalb im zweiten Teil einige Texte nicht einem abstrakten wissenschaftlichen Duktus folgen, sondern in einem persönlicheren Ton geschrieben sind.

Wir möchten allen danken, die unsere Arbeit in den letzten Monaten unterstützt und diesen Band möglich gemacht haben. Wertvoll waren die Möglichkeiten, die uns die Verantwortlichen der Länder Nordrhein-Westfalen, Baden-Württemberg und Mecklenburg-Vorpommern eingeräumt haben. Ohne den Austausch auf Twitter und damit verbundene Kritik wie auch den Zuspruch wäre die Entwicklung eines solchen Bandes kaum vorstellbar. Die sorgfältige Unterstützung von Flavia Bonanomi hat uns langwierige Arbeitsschritte abgenommen, wir danken ihr dafür!

Axel Krommer und Philippe Wampfler

Distanzlernen, didaktische Schieberegler und zeitgemäßes Lernen

Lernen und Lehren in einer Kultur der Digitalität

Schule und Unterricht dienen primär dem Lernen. Diese banal anmutende Feststellung kann als Kriterium für Schul- und Unterrichtsentwicklung Orientierung geben: Viele Maßnahmen bedienen zwar Erwartungen, die Menschen an Schule haben, fokussieren aber nicht auf die Lernkultur.

Diese Kultur hat sich in den letzten 30 Jahren zudem gewandelt, da ein Leitmedienwechsel stattgefunden hat: Wissen wird nicht mehr primär und verbindlich in gedruckten Büchern gespeichert, sondern im Netz. Bezeichnet man diesen Leitmedienwechsel als Digitalisierung, so meint man damit einen Prozess. Der Abschluss des Prozesses wird mit »Digitalität« bezeichnet, der gesellschaftliche Umgang damit heißt nach Felix Stalder »Kultur der Digitalität«.

Lernen findet in dieser Kultur statt. Schule und Unterricht sind oft noch an der Buchdruckkultur ausgerichtet. Das zeigt sich besonders deutlich im Umgang mit Prüfungen und Leistungsmessung: Nach Stalder sind Gemeinschaftlichkeit, Algorithmizität und Referenzialität die wesentlichen Merkmale der Kultur der Digitalität. Prüfungen werden aber in der Regel alleine (also nicht gemeinschaftlich), ohne Hilfsprogramme (also nicht algorithmisch gestützt) und ohne Spickzettel, Bücher oder gar Internetzugang (also nicht referenziell) geschrieben.

Denkt man darüber nach, was Kultur der Digitalität für Schulen bedeutet, dann hat das viele Folgen für die Beziehungsgestaltung, für den Wissens- und Leistungsbegriff, an dem sich schulisches Lernen orientiert – und weniger technische Konsequenzen. Zu lange haben Verantwortliche darüber diskutiert, ob und wie digitale Endgeräte an Schulen genutzt werden können. Unser Zugang ist »postdigital« (vgl. Macgilchrist 2019; Schmidt 2020): Digitale Hard- und Software steht im Hintergrund. Sie prägen die Lernkultur mit, sind aber nicht der Fokus von Entscheidungen. Anja Wagner (2020) hat diesen Aspekt wie folgt ausgedrückt:

> *Von nun an sollten die Begriffe »digitales Verständnis« und »digitales Vertrauen« von Lehrer*innen also nicht mehr nur auf das Wissen über die Verwaltung von Cloud-Speichern und den Umgang mit Plattformanalysen bezogen werden. Lehrkräfte müssen sich der sozialen, emotionalen und affektiven Aspekte der technologiegestützten*

Bildung bewusst sein und sich ihrer Fähigkeit, angemessen zu reagieren, sicher sein. Unterricht jeglicher Art ist nie einfach nur ein technischer Prozess – dies ist sicherlich der Fall beim Online-Unterricht.

Zusammenarbeit und verschiedene Perspektiven

Die Diskussion rund um den »Mehrwert« digitaler Medien für Schule und Unterricht (vgl. Krommer 2018a) basiert bei genauerem Hinsehen auf der impliziten Annahme, der Leitmedienwechsel finde nicht statt. Wer danach fragt, was digitale Medien verbessern, geht vom Lern- und Wissensverständnis der Buchdruckkultur aus und vergleicht nicht Kulturen, sondern Werkzeuge. Da Medien aber keine Werkzeuge sind, sondern Wahrnehmungen, Gemeinschaften und soziales Handeln prägen, lässt sich die Mehrwert-Frage gar nicht sinnvoll stellen. Sie kann als Ausdruck einer Unsicherheit und Verwirrung interpretiert werden – oder als Wunsch, an etablierten Methoden und Settings festzuhalten. Das lässt sich am Fernunterricht gut zeigen: Aus einer Notfall-Perspektive ersetzt Distanzlernen Präsenzlernen. Der Einsatz digitaler Hilfsmittel soll den Wegfall des Präsenzunterrichts kompensieren. Aus dieser Perspektive erscheinen Lernsettings im Schulzimmer immer als der »eigentliche« Unterricht, der Einsatz von Chats, Videokonferenzen oder Kollaborationsplattformen im Unterricht als wenig befriedigende Notlösung.

Fruchtbarer ist es, wie im letzten Abschnitt erwähnt, das Lernen der Schülerinnen und Schüler in den Mittelpunkt der Überlegungen zu stellen. Dann zeigt sich schnell, dass Präsenzunterricht sie dazu gebracht hat, wenig Vertrauen in selbstorganisierte Lernprozesse in eigener Verantwortung zu haben. Traditionelle Schulformen geben vor, Lernaufträge seien dann relevant, wenn sie von einer Lehrkraft formuliert werden und wenn die Ergebnisse von einer Lehrkraft korrigiert und bewertet würden.

In einer Kultur der Digitalität rückt diese Form von Wissensautorität in den Hintergrund. Wichtiger werden Gemeinschaften und Perspektiven. Wie ist das zu verstehen?

Im Netz erschaffen Lernende »Personal Learning Networks« (PLN, vgl. Rosa 2013). Wie sie funktionieren, lässt sich am einfachsten an Fragen zeigen: Lernende stellen Fragen und beantworten Fragen. Dadurch nehmen sie andere Lernende und ihre Expertise wahr, vertrauen ihnen mit der Zeit und können in Projekten mit ihnen kooperieren. Lernende publizieren ihre Lernergebnisse permanent, auch in einem provisorischen Zustand. Dadurch geben sie anderen die Möglichkeit, auf ihr Lernen zu reagieren.

Aus der Perspektive der Buchdruckschule ließe sich einwenden: Was bringt es Schülerinnen und Schülern, wenn Peers ihnen Rückmeldungen auf ihr Lernen geben – entscheidend ist doch, ob die Ergebnisse stimmen, die die Lehrkraft am besten bestimmen kann.

Die Vorstellung, Wissensbestände lägen objektiv vor und die Lehrkräfte hätten einen exklusiven und privilegierten Zugang dazu, trifft in einer Kultur der Digitalität nicht zu. Felix Stalder (2019, S. 46) hat das wie folgt zusammengefasst:

> *Mit steigender Komplexität werden die Dinge so vielschichtig und vernetzt, dass der Charakter des einzelnen Dings sehr wandelbar wird. Je nachdem, in welchem Zusammenhang die Dinge stehen, kann es sein, dass sie kaum mehr als einzelne Phänomene erfassbar sind. Damit wird auch die Positionalität des Betrachters extrem wichtig, weil sie ja an der Herstellung der Zusammenhänge beteiligt ist. Die Dinge sehen aus verschiedenen Orten und Blickwinkeln unterschiedlich aus, was dem Ganzen eine zusätzliche Dynamisierung verleiht und die Komplexität weiter erhöht.*

Verdeutlichen lässt sich das am Vergleich zwischen einem Buch und der Videoplattform TikTok: Leserinnen und Leser eines Buches finden, wenn sie dieselbe Auflage und Ausgabe nutzen, auf Seite 76 stets identische Inhalte. Das 76. Video, das TikTok-Nutzerinnen angezeigt wird, ist aber (mit sehr hoher Wahrscheinlichkeit) für alle Nutzerinnen und Nutzer ein anderes, weil der Algorithmus sich an die jeweiligen Vorlieben anpasst und entsprechend personalisierte Inhalte auswählt. Buchseiten haben eine von den Lesenden unabhängige Identität, die Identität der #ForYou-Page verändert sich mit der Nutzung. Um es mit Weinberger (2002, S. IX) zu sagen: Das Buch ist eine »tightly bound entity«, das Web (hier: TikTok) besteht aus »small pieces, loosely joined«.

TikTok liegt nie objektiv vor, sondern zerfällt in Nischen, in denen ganz unterschiedliche Kontexte entstehen. Wer TikTok verstehen und damit Lernprozesse initiieren will, muss die Perspektive und Erfahrung anderer Nutzerinnen und Nutzer einbeziehen. (Und wenn jemand einwenden möchte, dass das Wissen in Büchern doch bedeutsamer sei, als das auf TikTok repräsentierte – dann wäre das ein deutliches Indiz für die Orientierung an der Wissenskultur vor dem Leitmedienwechsel.)

Auch diese Überlegungen lassen sich wieder auf die Gestaltung des Distanzlernens übertragen: Lehrkräfte mussten in den ersten Wochen Methoden entwickeln, ohne dass sie sich auf bestehende Erfahrungen oder klare Weisungen verlassen konnten. Was taten sie? Viele vernetzten sich mit anderen Lehrenden, traten in sozialen Netzwerken miteinander ins Gespräch, sahen sich Erfahrungsberichte in Web-Videos an und gaben auch ihre Erfahrungen weiter, damit andere daraus lernen konnten. Dabei wurde deutlich, dass je nach Bundesland und je nach Schultyp ganz andere Aspekte wichtig waren: Im #twitterlehrerzimmer, wo sich Lehrkräfte austauschen, begannen deshalb viele, das Bundesland in ihren Profilnamen aufzunehmen, damit sofort deutlich wurde, aus welcher Perspektive jemand spricht. Bü-

cher über den Fernunterricht in Deutschland gab es noch keine, Expertise musste vielfach aus anderen Kontexten übertragen werden.

In diesem konzeptionellen Vakuum haben auch die politischen Entscheidungsträgerinnen und -träger zum Teil unter erheblichem Zeitdruck nach Lösungen gesucht, um die Phase der pandemiebedingten Schulschließungen möglichst lernförderlich zu gestalten. Im Auftrag des Ministeriums für Schule und Bildung des Landes Nordrhein-Westfalen sind im Frühjahr 2020 sechs Impulse für das Lernen auf Distanz entwickelt worden, die die Grundstruktur des vorliegenden Bandes prägen und deren pädagogische Grundidee im Folgenden skizziert werden soll.

Pädagogische Antinomien und didaktische Schieberegler

Als Ausgangspunkt für eine inhaltliche Auseinandersetzung mit den Impulsen eignet sich ihre sprachliche Struktur, die jeweils dem Muster »So viel X wie möglich, so viel Y wie nötig« folgt:
- So viel Empathie und Beziehungsarbeit wie möglich, so viele Tools und Apps wie nötig.
- So viel Vertrauen und Freiheit wie möglich, so viel Kontrolle und Struktur wie nötig.
- So viel einfache Technik wie möglich, so viel neue Technik wie nötig.
- So viel asynchrone Kommunikation wie möglich, so viel synchrone wie nötig.
- So viel offene Projektarbeit wie möglich, so viele kleinschrittige Übungen wie nötig.
- So viel Peer-Feedback wie möglich, so viel Feedback von Lehrenden wie nötig.

Dieses sprachliche Schema spiegelt sehr bewusst eine antinomische Struktur wider, die ganz allgemein für pädagogische Prozesse charakteristisch ist. Kant hat sie in seiner Schrift »Über Pädagogik« (1803, S. 32) in folgende Frage gekleidet:

> »Wie kultiviere ich die Freiheit bei dem Zwange?«

Die hier deutlich werdende Antinomie besteht darin, dass Erziehung zur Freiheit in gesellschaftlichen Kontexten geschieht, in denen die angestrebte Freiheit zumindest teilweise durch institutionelle Zwänge eingeschränkt wird (vgl. hierzu auch Albrecht/Preis/Schildhauer 2021 und Schlömerkemper 2017).

Die Genese institutioneller Zwänge hat Searle in seiner Theorie der sozialen Ontologie erläutert: Zum Wesen von Institutionen gehört es, »deontic powers« (Searle 2010, S. 8) zu entfalten, die wiederum »desire independent reasons for action« (ebd., S. 9) erzeugen. Eine dieser »deontic powers« ist die Schulpflicht: Sie ist oft der einzige Grund, warum Schülerinnen und Schüler, deren Wünsche in eine ganz andere Richtung gehen, regelmäßig den Unterricht besuchen.

Innerhalb institutioneller Rahmungen sind Freiheit und Zwang die Pole, zwischen denen pädagogisches Handeln oszilliert. Grafisch ließe sich das als eine Art Schieberegler darstellen:

Abb. 1: Schieberegler Freiheit-Zwang

Erziehung zu Freiheit und Selbstständigkeit (oder moderner: zu selbstbestimmtem Handeln in sozialer Verantwortung) verlangt von Lehrenden, den didaktischen Schieberegler immer wieder neu zu justieren und sich dabei idealerweise von dem Grundsatz »So viel Freiheit wie möglich, so viel Zwang wie nötig« leiten zu lassen. Das führt zurück zu den oben zitierten Impulsen, die sich – mit einer Ausnahme – ebenfalls in der Schieberegler-Optik visualisieren lassen:

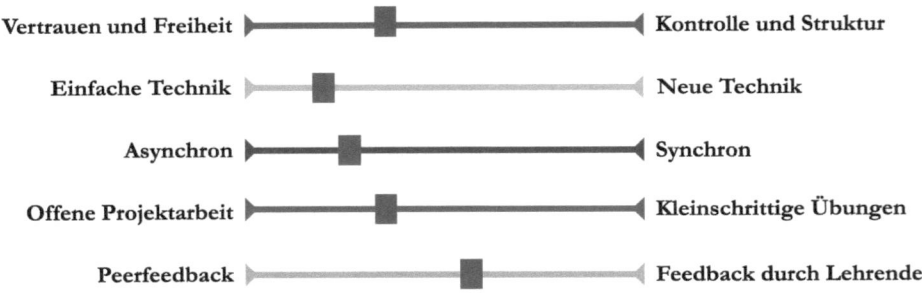

Abb. 2: Schieberegler-Darstellung der Impulse

Lediglich der Grundsatz »So viel Empathie und Beziehungsarbeit wie möglich, so viele Tools und Apps wie nötig« passt nicht in die antinomische Struktur, weil hier keine Oppositionen, sondern Interdependenzen im Fokus stehen. Anders formuliert: Der Grundsatz ist keine Spielart des – bestenfalls trivialen – Mottos »Pädagogik vor Technik« (vgl. Krommer 2018b), sondern ein dezenter Hinweis darauf, dass Pädagogik immer nur mit Technik möglich ist.

(Distanz-)Lernen gut zu organisieren, bedeutet, die Schieberegler des »didaktischen Equalizers« stets neu auf die jeweilige Lerngruppe sowie die schulischen, häuslichen, pädagogischen, technischen und infrastrukturellen Rahmenbedingungen abzustimmen.

Zeitgemäßes Lernen und Distanzlernen

Ursprünglich waren die sechs Impulse explizit auf den Distanzunterricht bezogen. Doch sie können auch als Orientierung dienen, wenn Präsenzunterricht sowie Formen des hybriden Lernens und Lehrens geplant und gestaltet werden müssen.

Abb. 3: Vertikaler Schieberegler

Die horizontalen Schieberegler können durch einen vertikalen ergänzt werden, der sich zwischen den Polen »Präsenzunterricht« und »Distanzunterricht« bewegt, das heißt zwischen dem Normalbetrieb vor Ort und der kompletten Schließung einer Schule (vgl. Abb. 3).

Veränderungen auf der vertikalen Präsenz-Distanz-Achse haben Auswirkungen auf die horizontale Achse der didaktischen Schieberegler: Wenn z. B. der gewohnte Präsenzunterricht coronabedingt nicht mehr möglich ist, weil sich einzelne Klassen in Quarantäne befinden oder die gesamte Schule geschlossen ist, müssen die präferierten Kommunikationsformen überdacht werden.

So begünstigt die Ko-Präsenz im Klassenzimmer die synchrone Kommunikation von Angesicht zu Angesicht, die im Distanzunterricht technisch nur sehr aufwändig in Form von Videokonferenzen ermöglicht werden kann (vgl. hierzu den Beitrag von Langela-Bickenbach/Wampfler in diesem Band). Hier wird man eher auf asynchrone Formate wie Foren oder E-Mail zurückgreifen, das heißt den entsprechenden Regler nach links verschieben.

Auch die Kontrolle der Lernenden und ihrer Lernprozesse ist im Klassenzimmer einfach und effektiv, während sie im Distanzunterricht – wenn überhaupt – nur mit erheblichem Aufwand ausgeübt werden kann: Für die Überwachung einer Prüfung, die vor Ort unter genau festgelegten Bedingungen geschrieben wird, genügt in der Regel eine einzige Person, deren Aufgabe es ist, die Schülerinnen und Schüler im Auge zu behalten und Regelverstöße (z. B. die Verwendung unerlaubter Hilfsmittel) sofort zu ahnden.

Diese totale Kontrolle ist beim Distanzlernen nur durch dystopische Verfahren wie das *Proctoring*, das heißt die Fernüberwachung unter anderem per Webcam und Mikrofon, möglich. In der Konsequenz bedeutet das, dass sich mit der Entfernung vom vertikalen Pol des Präsenzunterrichts auf der horizontalen Ebene fast zwangsläufig eine Verschiebung in Richtung von Freiheit und Vertrauen ergibt (vgl. dazu den Beitrag von Albrecht in diesem Band). Präsenzunterricht begünstigt, Distanzunterricht erschwert Kontrolle.

Diese Beispiele mögen hinreichen, um die Abhängigkeit der horizontalen Schieberegler von der vertikalen Präsenz-Distanz-Achse aufzuzeigen. Gleichzeitig wird eine Ebene der Unterrichtsplanung erkennbar, die bislang ob ihrer Selbstverständlichkeit nur selten Gegenstand didaktischer Reflexionen geworden ist. Gemeint ist die Ko-Präsenz als gemeinhin unhinterfragtes Fundament des schulischen Unterrichts, das während der Corona-Krise gesamtgesellschaftlich freigelegt worden ist. Um noch einmal – zumindest terminologisch – den Bezug zu Kant zu wagen: Ko-Präsenz hat sich als eine Bedingung der Möglichkeit des Unterrichts erwiesen, den viele im Paradigma der Typografie für selbstverständlich oder gar »natürlich« halten.

Vor diesem Hintergrund kann die Corona-Krise als Chance begriffen werden, das abstrakte Nachdenken über zeitgemäße Formen des Lernens, die möglichst lernförderliche Gestaltung des Unterrichts und pragmatische Lösungen zur Planung des Schulalltags gedanklich zu verknüpfen.

Auf der pragmatischen Ebene stellt sich die Frage, wie man Unterricht planen sollte, wenn ungewiss ist, wie lange der präsentische »Normalbetrieb« möglich ist. Richtet man die didaktischen Entscheidungen einseitig an den Affordanzen der Präsenz aus, das heißt positioniert man die horizontalen Schieberegler so, wie es für den Unterricht vor Ort im Klassenraum am günstigsten ist, wird man erheblich nachjustieren müssen, wenn Formen des Distanz- oder Hybridunterrichts notwendig werden. Im Extremfall verdoppelt sich gar der Arbeitsaufwand, weil man für den Präsenz- und für den Distanzunterricht separat planen muss.

Um unnötigen Planungsaufwand zu vermeiden, sollte man daher eine Maxime beherzigen, die sich – unter Bezugnahme auf die didaktischen Schieberegler – in der »Handreichung zur lernförderlichen Verknüpfung von Präsenz- und Distanzunterricht« (MBS NRW 2020) findet:

Plane den Unterricht stets so, dass er mit möglichst wenigen Änderungen sowohl im Präsenz- als auch im reinen Distanzunterricht oder im Blended Learning möglichst lernförderlich umsetzbar ist.

Aus pragmatischer Sicht kann diese Maxime dabei helfen, in Krisenzeiten den Arbeitsaufwand bei der Unterrichtsplanung zu minimieren. Aus lehr- und lerntheoretischer Perspektive zeigt sich zudem, dass Unterricht, der auf der Grundlage dieser Maxime geplant wird, nicht nur Notfallfernunterricht (Döbeli Honegger 2020) ist, sondern zeitgemäßes Lernen ermöglicht.

Denn Unterrichtsformen, die gegenüber den Schwankungen zwischen Präsenz und Distanz möglichst »immun« sind, zeichnen sich dadurch aus, dass sie auf Offenheit, Vertrauen, Möglichkeiten zur Individualisierung und zur Kooperation, Selbstregulierung und Selbstorganisation, unterschiedliche Formen der Rückmeldungen (summativ, formativ, Peerfeedback) etc. setzen.

Projekte, Portfolios, Wochenplanarbeit, Flipped-Classroom: Das sind für viele Lehrerinnen und Lehrer immer noch idealistische Ansätze, die im konkreten Schulalltag tendenziell für Mehrarbeit sorgen. Durch die Erschütterung des präsentischen Fundaments des Unterrichts könnte jedoch die Erkenntnis wachsen, dass offene Formen des Unterrichts nicht nur in Krisenzeiten die Arbeit erleichtern, sondern ganz generell didaktisch sinnvoll sind und zeitgemäßes Lernen ermöglichen.

Literatur

Albrecht, C./Preis, M./Schildhauer, P. (2020): Verstetigung im Wandel. Antinomien als Konstanten digitaler Transformation? In: Beißwenger, M./Bulizek, B./Gryl, I./Schacht, F. (Hrsg.): Digitale Innovationen und Kompetenzen in der Lehramtsausbildung. Duisburg: UVRR (im Druck).

Döbeli Honegger, B. (2020): Erkenntnisse aus dem Notfallfernunterricht. Online-Quelle: http://wiki.doebe.li/Notfallfernunterricht/WebHome (17.10.2020).

Kant, I. (1803): Über Pädagogik. Königsberg: Friedrich Nicolovius.

Krommer, A. (2018a): Wider den Mehrwert! Argumente gegen einen überflüssigen Begriff. In: Krommer, A./Lindner, Martin/Mihajlović, Dejan/Muuß-Merholz, Jöran/Wampfler, Philippe (Hrsg.): Routenplaner #DigitaleBildung. Auf dem Weg zu zeitgemäßem Lernen. Eine Orientierungshilfe im digitalen Wandel. Hamburg: ZLL21 2019. S. 131-140.

Krommer, A. (2018b): Warum der Grundsatz »Pädagogik vor Technik« bestenfalls trivial ist. In: Krommer, A./Lindner, M./Mihajlović, D./Muuß-Merholz, J./Wampfler, P. (Hrsg.): Routenplaner #DigitaleBildung. Auf dem Weg zu zeitgemäßem Lernen. Eine Orientierungshilfe im digitalen Wandel. Hamburg: ZLL21 2019. S. 67-74.

Macgilchrist, F. (2019): Digitale Bildungsmedien im Diskurs. Wertesysteme, Wirkkraft und alternative Konzepte. https://www.bpb.de/apuz/293124/digitale-bildungsmedien-im-diskurs?p=all

MSB NRW (Hrsg.) (2020): Handreichung zur lernförderlichen Verknüpfung von Präsenz- und Distanzunterricht. Online-Quelle: https://xn--broschren-v9a.nrw/distanzunterricht/home/#!/Home (17.10.2020).

Rosa, L. (2013). https://shiftingschool.wordpress.com/2013/05/10/lernen-lernen-lernen-mit-dem-personlichen-lernnetzwerk-wie-im-digitalen-zeitalter-eigensinnig-und-gemeinsam-gelernt-wird/

Schlömerkemper, J. (2017): Pädagogische Prozesse in antinomischer Deutung. Begriffliche Klärungen und Entwürfe für Lernen und Lehren. Weinheim/Basel: Beltz Juventa.

Schmidt, R. (2020): Post-digitale Bildung. In: Demantowsky, Marko/Lauer, Gerhard/Schmidt, Robin/te Wildt, Bert (Hrsg.): Was macht die Digitalisierung mit den Hochschulen? Einwürfe und Provokationen. Oldenbourg: de Gruyter. S. 57-70.

Searle, J. (2010): Making the Social World. The Structure of Human Civilization. Oxford: University Press.

Stalder, F. (2016): Kultur der Digitalität. Frankfurt am Main: Suhrkamp.

Stalder, F. (2019). Den Schritt zurück gibt es nicht. Interview mit Irena Sgier. In: Hberzeth, E. und Sgier, I. (Hrsg.): Digitalisierung und Lernen. Gestaltungsperspektiven für das professionelle Handeln in der Erwachsenen- und Weiterbildung, S. 44-50. Bern: HEP.

Wagner, A. C. (2020): https://frolleinflow.com/2020/06/10/digitale-kompetenz-von-lehrenden-4-0/

Weinberger, D. (2002): Small Pieces Loosely Joined. A Unified Theory of the Web. Cambridge: Perseus Books Group.

Impulse für den Fernunterricht

Wanda Klee, Axel Krommer und Philippe Wampfler

Distanzlernen – didaktische Hinweise

In Krisenzeiten, die auch durch existenzielle Ängste, Sorgen und soziale Situationen, die durch die Kontaktbegrenzungen und ihre Folgen belastet sind, erfüllen Lehrerinnen und Lehrer wichtige gesellschaftliche und institutionelle Aufgaben. Sie sind neben ihrer zentralen Aufgabe als Verantwortliche für die Lernprozesse besonders auf der zwischenmenschlichen Ebene gefordert, weil sie die persönlichen Kontakte zu den Schülerinnen und Schülern aufrechterhalten müssen, ohne dass reale Begegnungen stattfinden können. Die folgenden Hinweise sind als didaktisches Unterstützungs- und Reflexionsangebot für Lehrerinnen und Lehrer konzipiert und sollen impulsgebend für Seminarausbildnerinnen und Seminarausbildner an den Zentren für schulpraktische Lehrendenausbildung wirken. Sie sind bewusst allgemein formuliert, erfordern eine Konkretisierung, die an die jeweilige Schulsituation angepasst ist, und sollen dazu beitragen, dass sich in der Phase des Distanzlernens vielfältige Lernchancen ergeben und gleichzeitig die sozialen Aspekte des Lernens angemessen gewürdigt werden. Sie sind nicht als starres Regelwerk zu verstehen, sollen aber Orientierung geben. Im Vorfeld der Veröffentlichung ist eine informelle und nicht repräsentative Umfrage an 20 Schulen mit höchst unterschiedlichen Technik- und Standortbedingungen durchgeführt worden. Kolleginnen und Kollegen aus verschiedenen Schulformen haben die Hinweise genutzt, um ihre praktischen Erfahrungen mit dem Distanzlernen kritisch zu reflektieren. Die Praxisberichte in Teil 2 sind als Ergänzung zu diesen Hinweisen zu verstehen.

So viel Empathie und Beziehungsarbeit wie möglich, so viele Tools und Apps wie nötig

Häufig steht bei Diskussionen über die Organisation des Distanzlernens die Technik im Vordergrund: Gefragt wird nach einer guten App, mit der man Grammatik üben kann, nach einem zuverlässigen Dienst für Videokonferenzen, nach einer intuitiv bedienbaren Lernplattform, nach einem Online-Tool zum kollaborativen Schreiben etc. Doch selbstverständlich geht es beim Distanzlernen nicht vorrangig um Tools und Apps, sondern auch um Beziehungsarbeit mit Schülerinnen und Schülern. In diesem Bereich liegt die momentan wohl wichtigste Funktion digitaler Medien: Sie eröffnen vielfältige Kanäle, die für die Kommunikation auf der Beziehungsebene genutzt werden können. Auf diese Weise tragen sie dazu bei, dass Lehrende weiterhin verlässlich als persönliche Ansprechpartnerinnen und Ansprechpartner erreichbar sind. Dies ist in der aktuellen Krisensituation besonders entscheidend, um die für das Lernen so bedeutsame emotionale Basis herzustellen bzw. aufrecht zu erhalten. Die veränderten technischen und organisatorischen Rahmenbedingungen des Distanzlernens haben didaktische Konsequenzen. Denn wenn man Lernprozesse ermöglichen will, macht es einen großen Unterschied, ob die Lernenden physisch anwesend sind oder nicht. Das Lernen mit E-Mails, Chats, Lernplattformen, Videokonferenzen, Tablets und Smartphones folgt anderen didaktischen Regeln als der traditionelle Präsenzunterricht. Daher sollte man den »Präsenzunterricht« nicht einfach digital abbilden. Kurz: Beim Distanzlernen stehen nicht Tools und Apps im Mittelpunkt, sondern die Beziehung zu den Schülerinnen und Schülern sowie die Begleitung ihrer Lernprozesse. Tools und Apps verändern jedoch die Rahmenbedingungen, unter denen diese Lernprozesse stattfinden.

So viel Vertrauen und Freiheit wie möglich, so viel Kontrolle und Struktur wie nötig

Phasen des Distanzlernens sind mit einem »Kontrollverlust« auf der Seite der Lehrenden verbunden: Sobald Schülerinnen und Schüler nicht mehr im Klassenraum, sondern zu Hause arbeiten, wird es schwieriger, Lernprozesse zu beobachten, zu begleiten, zu steuern und zu bewerten. Ob die Potenziale des Distanzlernens ausgeschöpft werden können, hängt aus didaktischer Sicht in hohem Maße davon ab, wie Lehrende auf diesen »Kontrollverlust« reagieren. Eine Strategie könnte darin bestehen, die Kontrolle über die Eigenständigkeit des Lernprozesses der Schülerinnen und Schüler teilweise zurückzugewinnen bzw. behalten zu wollen. Das könnte z. B. dadurch versucht werden, dass man Strukturen des Präsenzunterrichts auf das Distanzlernen überträgt: Stundenpläne, die eins zu eins beibehalten werden, sollen unter anderem für einen kontrollierbaren Lernrhythmus sorgen. Lernplattformen, Tools und Apps lassen sich ebenfalls als Kontrollinstrumente einsetzen, mit denen z. B. die (In-)Aktivität der Lernenden sekundengenau protokolliert und ausgewertet werden kann. Und schließlich erhöhen auch geschlossene Aufgabenformate die Kontrolle, wenn das Lernen der Schülerinnen und Schüler durch Lückentexte, Zuordnungsaufgaben oder andere kleinschrittige Übungen mit eindeutigen Lösungen in feste Bahnen gelenkt wird. Der Wunsch, den Kontrollverlust beim Distanzlernen zu minimieren, ist nachvollziehbar, aber didaktisch ambivalent. Einerseits sind altersangemessene Formen der Kontrolle integrale Bestandteile institutioneller Lernprozesse. Andererseits führen unreflektierte Formen der Kontrolle dazu, dass ein wesentlicher Vorteil des Distanzlernens nicht zur Geltung kommen kann und Kompetenzen wie »Eigenverantwortlichkeit des Schülers für seinen Lernprozess« nicht hinreichend aufgebaut werden. Dieser Vorteil besteht darin, dass sinnvoll gestaltete Phasen des Distanzlernens die individuelle Freiheit vergrößern: Denn im Gegensatz zum traditionellen Unterricht können Schülerinnen und Schüler zumindest prinzipiell selbst wählen, an welchem Ort, zu welchem Zeitpunkt, mit wem, in welchem Rhythmus, mit welchen (technischen) Hilfsmitteln etc. sie lernen. Kontrollstrukturen verringern hingegen die Anzahl dieser Wahlmöglichkeiten und reduzieren damit die individuelle Freiheit. Wenn die Schule einen Stundenplan für das Distanzlernen vorgeben würde, könnten die Lernenden z. B. nicht mehr wählen, mit welchem Thema sie sich wann und wie lange auseinandersetzen. Angesichts dieser Zusammenhänge muss bei der Gestaltung des Distanzlernens die richtige Balance zwischen Freiheit und Kontrolle gefunden werden. Wenn man zu viel Freiheit gewährt, drohen Lernprozesse zu scheitern, weil Schülerinnen und Schülern orientierende Strukturen fehlen. Übt man zu viel Kontrolle aus, verringert man die Wahrscheinlichkeit, dass Formen des selbstständigen bzw. selbstbestimmten Arbeitens, der Identitäts-, Produktions- und Problemorientierung sowie konstruktivistische Prinzipien des Lernens, die sich längst im Präsenzunterricht etabliert haben, auch im Distanzlernen umgesetzt werden. Lehrerinnen und Lehrer, die eine Lerngruppe gut kennen und die einschätzen können, wie viel Anleitung noch notwendig und wie viel Selbstständigkeit möglich ist, sollten sich im Zweifel für das Lernarrangement entscheiden, das eher auf Vertrauen setzt, Freiheit vergrößert und Kontrollen reduziert. Nicht zuletzt bedeuten weniger kontrollierende Maßnahmen auch eine zeitliche und organisatorische Entlastung für die Lehrenden. Kurz: Das didaktische Potenzial des Distanzlernens lässt sich nur ausschöpfen, wenn man bereit ist, den damit einhergehenden »Kontrollverlust« zu akzeptieren.

So viel einfache Technik wie möglich, so viel neue Technik wie nötig

Um in Phasen des Distanzlernens die Potenziale digitaler Technik ausschöpfen zu können, müssen die jeweiligen Ausgangsbedingungen bekannt sein. Das betrifft z. B. die Kompetenzen von Lehrenden und Lernenden im Bereich digitaler Medien. Die weit verbreitete Vorstellung, Kinder und Jugendliche seien als Digital Natives den Erwachsenen in Sachen Medienkompetenz prinzipiell überlegen, hat sich längst als falsch erwiesen. Vielmehr gilt, dass es sowohl Schülerinnen und Schüler als auch Lehrerinnen und Lehrer gibt, die im Umgang mit digitaler Technik sehr versiert sind, und solche, denen grundlegende Fähigkeiten und Kenntnisse fehlen. Diese Heterogenität sollte bei der Planung des Distanzlernens berücksichtigt werden, indem man im Zweifelsfall einfache technische Lösungen bevorzugt. Web-basierte Anwendungen, die durch einen Link im Browser aufgerufen werden können, sind beispielsweise empfehlenswerter als Apps und Tools, die eine gesonderte Installation und/oder Registrierung erfordern. Wann immer das möglich ist, sollten Lehrende auf vertraute Software zurückgreifen, die sie mit ihren Lerngruppen im Unterricht bereits genutzt haben. Unnötige Hürden werden zudem errichtet, wenn Distanzlernen als reines Online-Lernen missverstanden wird. Doch Lernen findet natürlich nicht nur im Netz statt. Auch die in den Schulen bereits eingeführten Lehrmittel (wie z. B. Schulbücher) und andere »analoge« Medien sollten in Phasen des Distanzlernens eingesetzt werden, um didaktisch sinnvolle und technisch niedrigschwellige Angebote zu machen. Zu den Bedingungsfeldern des Distanzlernens gehört weiterhin die technische Infrastruktur, die im häuslichen Umfeld zur Verfügung steht: Wenn Lernende beispielsweise längere Texte verfassen sollen, macht es einen erheblichen Unterschied, ob sie einen Computer mit Tastatur oder nur ein Smartphone nutzen können. Gerade in Familien mit mehreren schulpflichtigen Kindern können nicht nur die Hardware-Ressourcen knapp, sondern auch die räumlichen Bedingungen erschwert sein. Es ist alles andere als selbstverständlich, dass jede Schülerin und jeder Schüler ein eigenes Zimmer hat, in dem alleine und in Ruhe gelernt werden kann. Vor allem im Hinblick auf das wichtige Thema der Bildungsgerechtigkeit sollte daher beim Distanzlernen darauf geachtet werden, keine unnötigen Hürden aufzubauen, die für ohnehin benachteiligte Schülerinnen und Schüler den Zugang zu Lernprozessen erschweren. Kurz: In Phasen des Distanzlernens sollte man – auch aus Gründen der Bildungsgerechtigkeit – auf einfache technische Lösungen setzen, die den Lernerfolg nicht einseitig an die Verfügbarkeit digitaler Technik knüpfen.

So viel asynchrone Kommunikation wie möglich, so viel synchrone wie nötig

Synchrone Kommunikation, bei der die Gesprächspartner zur selben Zeit aktiv sind und unmittelbare Rückkopplung erfolgen kann, ist an hohe Anforderungen geknüpft: Findet etwa eine verbindliche Videokonferenz zu Beginn eines Schultages statt, so müssen Lehrende wie Lernende in ihrem privaten Umfeld einen ruhigen Raum aufsuchen können sowie ein internetfähiges Gerät mit der nötigen Bandbreite zur Verfügung haben. Diese Voraussetzungen sind nicht in allen Familien gegeben. Spätestens dann, wenn mehrere Kinder einer Familie gleichzeitig an Videokonferenzen teilnehmen sollen, kommt es zu Problemen. Synchrone Arbeitsformen sollten daher lediglich als nicht verpflichtende Angebote gestaltet werden, kurze Zeiträume von maximal 30 Minuten beanspruchen und dem informellen Austausch und der Beziehungsarbeit dienen. Es empfiehlt sich, dafür Klassen und

Kurse in kleinere Lerngruppen aufzuteilen oder sie als individuelle Sprechstunden zu konzipieren. Aus diesen Gründen bietet es sich an, Instruktionen und Erklärungen so zu produzieren, dass sie asynchron wahrgenommen werden können. Schülerinnen und Schüler können dann z. B. den Zeitpunkt, an dem sie ein Erklärvideo schauen, eine Textnachricht beantworten oder Feedback geben, selbst bestimmen. Weder Lehrende noch Lernende sind gezwungen, zu einem bestimmten Zeitpunkt aktiv zu werden. Das erhöht die Flexibilität und damit die Freiheit im individuellen Lernprozess. Dass mit asynchroner Kommunikation nicht die Erwartung unmittelbarer Rückmeldung verbunden ist, gibt außerdem Freiraum für die Reflexion: Auf die Frage einer Lehrperson muss im Unterrichtsgespräch in der Regel sofort geantwortet werden, über die Antwort in einem Forum können Schülerinnen und Schüler länger nachdenken. Kurz: Asynchrone Kommunikation ist im Vergleich zu synchroner Kommunikation technisch weniger aufwändig und erhöht in Lernprozessen die Selbstbestimmung.

So viel offene Projektarbeit wie möglich, so viele kleinschrittige Übungen wie nötig

Zentrale, verbindliche Lernschritte müssen Lernende in intelligenten Settings üben können. Dieses Üben sollte beim Distanzlernen jedoch nicht in einer Flut von Arbeitsblättern münden, die verbindlich abgearbeitet werden müssen, sondern in Angeboten, mit denen Schülerinnen und Schüler überprüfen können, ob sie die nötigen Kompetenzen erworben haben – und die ihnen zeigen, was sie tun können, um sich in bestimmten Bereichen zu verbessern. Diese Übungen sollten aber nur einen überschaubaren Teil der Lernaktivitäten der Schülerinnen und Schüler abdecken. Offene Projektarbeit ist ein wichtiges Element des Distanzlernens, für das die Voraussetzungen der Schülerinnen und Schüler in den einzelnen Jahrgangsstufen (Primarstufe-Sekundarstufe I) unterschiedlich ausgeprägt sind. Damit sind mittelfristige Lernaktivitäten gemeint, die sich aus einer von den Lernenden selbst formulierten Fragestellung ergeben und aus denen ein Lernprodukt mit einer Präsentation resultiert. Von der Lehrerin oder dem Lehrer wird dabei ein Themenfeld vorgegeben, in dem die Fragestellungen angesiedelt sind. Gleichzeitig gibt es minimale Vorgaben zum Prozess und zur Vorstellung der Lernprodukte. Unter den Bedingungen des Distanzlernens bieten sich digitale Produkte wie Poster oder Lernvideos an, die auch kollaborativ erstellt werden können. Offene Projektarbeit, die sich auf einen hinreichend komplexen Gegenstand bezieht, lässt sich (nicht nur) in Phasen des Distanzlernens besonders gut fächerverbindend organisieren. Kooperation und Kommunikation werden dann nicht nur aufseiten der Lernenden, sondern auch aufseiten der Lehrenden bedeutsam, wenn Projekte gemeinsam geplant und begleitet werden. Kurz: Das besondere Potenzial des Distanzlernens liegt in offener, fächerverbindender Projektarbeit, wobei der Aufbau von Kompetenzen durch Übungen und Vertiefungen mit Blick auf verschiedene Schülergruppen auch im Distanzlernen einen unterschiedlichen Stellenwert hat.

So viel Peer-Feedback wie möglich, so viel Feedback von Lehrenden wie nötig

Die Frage nach der Bewertung und Prüfungsrelevanz der Aufgaben, die die Lehrerinnen und Lehrer während der Zeit des Distanzlernens stellen, sollte allen Beteiligten transparent und klar kommuniziert werden. Dadurch wird unter anderem verhindert, dass Lernprozesse und sozial-emotionale Beziehungen durch unnötigen Leistungsdruck belastet werden. Auch wenn die Schülerinnen und Schüler verpflichtet sind, die Aufgaben zu erledigen, sollte ihnen kein Nachteil daraus entstehen, wenn sie dies in ihren individuellen Situationen nicht in dem Maße schaffen, wie es ihnen vielleicht im Präsenzunterricht möglich wäre. Lehrende sind daher angehalten, mit Augenmaß und größtmöglichem Wohlwollen zu handeln. Ein einfaches und pragmatisches Vorgehen besteht darin, schlechte oder nicht (rechtzeitig) erbrachte Leistungen zunächst als Anlass zu verstehen, gezielt beratend und unterstützend aktiv zu werden, und Leistungen nur dann zu bewerten, wenn sie – auch relativ zur individuellen Bezugsnorm – besonders gut sind. Als sinnvolle Ergänzung zu pointierten Rückmeldungen durch die Lehrenden kann das Peer-Feedback dienen. »Peer-Feedback« ist eine Bezeichnung für Rückmeldungen unter Lernenden, die sich empirisch als äußerst wirksam erwiesen hat. Damit sie stattfindet, muss sie jedoch wahrscheinlich gemacht und in eine sinnvolle Routine eingebettet werden. Beim Distanzlernen arbeiten die Schülerinnen und Schüler isoliert. Peer-Feedback zeigt, dass andere in derselben Situation sind und sich die Lernenden gegenseitig unterstützen können. Damit Peer-Feedback regelmäßig erfolgt, muss es so niederschwellig wie möglich sein: Per Anruf oder in einem Chat-Tool können sich Schülerinnen und Schüler schnell und direkt Rückmeldungen geben, die sich nicht nur auf ein Endprodukt, sondern im Sinne des formativen Assessments auch auf den Lernprozess beziehen können. Eine andere Form des Feedbacks kann durch die Öffnung des Unterrichts ermöglicht werden. Gerade dann, wenn digitale Medien zur Produktion von Lerninhalten genutzt werden können (z. B. Blogbeiträge, Videos oder Postings in sozialen Netzwerken) lassen sich gezielt Personenkreise adressieren, die qualifizierte Rückmeldungen (z. B. in Form von Kommentaren) geben können. Gleichwohl braucht es auch Feedback von Lehrerinnen und Lehrern. Es ist deshalb sinnvoll, dass das Feedback von Lehrerinnen und Lehrern zumindest in bestimmten Situationen selektiv und exemplarisch erfolgt: Eine kurze Videobotschaft an die ganze Klasse kann dann wirksamer sein als individuelle Rückmeldungen auf alle Arbeiten der Schülerinnen und Schüler. Kurz: Wenn Schülerinnen und Schüler untereinander konstruktive Rückmeldungen zu ihren Lernprozessen und -produkten verfassen, können Lehrerinnen und Lehrer auch im Bereich des Feedbacks Kontrolle abgeben.

Praxisberichte

Stefanie Maurer

Beziehungsräume schaffen

Wer sich für das Lernen und Lehren in der Grundschule interessiert weiß, wie wichtig es ist, eine Bindung zu den Kindern aufzubauen. Es vergeht kein »normaler« Grundschultag, an dem die Lehrkraft nicht Tränen trocknet und Zuversicht zuspricht, zum Lernen ermuntert, ein Ohr für die großen und kleinen Sorgen der Kinder bereithält oder mit den Kindern lacht. Nicht erst seit Hattie wissen wir, dass eine positive Beziehung zwischen Lernenden und Lehrenden das Lernen nachhaltig beeinflusst – wenn nicht sogar die Basis für das Lernen in der Grundschule ist. Wie oft lernen die Kinder *für* ihre Klassenlehrerin oder ihren Klassenlehrer...

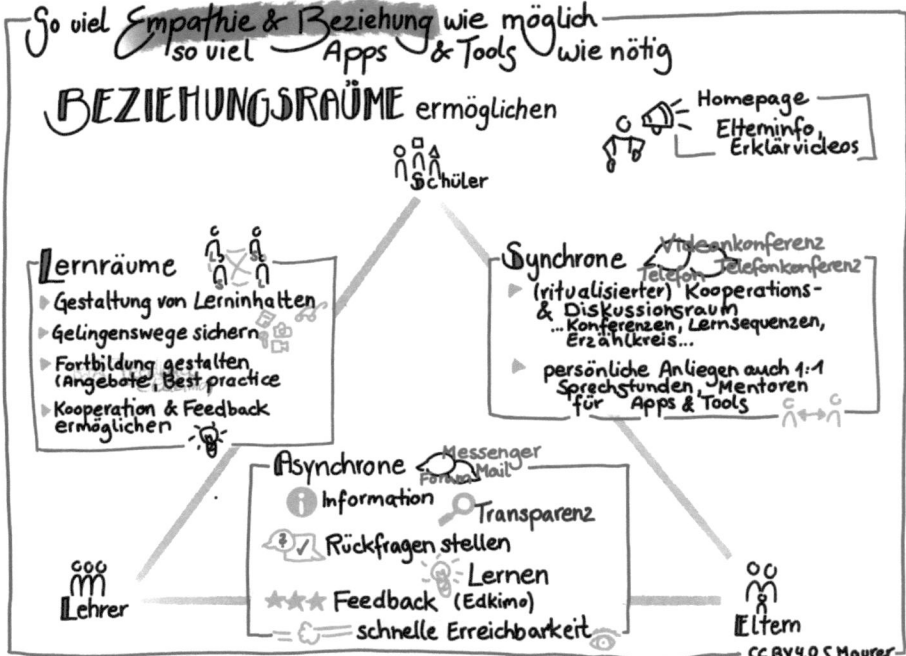

Abb. 1: Sketchnote »Beziehungsräume«

Diese Nähe im Klassenraum fehlt auf Distanz. Es gilt, Beziehungsräume zu ermöglichen – gleichzeitige (synchrone) und zeitversetze (asynchrone) Beziehungs-

sowie Lernräume. Im Fokus steht dabei nicht nur die Beziehung zwischen Lernenden und Lehrenden, sondern auch die zwischen Lehrenden, der Schule und den Eltern. Da in der Grundschule selbstständiges Lernen und Arbeitskompetenz erst entwickelt werden, ist der Kontakt zu den Eltern wichtiger denn je. Der Einfluss, den die Lehrkraft auf das Kind im Distanzlernen hat, ist begrenzt. Eltern sind ein wichtiger Baustein für eine gelingende Lernumgebung zu Hause. Ein guter Informationsfluss, beispielsweise in einem Schulmessenger, kann zu mehr Transparenz führen – das gilt sowohl für den Unterricht als auch für die gesamte schulische Situation, die sich unter Pandemiebedingungen schnell verändern kann. Ebenso können die Eltern inhaltliche Rückfragen stellen und Feedback geben.

Beziehungsräume in der Grundschule sind weder digital noch analog, sondern bestehen aus vielen verschiedenen Mischformen: Dies hängt unter anderem vom Einzugsgebiet der Schule und der damit verbundenen technischen Ausstattung und Kompetenz der Eltern, der personellen und technischen schulischen Ausstattung sowie dem Medienentwicklungsprozess ab. Sogar die Gestaltung der Beziehungsräume kann von Jahrgangsstufe zu Jahrgangsstufe differieren: Im vierten Schuljahr können die Lehrkräfte von einer anderen Arbeitskompetenz der Kinder ausgehen als in einem ersten Schuljahr. Im Bereich der synchronen Kommunikation reicht dies einem Gespräch am Gartentor und Telefonanrufen bis hin zu gemeinsamen Telefon- und Videokonferenzen.

Digitale Kommunikations- und Lernplattformen sollten möglichst einfach, reduziert und durch Symbole, selbsterklärend im Aufbau sein. Jeder Klick zu viel (lange Passworteingabe, umständliches Öffnen von mehreren Seiten, überfrachtete Seiten) können dazu führen, dass Lernen und Kommunikation verhindert werden, weil die Kinder den Lernweg nicht mehr finden. Besonders auf der Lernplattform sollte der Lernprozess einer wiederkehrenden, sichtbaren Strukturierung folgen.

An unserer Schule etabliert sich neben einem Schulmessenger die digitale Pinnwand *Padlet*. Durch die strukturierten Formatvorlagen ist es möglich, für die Kinder einen Wochen- bzw. Tagesplan zu gestalten. Zusätzlich eingebunden werden Bücher, die von den Lehrkräften mit *Book Creator* online kollaborativ erstellt werden.

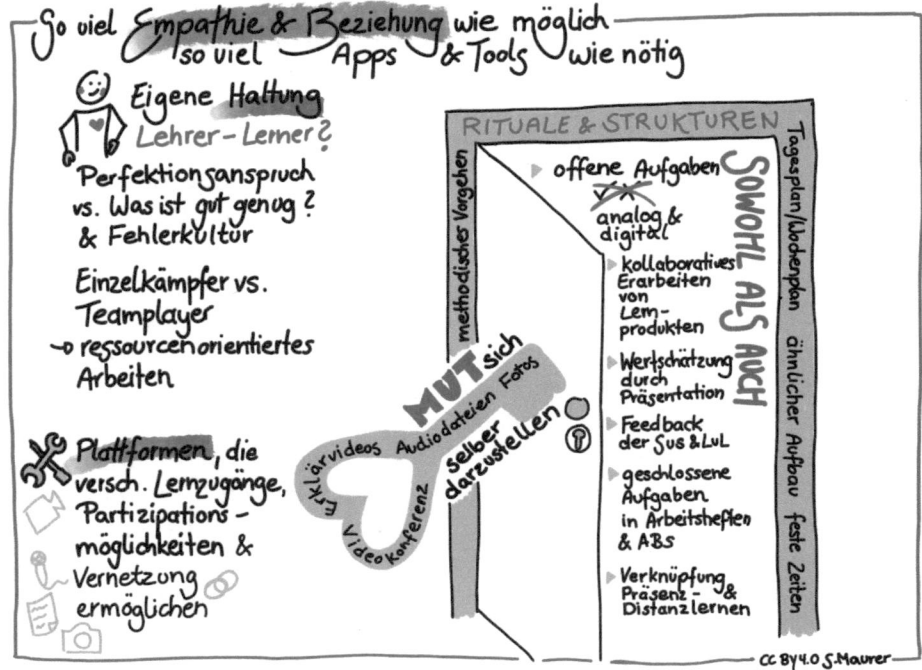

Abb. 2: Sketchnote »Haltung und Mut«

Doch wie wird das Lernen auf Distanz online so gestaltet, dass Beziehung und Empathie gestärkt werden? Ein Schlüssel, den viele Kollegen und Kolleginnen an unserer Schule entdeckt haben, ist das »sich Einbringen und Darstellen« in den Lernmaterialien der Kinder. Damit sind unter anderem Erklärungen und Erläuterungen von Aufgaben in einer Audiodatei, das Vorlesen eines Buches – in mehreren Teilen – in Audiodateien, Fotos oder Erklärvideos gemeint. Es macht einen Unterschied, ob nur ein fertig produziertes Video von einer Videoplattform verlinkt wird oder es selber – mit den eigenen Materialien und der Stimme der Klassenlehrkraft – kreiert wird. Die Lehrkraft in dem Video/Audio wiederzuerkennen stärkt Nähe und Beziehung. Es ist ein Ausdruck von Wertschätzung, wenn »der Klassenlehrer oder die Klassenlehrerin das extra für uns gemacht hat«. Dabei kommt es nicht darauf an, dass das eigene Produkt in Technik, Form und Inhalt »perfekt« ist. Sondern eher, dass spürbar wird, dass die Lehrkraft probiert, den Lerninhalt möglichst gut und so wie im Präsenzunterricht zu vermitteln.

Versteht sich eine Lehrkraft auch in dieser neuen Rolle als Lernende oder Lernender, kann dies helfen, gelassener mit den eigens erschaffenen Lernprodukten umzugehen. Nichtsdestotrotz ist es eine Herausforderung und braucht Mut sich selber darzustellen und die entstandenen Ergebnisse auch zu teilen. Nicht jede und jeder sieht und hört sich gerne selber.

Erleben die Schülerinnen und Schüler ihre Klassenlehrerin oder ihren Klassenlehrer auch in digitalen Formaten, ist der Weg dahin, selber digitale Lernprodukte zu erzeugen, nicht mehr weit. Eine Geschichte vorlesen, eine kleine (englische) Präsentation einsprechen, ein Gedicht betont vorsprechen, einen Rechenweg erklären, einen Versuch erläutern, eine gelungene Geschichte abfotografieren – all dies sind grundschulgerechte Lernprodukte, die Kinder mit einfachen Mitteln selber erzeugen können. Sicherlich benötigt es dazu Anleitungen im Präsenzunterricht und auch die Hilfe der Eltern, damit es dann in der Distanz auch funktioniert. Aus den eigenen Erfahrungen reichen Kinder Lernprodukte ein, in denen sie sich besonders viel Mühe gegeben haben. Offenbar haben die Kinder diese Aufnahmen mehrfach wiederholt und sich immer wieder selber reflektiert. Und was gibt es Schöneres und Erfolgversprechenderes, als wenn Kinder ihren Lerninhalt immer wieder wiederholen und ihren Lernprozess reflektieren? Genau das ist es, was Lernerfolge maßgeblich mitprägt. Digitale Lernprodukte zu erstellen ist ein wichtiger Baustein für die Medienkompetenzentwicklung der Kinder – und das nicht nur in Corona-Zeiten. Fertige Lernprodukte können der Lehrkraft digital zugestellt werden oder auch – nach entsprechender Genehmigung – mit anderen in der Klasse geteilt werden. Eine Kultur der gegenseitigen Wertschätzung und der Teilhabe an dem Lernerfolg der anderen kann so auch digital angebahnt werden.

Ebenso kann eine Kultur der gegenseitigen Wertschätzung und auch der Entlastung entstehen, wenn Kolleginnen und Kollegen zusammenarbeiten und ihre digitalen Werke innerhalb einer Jahrgangsstufe, der Schule oder mit dem persönlichen Lernnetzwerk teilen. Denn die Aufbereitung digitaler Inhalte nimmt viel Zeit in Anspruch – gerade, wenn dabei Neuland betreten wird. Arbeiten Lehrkräfte in Jahrgangsteams zusammen, kann das Team die Ressourcen der einzelnen Mitglieder nutzen und die Aufgaben digitaler und analoger Art aufteilen.

Simon Maria Hassemer

Vertrauen versus Kontrolle

Über eigenverantwortliches Lernen und wie man es unterstützen kann

»Доверяй, но проверяй – *Vertraue, aber kontrolliere nach*« lautet das russische Sprichwort, das dem oder der Lesenden sicherlich gleich in den Sinn kommt, wenn es um Vertrauen und Kontrolle geht. Als »Vertrauen ist gut, Kontrolle ist besser« hat sich das Sprichwort, das Wladimir Iljitsch Lenin zugeschrieben wird, aber in keiner seiner Schriften zu finden ist, im kollektiven Gedächtnis etabliert. Es ist sicher nicht das erste Mal, dass es im Kontext von Schule und Erziehung gebraucht wird.

Um gleich einem Missverständnis entgegenzutreten: Vertrauen zu gewähren und Lernprozesse stärker eigenverantwortlich gestalten zu lassen, bedeutet weder, dass nach dem Prinzip des »anything goes« verfahren wird, noch, dass die Lehrkraft ihrer pädagogischen Verantwortung entbunden ist. Vielmehr verschiebt sich der Fokus: In der neuen Lehrerinnen- und Lehrerrolle bewegt man sich weg von der summativ bewertenden Kontrolle und setzt stattdessen Schwerpunkte darin, Heranwachsende in ihren individuellen Lernprozessen zu unterstützen und sie zu eigenverantwortlichem Handeln zu ermutigen. Das kann nur gelingen, wenn es eine hinreichend tragfähige Vertrauensbasis gibt. Der eigentliche Kern der Arbeit besteht dann darin, diese Vertrauensbasis systematisch auszubauen, das heißt vor allem: Beziehungsarbeit leisten. Darum geht es in dem folgenden Praxisbericht.

Als nach den Pfingstferien 2020 die Schule in geteilten Klassen wieder startete und absehbar war, dass wir die verkleinerten Lerngruppen bis zu den Sommerferien noch höchstens drei Wochen sehen würden, war uns klar, dass nicht Leistungsmessungen und frontale Stoffvermittlung im Zentrum des Unterrichts stehen sollten. Stattdessen konzentrierten wir uns auf die Evaluation der vorangegangenen Phase des Distanzlernens, traten in einen intensiven Austausch darüber ein, was in dieser Zeit gut bzw. weniger gut gelungen war und zogen entsprechende Konsequenzen. Glücklicherweise hatten wir kurz vor dem ersten Lockdown im März eine schulinterne Fortbildung zu Coachinggesprächen in Klassen erhalten. Genau dieses Instrument haben wir genutzt. Coaching oder Lerncoachinggespräche sind pädagogisch-psychologische Beratungsgespräche, in denen der Coachee – und das ist wichtig – eigene Ideen, Lösungswege und Maßnahmen entwickelt und bestimmt. Diese durch eine spezifische Fragetechnik zutage zu fördern ist die Aufgabe des Coaches oder der Coachin.

Wer coacht, nimmt nicht die Rolle eines beratenden Lehrers oder einer beraten-den Lehrerin, sondern die eines gleichberechtigten Gesprächspartners oder einer Gesprächspartnerin ein, der oder die – im Sinne Montessoris – Förderung zur Selbstförderung leistet. Bei Klassencoachinggesprächen ist die Form etwas anders, da es sich um eine Gruppenaktivität und nicht um ein individuelles Gespräch han-delt, doch die in den Gesprächen aufgegriffenen Themen sind zumeist dieselben: Motivation, persönliche Ziele, Selbstdisziplin, Zeitmanagement, Eigenverantwor-tung und Lernstrategien.

Es ist daher nicht verwunderlich, dass die Klassencoachinggespräche für unser achtköpfiges Team das Mittel der Wahl waren, um gerade in Zeiten der Pande-mie das eigenverantwortliche Lernen zu Hause zu fördern. Wichtig ist, dass man dieses Mittel als integralen Bestandteil der pädagogischen Tätigkeit einer Schule etablieren muss, denn nur mit Zeit und Persistenz lassen sich positive Verhaltens-änderungen bei den Schülerinnen und Schülern erwirken. Soforteffekte sind nicht erwartbar. Wer das Wort »Verhaltensänderung« zu sehr als psychologische Be-einflussung oder gar Manipulation wahrnimmt – ich hatte anfangs auch meine Schwierigkeiten damit – dem hilft vielleicht der Hinweis darauf, dass der Prozess, den wir als Lernen bezeichnen, psychologisch gesehen nichts anderes als eine Ver-haltensänderung ist.

Coachinggespräche sind ein wichtiges Mittel, um Kinder und Jugendliche an Schulen genauer kennenzulernen und besser zu verstehen. Das ist für meine Ar-beit als Lehrer nicht nur bedeutsam, sie wurde dadurch stark verändert und teil-weise neu definiert, weil die Voraussetzungen für individuell gefördertes Lernen und die Basis für die Persönlichkeitsentwicklung betroffen sind. Ich weiß nun bes-ser, welche Ziele meine Schülerinnen und Schüler verfolgen, was sie interessiert, über welche Stärken sie verfügen und was sie als herausfordernd erleben. So kann ich Unterrichtsprojekte gestalten, die ausgehend von curricularen Inhalten zum Aufbau intrinsischer Motivation führen. Das ist für alle Beteiligten ein Gewinn.

Was hat diese auf Coachinggesprächen basierende Beziehungsarbeit nun mit Vertrauen und Kontrolle zu tun? Kontrolle findet weiterhin statt. Wenn ich alle zwei Wochen ein Coachinggespräch führe, spreche ich schließlich die Maßnah-men an, die sich mein Coachee (oder meine gecoachte Klasse) im letzten Ge-spräch selbst gegeben hat. Ich bin jedoch nicht derjenige, der kontrolliert, sondern die Coachees lernen, sich selbst zu kontrollieren, zu reflektieren, wie ein selbst ge-stecktes Ziel erreicht oder warum es nicht erreicht worden ist. Ich frage in der Rol-le als Coach nach, achte darauf, die Kinder nicht zu überfordern, kontrolliere und sanktioniere aber nicht. Auf diese Weise leiste ich einen Beitrag zur Entwicklung von Selbstkontrolle, Selbststeuerung, Selbstständigkeit, Verantwortung, kurz: zur Entwicklung der Fähigkeiten, Einstellungen und Kompetenzen, die wir in unserer Gesellschaft mit dem Erwachsensein verbinden.

Coachinggespräche sind geprägt durch eine Atmosphäre wechselseitigen Vertrauens, die nicht nur in Präsenzsituationen, sondern auch online über eine sichere Videokonferenzschaltung hergestellt werden kann (wobei die Kamera nicht zwingend eingeschaltet werden muss). Nach meiner Erfahrung hat die Distanz der Online-Coachinggespräche sogar mehr Vor- als Nachteile: Es entsteht keine unangenehme Situation, mit einem Lehrer allein in einem Raum zu sitzen und über seine Ziele und Motivationen zu sprechen. In Online-Gesprächen befindet sich ein Coachee in einem ihm vertrauten Raum, kann frei darüber entscheiden, ob er die Kamera an- oder ausschaltet und könnte bei Bedarf sogar jederzeit das Gespräch unterbrechen (er oder sie hat ja die Kontrolle), wobei letzteres in meiner Coachingpraxis bisher nie vorgekommen ist.

Ich gehe von einer Pädagogik aus, die ab einem gewissen Alter der Schülerinnen und Schüler wenig Wert auf Kontrolle, Prüfungen und Bewertungen legt – sofern das nicht auf Veranlassung der Lernenden geschieht. Stattdessen geht es mir darum, dass Schülerinnen und Schüler Ziele eigenverantwortlich festlegen, verfolgen und erreichen können. Junge Menschen dabei zu begleiten und zu fördern, ist in meinen Augen die zentrale pädagogische Aufgabe. Und das bedeutet: Ich stelle Freiheiten und Freiräume zur Verfügung, in denen Ziele mehr oder weniger stark begleitet verfolgt werden können. Freiheiten zu geben bedeutet, Vertrauen zu schenken und den Schülerinnen und Schülern etwas zuzutrauen. Wer zögert oder nicht bereit ist, Kontrolle abzugeben, dem sei versichert, dass selbst in einem (str)eng geführten Präsenzunterricht nicht alles kontrolliert werden kann. Physische Präsenz lässt sich sehr leicht kontrollieren, geistige Präsenz, Aufmerksamkeit und Motivation hingegen nicht. So erklärt sich von selbst, weshalb Vertrauen die Grundlage von Erziehung darstellt.

Daher lautet mein Impuls: Lernen Sie die Menschen kennen, mit denen Sie arbeiten. Bieten Sie ihnen auf dieser Grundlage Freiräume und Möglichkeiten, ihre Ziele zu verwirklichen. Unterstützen Sie sie kontinuierlich. Ohne Beziehungsarbeit geht das nicht. Schenken Sie Vertrauen und man vertraut sich Ihnen an – mehr Wertschätzung für Ihre Arbeit gibt es nicht.

Christian Nagel

Synchrones und asynchrones Lernen im Bildungsgang Abitur-Online

Der im Rahmen des zweiten Bildungsweges eingerichtete Bildungsgang Abitur-Online, welcher in Nordrhein-Westfalen seit 2002 zunächst als Modellversuch erprobt wurde und sich inzwischen etabliert hat, setzte sich von Beginn an aus Phasen des synchronen und asynchronen Lernens zusammen (vgl. abitur-online. nrw). Was als eine Variante möglicher Unterrichtsszenarien im Falle weiterer pandemiebedingter Schulschließungen vorgeschlagen wurde (Eickelmann 2020) und entsprechend im Corona-Konzept des Bildungsministeriums (MSB-NRW 2020, S. 1) für das Schuljahr 2020/21 ausgewiesen wird, nämlich eine Kombination aus Präsenz- und Distanzunterricht, war von Beginn an struktureller Bestandteil von Abitur-Online: Der reguläre wöchentliche Unterricht findet dabei zu gleichen Teilen in Präsenz im Schulgebäude und mittels digitaler Endgeräte in eigenverantwortlichen Arbeitsphasen außerhalb der Schule statt.

Grund für die Struktur dieses Unterrichtsmodells sind allerdings nicht didaktische oder lerntheoretische Aspekte, sondern die Anforderungen der Zielgruppe: Berufstätige mit variablen Arbeitszeiten (z. B. Schichtarbeit, Bereitschaftsdienst etc.) können nicht nach einem festen Stundenplan zwanzig Wochenstunden im Präsenzunterricht absolvieren. Insofern finden an zwei festgelegten Wochentagen insgesamt zehn Unterrichtsstunden in der Schule statt, weitere zehn Stunden umfassen asynchronen Distanzunterricht, der mithilfe des Lernmanagementsystems *Moodle* organisiert wird. So können die Studierenden zu einem selbstgewählten Zeitpunkt aktiv werden und die Unterrichtszeit flexibel in ihren Alltag integrieren.

Die Lehrkräfte unterrichten ebenfalls zu gleichen Anteilen in Präsenz und Distanz, was bedeutet, dass sie neben der klassischen Vorbereitung und Durchführung des Unterrichts in der Schule Aufgaben und Projekte auf der Lernplattform bereitstellen, die von den Studierenden heruntergeladen, bearbeitet und wieder hochgeladen werden. Die Lehrkraft gibt individuelles Feedback zu den Einsendeaufgaben und bewertet diese mittels eines Punktesystems, einer Kommentarfunktion oder eigens erstellter Feedbackdateien. Die Einsendeaufgaben können klassische Texte oder Arbeitsblätter sein, aber auch Audio- oder Videobeiträge sowie kollaborativ erstellte Aufgaben, z. B. mithilfe von Formaten wie *Etherpad* oder *GoogleDocs*. In diesem Fall müssen Studierende die Zusammenarbeit selbst organisieren und so etwa auch darüber entscheiden, ob sie gleichzeitig oder zeitversetzt an einer Aufgabe arbeiten wollen, die in jedem Fall zu einem zuvor fest-gelegten Zeitpunkt abgegeben werden muss. Auf diese Weise setzen sie sich be-wusst mit den Vor- und Nachteilen synchronen oder asynchronen Arbeitens in bestimmten Lernsituationen auseinander.

In wenigen Fällen kann auch synchroner Distanzunterricht stattfinden, z. B. in Form von Videokonferenzen, wobei dann in der Regel mehrere Teilgruppen zu arbeitsteiligen Aufgaben arbeiten. Aufgrund der oben beschriebenen Ausgangsbe-dingungen der Studierenden ist eine Terminfindung für Kursunterricht außerhalb des Präsenz-Stundenplans äußerst schwierig.

Die Erfahrungen zeigen, dass die Mischung aus Präsenz- und Distanzunter-richt – und damit auch die Verknüpfung synchronen und asynchronen Lernens – bei Abitur Online sehr erfolgreich ist. Der hohe Grad an Freiheit zur individuellen Gestaltung des Lernprozesses und die notwendige Selbstorganisation fördern die Kernkompetenzen des 21. Jahrhunderts, die sogenannten 4K: Kreativität, kritisches Denken, Kollaboration und Kommunikation (Muuß-Merholz 2017). Asynchrone Lernformate tragen dazu maßgeblich bei, indem sie häufig Projektcharakter ha-ben, medial vielfältig und produktionsorientiert sind sowie die Zusammenarbeit fördern. Arbeitsweisen, die unter dem Begriff des Flipped Classroom bekannt ge-worden sind, kommen ebenfalls erfolgreich zur Anwendung: Häufig werden vor-bereitende Aufgaben im Anforderungsbereich I in die Distanzphasen ausgelagert (Recherche eines neuen Themas, Aneignung theoretischer Grundlagen etc.), um für eine anspruchsvolle Erarbeitung und Systematisierung im Anforderungsbe-reich II und III im Präsenzunterricht Zeit zu haben. Im Sinne der agilen Didaktik (Arn 2016) besteht die Herausforderung für die Lehrenden darin, mit nicht zuvor antizipierbaren Ergebnissen konfrontiert zu werden, aus denen echte Fragen für eine vertiefende Auseinandersetzung mit einem Lerngegenstand entstehen, was die intrinsische Motivation und das eigenständige Lernen fördert.

Eine Hürde stellt allerdings weiterhin die Bewertung kollaborativer Aufgaben dar, die gemäß den Vorgaben immer noch eine Bewertung der Einzelleistungen sein muss, sodass bei gemeinsamen Projekten in jedem Fall die individuelle Leis-tung dokumentiert werden muss (vgl. dazu auch den Beitrag von Albrecht in die-sem Band). Durch das persönliche Feedback, das die Lehrenden den Studierenden geben, ist eine gezielte Einzelförderung möglich.

Die oftmals überdurchschnittlichen Ergebnisse in den Abiturprüfungen können als ein Indiz für den Erfolg des bei Abitur Online praktizierten Unterrichtsmodells gesehen werden. Zudem hat sich dieses Modell während der pandemiebeding-ten Schulschließungen als zuverlässig erwiesen. Dadurch, dass die Studierenden differenzierte Erfahrungen mit dem Distanzunterricht und asynchronen Lernfor-maten hatten, konnte der Unterricht in nahezu gewohnter Weise fortgesetzt wer-den. Der neunzigminütige Präsenzunterricht wurde direkt in der ersten Woche des Lockdowns auf sechzigminütige Videokonferenzen umgestellt, sodass dort die synchronen Arbeitsformate – mit den bekannten Nachteilen, die eine Video-kommunikation mit sich bringt, vgl. den Beitrag von Langela-Bickenbach und Wampfler in diesem Band – weiterhin praktiziert werden konnten. Parallel dazu wurde der Distanzunterricht fortgeführt. Als der Präsenzunterricht mit Teilgruppen unter strengen Hygieneauflagen wieder stattfinden konnte, war eine lückenlose Wiederaufnahme der gewohnten Unterrichtspraxis möglich, die vorgesehenen Unterrichtsinhalte konnten ohne quantitative oder qualitative Einbußen erarbeitet werden.

Literatur

Arn, C. (2016). Agile Hochschuldidaktik. Weinheim/Basel: Beltz.

Eickelmann, B. (2020). Rückkehr zum Regelunterricht in Schulen. Pressemitteilung der Universität Paderborn vom 19.06.2020. https://www.uni-paderborn.de/nachricht/94006/.

Ministerium für Schule und Bildung des Landes Nordrhein-Westfalen (MSB-NRW) (2020). Konzept zur Wiederaufnahme eines angepassten Schulbetriebs in Corona-Zeiten zu Beginn des Schuljahres 2020 vom 03.08.2020. https://www.schulministerium.nrw.de/docs/bp/Ministerium/Schulverwaltung/Schulmail/Archiv-2020/200803/index.html.

Muuß-Merholz, J. (2017). Die 4K-Skills: Was meint Kreativität, kritisches Denken, Kollaboration und Kommunikation? https://www.joeran.de/die-4k-skills-was-meint-kreativitaet-kritisches-denken-kollaboration-kommunikation/.

Philipp Staubitz

Projektlernen am SBBZ Lernen

Projekte

Aktivität und Teilhabe

kleinschrittig

»So viel Projektarbeit wie möglich, so viele kleinschrittige Übungen wie nötig«

Dieser Impuls beschreibt meinen Unterrichtsalltag und die Arbeit mit meinen Schülerinnen und Schülern ganz treffend. Ich bin Sonderpädagoge an einem kleinen SBBZ Lernen im nördlichen Schwarzwald. Als Klassenlehrer konnte ich in den letzten Jahren viele unterschiedliche Erfahrungen in der Durchführung und Planung von Projekten und projektartigen Unterrichtsformen sammeln.

Sonderpädagogik!?

Zur Einordnung meiner Praxiserfahrungen finde ich es wichtig, diese in meinem speziellen sonderpädagogischen Kontext zu betrachten.

Der Individualisierungsbegriff in der Sonderpädagogik geht vom einzelnen Kind oder Jugendlichen aus und meint nicht Einteilung oder Differenzierung nach vorgegebenen Leistungsniveaus. In Baden-Württemberg arbeiten die Sonderschulen daher nach dem Fachprinzip der Individuellen Lern- und Entwicklungsbegleitung (kurz ILEB). In der ILEB-Schleife geht es allgemein darum, die individuellen Voraussetzungen der einzelnen Kinder oder Jugendlichen zu erkennen und hieraus passende individuelle Bildungsangebote und Ziele abzuleiten, die im Laufe des Prozesses überprüft und gegebenenfalls auch nochmal modifiziert werden. Ziel von ILEB ist das Erreichen der größtmöglichen gesellschaftlichen Aktivität und Teilhabe des oder der Einzelnen. Es geht also »vom Kind zum Programm«, was vor allem im Kontext des Projektlernens vielfältige Möglichkeiten bietet. Die strukturellen Voraussetzungen der einzelnen Sonderschularten unterscheiden sich teilweise deutlich.

Das SBBZ Lernen

Ich arbeite seit einigen Jahren an einem SBBZ Lernen und konnte hier viele Erfahrungen im Projekt- bzw. projektorientierten Unterricht als Klassenlehrer in Klasse 5 bis 9 sammeln.

Der Bildungsplan für die Förderschule von 2008 in Baden-Württemberg orientiert sich einerseits an Fächern und Fächerverbünden, andererseits an sogenannten Bildungsbereichen. Diese nehmen verschiedene bedeutsame Lebensbereiche der Kinder und Jugendlichen und damit verbundene Kompetenzen in den Blick. Der Bildungsplan lässt mir als Sonderpädagoge eine gewisse Freiheit, wie ich meinen Unterricht inhaltlich genau ausrichten möchte. Viele Schulen entwickeln auf Basis des Bildungsplans eigene Schulcurricula, in denen für die Klassenstufen die Kompetenzen und Inhalte nochmals genauer aufgeschlüsselt werden sollen. Diese unterscheiden sich von Schule zu Schule. Außerdem wird häufig in Handlungsfeldern unterrichtet. Diese sollen Themenbereiche aus der Lebenswelt der Schülerinnen und Schüler fächerübergreifend in den Blick nehmen. Im Prinzip bestehen also schon projektorientierte Strukturen im Schulalltag.

Meine Schülerschaft

… ist sehr heterogen! Ich begreife das als Herausforderung und als Maßstab für die Planung und Durchführung meines Unterrichts und versuche den Schülerinnen und Schülern gerecht zu werden, so gut es geht. Die Kinder haben in der Regel große Schwierigkeiten im Bereich des Lernens und kommen aus teilweise sozial schwachen oder bildungsfernen Familien. Beziehungsarbeit ist in meinem Job die Grundvoraussetzung für das gemeinsame Lernen. Durch kleinere Klassen mit durchschnittlich 13 Lernenden und durch das Klassenlehrerprinzip (ich unterrichte fast alle Fächer und bin den Großteil der Stunden in meiner Klasse) gelingt die Beziehungsarbeit meistens sehr gut! Das Spannungsfeld zwischen Projektunterricht und dem kleinschrittigen Üben beschreibt den Spagat der täglichen Arbeit in der Klasse sehr gut, da beides von großer Bedeutung für meine Schülerinnen und Schüler ist.

Mein Unterricht

…war nach meinem Vorbereitungsdienst erst mal eher frontal ausgerichtet. Im Studium habe ich in der Theorie viel über Projektunterricht gelernt, die konkrete

Umsetzung war für mich aufgrund der vielen anderen Herausforderungen als Berufsanfänger aber zunächst nicht machbar. Erste Eindrücke für projektorientiertes Lernen konnte ich in den oben erwähnten Handlungsfeldern sammeln, in deren Ausgestaltung ich als Klassenlehrer relativ frei war und die Interessen und Wünsche der Klasse gut einbeziehen konnte.

Ich merkte schnell, dass das reine kleinschrittige Üben für meine Schülerinnen und Schüler zwar sehr wichtig war, die Klasse aber sicherlich auch von offeneren Unterrichtsformaten profitieren würde. Hier gab es aber eine Reihe an Herausforderungen zu meistern: niemand hatte bisher in Projekten oder projektartig gearbeitet, selbstständiges Arbeiten und soziale Interaktion sind bei fast allen Kindern und Jugendlichen ein großes Lernfeld, und vor allem ist die Motivation für schulische Inhalte meistens eher mäßig ausgeprägt. Selbst weniger umfangreiche Methoden wie beispielsweise eine Partnerarbeit stellen für viele der Schülerinnen und Schüler eine große Herausforderung dar. Mein persönliches Ziel war es, mich dem Projektunterricht bzw. dem projektartigen Unterricht Stück für Stück anzunähern und die Verantwortung für das eigene Lernen und die Selbstorganisation langsam aber sich immer mehr an die Klasse abzugeben. Vor allem durch kooperative Lernformen (*think – pair – share*) halfen dabei, dass die Schülerinnen und Schüler im Laufe eines Schuljahres Stück für Stück soziale Kompetenzen aufbauen konnten.

Eine Schwierigkeit in der Hauptstufe des SBBZ Lernens stellt die Tatsache dar, dass die Jugendlichen immer älter werden, die Lerninhalte sich teilweise aber bis Klasse 9 noch auf dem Niveau der Grundschule bewegen (z. B. beim Lesen oder Rechnen). Wie schon erwähnt, war Motivation ohnehin immer ein wichtiges Thema, und mit zunehmendem Alter wurde es schwieriger, die Klasse auch für vermeintlich kindliche Inhalte zu motivieren. Also lag hier genau der richtige Ansatzpunkt für projektorientiertes Lernen!

Ich entschied mich für einen Gamification-Ansatz, das heißt, ich verwandelte meinen Unterricht in eine Art Mittelalter-Rollenspiel. Die Schülerinnen und Schüler erhielten zu Beginn des Schuljahres einen Avatar, den sie im Laufe des Schuljahres durch entsprechende Leistungen im Unterricht weiterentwickeln konnten. *Classcraft* war eine dazu passende Onlineplattform mit einer App, die wir als Lernplattform für Unterrichtsinhalte nutzen konnten. Ein wichtiger Baustein des Spiels waren regelmäßige Reflexionsgespräche zu Beginn und am Ende des Unterrichtstages, in denen die Klasse zunehmend selbstständiger das eigene Lernen und Verhalten beschreiben, bewerten und auch anderen in der Klasse wertschätzendes Feedback geben konnte. Die Motivation innerhalb der Klasse entwickelte sich im Laufe des Schuljahres sehr positiv und die Schülerinnen und Schüler brachten sich zunehmend selbstständig in die Planung, Organisation und Ausgestaltung dieses Rollenspiels ein. Viele Unterrichtsinhalte wurden mit der dortigen Lernplattform verknüpft und mithilfe von Lernvideos und passenden Übungsformaten gesichert.

Auch wenn die Motivation vorhanden war, fiel es vielen Schülerinnen und Schülern vor allem methodisch noch sehr schwer, einen eigenen Lernprozess zu steuern. Da ich von Beginn an mit kooperativen Lernformen gearbeitet hatte, nahm ich diese zunehmend bei der Unterrichtsplanung in den Blick. Mein Ziel war es, dass die Klasse mich immer weniger bei der Erarbeitung von Inhalten braucht und ich mich zunehmend in die Rolle des Lernbegleiters einfinden konnte. Ich stützte die einzelnen Phasen häufig mit Lernvideos oder interaktiven Unterrichtsmaterialien, in kooperativen Kontexten versuchte ich nach Möglichkeit, verstärkende Hinweise in den Aufgabenstellungen einzubauen.

Besonders gelungen fand ich im Nachhinein die Methode des aktiven Plenums, das ich aus der Hochschullehre kannte. Dieses bildete in der kooperativen Lernform die letzte Phase (*share*). Die Schülerinnen und Schüler bearbeiten gemeinsam im Plenum eine Aufgabenstellung. Zuvor wird jemand zur Moderation und jemand zum Aufrufen bestimmt. Die Klasse kann jederzeit auf die Inhalte der Lernplattform zurückgreifen (Videos, Online-Übungen, Arbeitsblätter…) und sollte auf dieser Basis selbstständig arbeiten. Die Lehrperson sitzt hinten im Raum und hält sich nach Möglichkeit zurück, außer die Klasse kommt nicht selbstständig weiter. Was anfangs sehr zäh war, entwickelte sich im Laufe des Schuljahres zu einer sinnvollen Methode, die die Klasse am Ende alleine durchführen konnte, sodass sie selbstständig und unter Zuhilfenahme kooperativer Lernformen und entsprechender Methoden zu Ergebnissen kommen konnte.

Durch die Kombination von Motivation und methodischen Kompetenzen gelang es mir so schrittweise immer mehr, meinen Unterricht projektorientiert zu gestalten. Die Schülerinnen und Schüler hatten im Laufe eines ganzen Jahres verstanden, dass sie nicht nur zum bloßen Konsumieren anwesend sind, sondern dass sie sich mit eigenen Ideen einbringen und wir diese gemeinsam in den Blick nehmen können. Natürlich gibt es wie in jeder anderen Schulart gewisse Grenzen des projektorientierten Lernens, da bestimmte Inhalte im Sinne des kleinschrittigen Übens dann doch auch auf der Agenda stehen müssen. Insgesamt konnte ich mich aber gemeinsam mit meiner Klasse immer mehr öffnen und entwickelte gemeinsam mit den Schülerinnen und Schülern eine für uns passende Lernkultur.

Projekttage

Weil Projektphasen meist nur einmal pro Jahr stattfinden, habe ich diese nicht schwerpunktmäßig beschrieben. In dieser Projektwoche war es mir immer sehr wichtig, so weit wie möglich in tatsächlichen Projekten und nicht nur projektorientiert zu arbeiten. Im Vorfeld fragte ich häufig Themenwünsche ab und versuchte anschließend, diese vor allem methodisch vorzubereiten. Da bei uns Schülerinnen und Schüler aus unterschiedlichen Klassen mit unterschiedlichen Vorerfahrungen und Interessen gemischt werden, ist insbesondere die gemeinsame Planung ein sehr wichtiger erster Schritt hin zum Projekt. Meistens verwendeten wir hierfür einen ganzen Tag und einigten uns auf eine Vorgehensweise und auf ein mögliches Produkt, das am Ende der Woche entwickelt sein sollte. Als Lehrer fiel es mir anfangs immer schwer, die Zügel aus der Hand zu geben und die Verantwortung mehr und mehr an die Kinder und Jugendlichen abzugeben. Nach zahlreichen Projekten reifte schließlich die Erkenntnis, dass der Weg das Ziel ist und der Prozess als solcher jedes Mal vollständig anders abläuft, aber immer sehr spannend und gewinnbringend für beide Seiten sein kann. Projekte plane ich daher heute sehr offen, wobei ich die Wünsche der Kinder und Jugendlichen immer in den Vordergrund stelle.

Fazit

Projektlernen bzw. projektorientiertes Lernen sehe ich sehr positiv! Es hat mich viel gedankliche Mühe gekostet, mich darauf einzulassen, meine eigene Rolle als Lehrperson zu hinterfragen und den Schülerinnen und Schülern so viel Gestaltungsspielraum wie möglich zu geben. Für mich trifft das Arbeiten in Projekten aber genau den Kern der Individualisierung, denn jede und jeder hat die Möglichkeit, sich mit ihren oder seinen individuellen Fähigkeiten am Prozess zu beteiligen. Vor allem die Motivation bezogen auf Inhalte, die für die Schülerinnen und Schüler subjektiv bedeutsam sind, ist für mich eine der wichtigsten, wenn nicht sogar die wichtigste Grundvoraussetzung für das Gelingen schulischer Bildungs- und Lernprozesse. Das zentrale Problem bei der Durchführung liegt meines Erachtens in den äußeren Vorgaben (Bildungspläne, Stundenpläne, Fachlehrerprinzip). In der Sonderpädagogik sehe ich für mich aber ausreichend Spielräume, Projekte auch in den Schulalltag zu integrieren – auch wenn dieser im Modus des Fernunterrichts erfolgt.

Tom Mittelbach

Alles nur Anarchie – oder wird doch etwas gelernt?

Projektarbeit ist etwas, was vielen Kolleginnen missfällt. Das hat etwas von Anarchie, Unorganisiertheit, Unvergleichbarkeit und eigentlich ja irgendwie doch einfach Wischiwaschi. In den Diskussionen werden Projekte als Zusatzarbeit gesehen, die Kolleginnen und Kollegen fragen: Muss das wirklich sein? Die Projektarbeit fristet augenscheinlich ein Nischendasein für Unterrichtsexperimentierer und Nerds.

Doch das ist falsch. Projektarbeit eröffnet allen Schülerinnen und Schülern die Möglichkeit, sich selbst nach ihrem Interesse, ihrem Tempo und mit ihren eigenen Methoden einem Lerngegenstand, einem Ziel oder einer Idee zu widmen. Die Schülerinnen und Schüler lernen Arbeits- und Lernprozesse selbstständig zu organisieren und durchzuführen. Und das selbstgewählte Arbeiten am selbstbestimmten Thema macht (fast) immer Spaß. Und das Wichtigste zum Schluss: Die Schülerinnen und Schüler erleben sich als sehr selbstwirksam.

Für die Durchführung von Projektarbeit muss die Lehrkraft zuallererst eine bestimmte Haltung haben. Lisa Rosa (2019) führt in »Projektlernen im digitalen Zeitalter« aus:

> Die Lehrkraft ist (also) eher eine Lernprozessgestalterin als ein »Inhalte«-Vermittler. Sie unterstützt und berät den Lernprozess der Schülerinnen und Schüler sowohl durch Gespräche über den Gegenstand des Lernens und über die Art und Weise diesen Gegenstand zu lernen, die sie selbst mit Schülerinnen und Schülern führt, als auch mit Gesprächen, die sie unter den Schülern zulässt, anregt und moderiert.

Ich habe mich sehr gefreut, als ich diese Ausführungen gelesen habe, sie sind so zutreffend. Lernprozessgestalter sollen Lehrkräfte sein, nicht »Inhalte«-Vermittler. Der heilige Gral des Wissens wird abgegeben, man tritt aus dem hierarchischen Setting heraus und wird mitlernende und mitforschende Person, die den Rahmen für das Lernen und Forschen bereitet und pflegt.

Weiter muss die Lehrkraft Vertrauen und Zutrauen im Verhältnis zu den Schülerinnen und Schülern haben. Nur so kann Projektarbeit gelingen, man muss auch machen lassen können. Auch ein »gescheitertes« Projekt bedeutet unter Umständen großen Kompetenzzuwachs und ist ein wirksames Lernfeld.

Mein Beispiel für Projektarbeit im Unterricht ist die Geniusweek, welche ich während der Schulschließungen angeboten und durchgeführt habe. Zuallererst wurde die Geniusweek den Schülerinnen und Schülern via YouTube-Video bekannt gemacht, die gesamten Ausführungen über die Lernmanagementplattform cloudschool (vgl. https://t1p.de/GeniusWeekNWT).

Die Geniusweek ist angelehnt an die Geniushour, die dem Gedanken des 80/20 großer IT-Firmen entstammt: So sollen 20 Prozent der wöchentlichen Arbeitszeit für eigene kreative Projekte der Mitarbeiterinnen und Mitarbeiter reserviert sein. Die Firmen versprechen sich davon einen kreativen Flow der Mitarbeitenden, sowie eine höhere Arbeitszufriedenheit und Identifikation mit dem Unternehmen. Übertragen auf die Schule bedeutet dies, eine Doppelstunde pro Woche zur Verfügung zu stellen, in der Schülerinnen ihren Projekten nachgehen können. Die Geniusweek hat dieses Modell zu Zeiten der Schulschließungen und Corona auf den Unterricht umgedacht und umgebaut.

Abb. 1: Anleitung Geniusweek

Die Schülerinnen und Schüler wurden aufgefordert, eine Idee oder ein Thema einzureichen, für welches sie brennen, welches sie interessiert und worüber sie mehr wissen möchten. Sie legen sich auf einen Lerngegenstand fest und vereinbaren dann einen Termin mit der Lehrkraft für das Planungsgespräch. Im Telefongespräch geht es um eine Hilfestellung bei der Erstellung der Leitfragen zum Projekt.

Ein Thema war im Frühjahr 2020 unter anderem der »Neunte Planet«. Ich war sofort Mitforschender, als die Schülerin mir das Thema erklärt hat, da ich zum mysteriösen neunten Planeten selbst wenig Wissen hatte. Ich unterstützte sie im Telefongespräch beim Festlegen ihrer Fragen an den Lerngegenstand, an denen sich die Schülerin bei der thematischen Erarbeitung ihres Themas orientieren konnte.

Die Schülerinnen und Schüler hatten ab dem individuellen Telefongespräch mit mir sieben Tage lang 24 Stunden Zeit, bis sie ihr Ergebnis online präsentieren mussten. Grundlage der Präsentation konnten digitale Folien oder ein fotografiertes Plakat sein. Die Produkte und Dokumentationen der Schülerinnen und Schüler zeigten deutlich, dass sie sich mit dem Lerngegenstand auseinandergesetzt und dazugelernt haben. Die Erfahrungen mit diesem Angebot mitten in der pandemiebedingten Schulschließung waren durchweg sehr positiv. Die Gemeinschaftsschule, an der ich unterrichte, macht sich nun auf den Weg die Geniushour in den schulischen Alltag zu implementieren.

Literatur

Rosa, L. (2019): Projektlernen im digitalen Zeitalter. Online: https://shiftingschool.wordpress.com/2019/05/22/projektlernen-im-digitalen-zeitalter/ (10.8.2020)

Florian Emrich

Fernunterricht in der Grundschule – Lernbeziehungen aufrechterhalten

Herausforderungen

Die Corona-Pandemie und deren Auswirkungen stellte in besonderer Weise auch die Grundschulen vor große Herausforderungen. Während die Lernenden in höheren Klassenstufen in der Regel erfahrener im eigenständigen Lernen sind, brauchen die Schülerinnen und Schüler der Primarstufe oft noch engmaschigere Unterstützung und Begleitung. Im Rahmen dieses Artikels werde ich aufzeigen, welche Hürden es für unsere Schule zu überwinden galt, welche Maßnahmen wir getroffen haben und welche Lehren wir für die Zukunft ziehen konnten.

Die Schüler, die Eltern und die Lehrenden

Bei der Einrichtung des Lernens auf Distanz wurde uns schnell klar, dass alle am Lernprozess beteiligten Personen mit ihren eigenen Erwartungshaltungen und Bedürfnissen berücksichtig werden müssen, damit auch während der Phase der Schulschließungen Lernprozesse ermöglicht und begleitet werden können.

Wenn Lernen nicht mehr im Präsenzunterricht stattfinden kann, ändert sich das Verhältnis der Lernenden zur wichtigsten Bezugsperson des Unterrichts: der Lehrkraft. Insbesondere in der Grundschule geschieht Lernen oftmals noch nicht aus einer intrinsischen Motivation heraus, sondern wird maßgeblich von äußeren Motivationsfaktoren bestimmt. Ein wichtiger Einflussfaktor ist die Klassenlehrkraft, zu der die Lernenden meist eine enge Bindung aufgebaut haben. Kinder der Grundschule lassen sich häufig auf Lernprozesse ein, weil ihre Lehrkraft sie dazu in einem persönlichen Gespräch ermutigen kann und als Ansprechperson bei auftretenden Lernhindernissen beratend und motivierend zur Seite steht. Beim Lernen auf Distanz fällt es zunächst schwer, direkte Beziehungen aufrechtzuerhalten. Das zeigte sich bereits bei den Hausaufgaben: Hier lernen und agieren Kinder daheim oft anders als im Klassenraum, weil der Wechsel des Bezugsrahmens die Lernmotivation verändert.

Bei den Lernenden besteht folglich das Bedürfnis nach einer möglichst engen Begleitung des Lernprozesses durch die bekannten schulischen Bezugspersonen.

Eine weitere wichtige Personengruppe beim Lernen auf Distanz sind die Erziehungsberechtigten. Für sie entstehen durch die Schließung der Schulen und den Wegfall der Ganztagsbetreuung enorme Probleme. Die eigenen Kinder müssen plötzlich im heimischen Umfeld nicht nur beaufsichtigt, sondern auch beim außerschulischen Lernen intensiv unterstützt werden. Oft wird es schwierig, die beruflichen Pflichten und die angemessene Betreuung der Kinder zu koordinieren, weil z. B. die Großeltern wegen der Infektionsschutzmaßnahmen nicht mehr bei der Kinderbetreuung helfen können.

Aus der Sicht der Erziehungsberechtigten ist es daher wünschenswert, dass Schülerinnen und Schüler ihren Lernprozess zu Hause möglichst selbst steuern können. Denn nur dann entstehen die notwendigen Freiräume, die insbesondere benötigt werden, um beruflichen Aufgaben nachzugehen.

Die letzte beteiligte Personengruppe, auf die ich an dieser Stelle eingehen möchte, sind die Lehrkräfte der Schule. Auch für sie bedeutet der Wechsel zum Lernen auf Distanz einen tiefen Einschnitt in die gewohnten Arbeitsabläufe. Als Lehrkraft kann man nun den Lernprozess der Schülerinnen und Schüler nur noch aus der Ferne beobachten und anhand der Lernergebnisse einschätzen – sofern diese überhaupt zugänglich gemacht werden. Hinzu kommt, dass viele Kolleginnen und Kollegen in der Phase des Distanzlernens zum ersten Mal den analogen Klassenraum verlassen und erste Schritte in Richtung digitaler Lernumgebungen gewagt haben. Gerade in diesen Fällen sind systematische Fortbildungs- und Unterstützungsangebote dringend erforderlich.

Lösungen

Die Zeitspanne zwischen der offiziellen Ankündigung des Lockdowns (13.03.2020) und der Schließung unserer Schule (18.03.2020) war recht kurz. Die Entwicklung von guten und tragfähigen Konzepten nimmt insbesondere in kleineren Systemen, wie es bei Grundschulen oft der Fall ist, einen längeren Zeitraum in Anspruch. Insofern war uns von Anfang an klar, dass wir bei der Entwicklung des Lernens auf Distanz im laufenden Prozess arbeiten müssen – gewissermaßen eine Operation am offenen Herzen.

Auswahl einer Lernplattform

Im Zuge der Entwicklung eines Distanzlern-Konzepts stellte sich die zentrale Frage, auf welche Weise wir die Schülerinnen und Schüler mit Lernaufgaben und dem dazu benötigten Material versorgen können. Bei der Auswahl einer Plattform wollten wir die Bedürfnisse aller Beteiligten (siehe oben) berücksichtigen und angemessen gewichtet in die Entscheidung einfließen lassen. Es ergab sich folgendes Bild:

(a) Anforderungen an eine Plattform aus der Sicht der Lernenden:
  – einfache Bedienung auch für Kinder aus der Schuleingangsphase
  – Nutzbarkeit mit einer großen Bandbreite an Endgeräten
  – (nahezu) identische Bedienung auf allen Endgeräten
  – Möglichkeiten zur Kommunikation mit Lehrkräften und anderen Lernenden
(b) Anforderungen an eine Plattform aus der Sicht der Eltern:
  – die Kinder sollten die Plattform selbstständig nutzen können
  – Nutzung der Plattform sollte zeitlich flexibel sein
  – Möglichkeiten zur Einsicht in die Lernprodukte und Feedbacks der Kinder
  – Möglichkeiten zur Kommunikation mit Lehrkräften
(c) Anforderungen an eine Plattform aus der Sicht der Lehrkräfte:
  – einfache Bedienung
  – Materialien sollten bereitgestellt werden können
  – Ergebnisse der Kinder sollten rückübermittelt werden können
  – Feedback zu den Ergebnissen sollte an Kinder übermittelt werden können
  – Möglichkeiten zur Kommunikation und Kooperation mit Kolleginnen und Kollegen

Es gibt noch weitere Bedürfnisse, die wir im Prozess der Umsetzung erkannt haben oder die häufig an uns herangetragen wurden. Besonders die Eltern wünschten sich, dass wir den Unterricht per Videokonferenz im Klassenverband durchführen. Auf den ersten Blick mag diese Vorstellung verlockend klingen, denn die Eltern sind dadurch im Vormittagsbereich weitgehend entlastet, weil die Kinder für einen bestimmten Zeitraum beschäftigt sind. Allerdings vernachlässigt ein solches Konzept, dass viele Kinder nicht über die technische Ausstattung verfügen, die notwendig ist, um an Videokonferenzen teilzunehmen (vgl. dazu auch den Beitrag von Langela-Bickenbach/Wampfler in diesem Band).

Zudem zeigte sich, dass synchrone Kommunikationssettings sowohl die Eltern als auch die Lehrkräfte unnötigerweise unter Druck setzten. Den ohnehin deutlich veränderten Tagesablauf an den Videokonferenzen der Kinder auszurichten, bedeutet eine zusätzliche Herausforderung. Asynchrone Kommunikationsmöglichkeiten wurden von den Beteiligten bereitwilliger angenommen. Es war uns von Anfang an wichtig, dass alle Kinder die Möglichkeit erhalten, unser Angebot zum Lernen auf Distanz zu nutzen.

Neben den oben skizzierten Bedürfnissen gab es noch weitere Rahmenbedingungen, die wir berücksichtigen mussten. Hier sind vor allem die Regelungen zum Datenschutz zu nennen. Auf diese möchte ich an dieser Stelle nicht ausführlich eingehen, da sie zwar durch die DSGVO grundsätzlich einheitlich geregelt sein sollten, es aber im föderalistischen System durchaus voneinander abweichende Bestimmungen gibt. Daher gebe ich hier den deutlichen Hinweis, sich bei der Einführung einer Lernplattform immer auch durch Datenschutzbeauftragte beraten zu lassen. Nicht jede auf dem Markt verfügbare Plattform lässt sich in Bezug auf den Datenschutz bedenkenlos einsetzen.

An unserer Schule haben wir *Learning View* als Plattform genutzt. Um einen Einblick in die Funktionen der Plattform zu bekommen, empfehle ich meine Videopräsentation im Rahmen der Veranstaltungsreihe *urbanes_lernen* (Emrich 2020). Folgende Funktionen der Plattform sind aus didaktischer und organisatorischer Sicht hervorzuheben:

- *Learning View* verfügt über eine einfach zu bedienende Oberfläche, die sich auch durch Schülerinnen und Schüler der Schuleingangsstufe nutzen lässt. Aufgabenstellungen werden zwar grundsätzlich textbasiert angeboten, können aber von der Lehrkraft durch Video- und Audiodateien ergänzt werden. Insbesondere in der Schuleingangsphase ist dies eine sinnvolle Unterstützung.
- Die Plattform lässt sich mit allen gängigen Browsern nutzen und zusätzlich werden Apps für iOS und Android angeboten. Das Design der Benutzeroberfläche ist in allen Fällen identisch. Es spielt folglich bei der Nutzung der Lernplattform für die Lernenden keine Rolle, welches Endgerät sie nutzen.
- Lehrkräfte haben vielfältige Möglichkeiten (Text, Bild, Audio, Video), Aufgaben bereitzustellen und zu erläutern. Herkömmliche Unterrichtsmaterialien (z. B. Arbeitsblätter) können in Form von PDF-Dateien übermittelt werden.
- Lernende können ihre Arbeitsergebnisse an die Lehrkraft senden. Dies kann auf verschiedenen Wegen geschehen: als getippter Text, als Foto-, Video- oder Audiodatei oder auch als weiteres digitales Produkt (z. B. als PDF). Lehrkräfte erhalten somit einen umfassenden Einblick in die Lernprodukte.
- Es besteht die Möglichkeit, den Lernenden Feedback zu übermitteln. Dies kann nicht nur durch die Lehrkräfte, sondern auch als Peer-Feedback durch die Mitlernenden geschehen. Zudem kann Feedback nicht nur textbasiert erfolgen, sondern ebenfalls mithilfe von Audio- oder Videodateien.
- Aufgabenstellungen und Kursinhalte können zwischen verschiedenen Lehrkräften ausgetauscht werden. Hierdurch werden bestehende Teamstrukturen genutzt, die auch in Zeiten geschlossener Schulen aufrecht gehalten werden können.

Im Fahrwasser der Corona-Pandemie sind eine Vielzahl von Lernplattformen auf den Markt gekommen. Diese setzen oft unterschiedliche Schwerpunkte in der Bereitstellung von Funktionen. Schulen, die bisher keine Plattform nutzen, können bei der Auswahl einer geeigneten Plattform das hier skizzierte Vorgehen adaptieren, um eine für sich geeignete Plattform zu finden.

(Gute) Lernaufgaben

Nachdem wir eine Plattform ausgewählt und eingerichtet hatten, beschäftigten wir uns mit der Frage, auf welche Weise wir Aufgaben an die Kinder verteilen können. Aus Gesprächen mit den Eltern war uns bekannt, dass bei weitem nicht alle Elternhäuser über einen Drucker verfügen. Insofern konnten wir nicht alle Arbeitsmaterialien, die analog bearbeitet werden sollten, in digitaler Form bereitstellen. Zudem werden besonders in der Grundschule auch haptische Materialien zur Unterstützung des Lernprozesses benötigt, wie zum Beispiel die Rechenkette oder der Rechenrahmen im Mathematikunterricht. Daher richteten wir eine kontaktlose Abholstation ein, an der die Kinder einmal pro Woche Materialien und Arbeitsunterlagen austauschen konnten. An dieser Station konnten sich die Kinder die Arbeitspläne auch in analoger Form abholen, da es trotz aller Bemühungen eine gewisse Anzahl von Kindern gab, die über keine adäquate digitale Ausstattung verfügten.

Bei der Auswahl der Aufgaben haben wir darauf geachtet, neben den aus dem Präsenzunterricht bekannten auch Aufgabenformate in digitalisierter Form anzubieten. Auf der Grundlage des in der Grundschule beliebten analogen Formats des Lesejournals, bei dem die Lernenden zu einer Lektüre verschiedene Aufgabenstellungen bearbeiten sollen, haben wir eine digitale Variante entworfen. In einem eBook, das mithilfe der App *Bookcreator* entworfen wurde, waren Aufgabenstellungen, aber auch unterstützende Erklärvideos enthalten (Emrich 2020b). Darin wurden die Lernenden angeleitet, digitale Produkte zu den von ihnen gelesenen Büchern zu gestalten, wie zum Beispiel die Aufnahme eines Lesevortrags oder eine Wortwolke.

Zudem haben wir kreative Aufgaben gestellt, die die besondere Situation der häuslichen Quarantäne spielerisch aufgreifen. So sollten die Schülerinnen und Schüler z. B. mithilfe von Toilettenrollen »Klomonster« entwerfen, fotografieren und die Fotos übermitteln. Über die Peer-Feedback-Funktion konnten sich die Kinder wechselseitig Rückmeldungen zu den Fotos geben. Auch wenn diese Aufgaben auf den ersten Blick keinen direkten Bezug zu den Lehrplänen haben mögen, besitzen sie in Zeiten des Distanzlernens wichtige Funktionen:

- durch ihren spielerisch-witzigen Charakter haben sie die Lernenden motiviert, sich mit den Lernaufgaben auseinanderzusetzen;
- dadurch wurden die Kinder – aber auch die Lehrkräfte – mit der Nutzung der technischen Komponenten vertraut gemacht und haben Kompetenzen für nachfolgende Aufgabenstellungen erworben;
- durch die asynchrone Kontaktaufnahme über das Peer-Feedback sind Lernende und Lehrende untereinander in Kontakt geblieben.

Evaluation

Insgesamt waren die ersten Wochen eine Zeit des Ausprobierens der Möglichkeiten und Grenzen des Lernens auf Distanz. Alle Beteiligten mussten Schritt für Schritt mit dem noch unbekannten Unterrichtssetting vertraut gemacht werden. Daher war es uns wichtig, die Erfahrungen aller Beteiligten regelmäßig zu evaluieren. Auch hier haben wir auf eine digitale Infrastruktur mithilfe von Evaluationsbögen zurückgegriffen, aber auch informelle Gespräche mit den Eltern geführt. Die daraus gewonnen Erkenntnisse haben wir dann zeitnah in die Gestaltung und Organisation der Lernaufgaben einfließen lassen.

Unterstützungssysteme

Kinder ohne Endgeräte – Teilhabe ermöglichen

Ein wichtiges Ziel unserer Angebote im Lernen auf Distanz war, dass nicht nur Kinder mit einer guten technischen Ausstattung und einem stark unterstützenden Elternhaus partizipieren können, sondern auch Kinder aus sozial schwächeren und bildungsfernen Elternhäusern.

Für diese Kinder haben wir ausgemusterte Endgeräte bereitgestellt, die wir kostenlos aus verschiedenen Quellen beziehen konnten. Auf diesen Geräten – zumeist Smartphones – konnten wir zumindest einen rudimentären Zugang zur Lernplattform anbieten und über einen datenschutzkonformen Messenger die Kontaktaufnahme mit den Lehrkräften erleichtern. Über spontan initiierte Videokonferenzen konnten sich die Kinder dann unkompliziert und rasch Hilfe einholen, wenn sie mit einer Lernaufgabe nicht zurechtgekommen sind.

Das Lernen auf Distanz bietet insbesondere digital affinen Lehrenden eine Gelegenheit, technische ausgefeilte Unterrichtssettings zu erproben. Unsere Maxime war es jedoch, auch und gerade in dieser besonderen Situation alle Kinder mitzunehmen und Teilhabe zu ermöglichen. Bei allen Aufgabenstellungen haben wir daher versucht, die notwendigen methodisch-didaktischen Schritte mit so wenig (digitaler) Technik wie möglich zu realisieren.

Gemäß dem Grundsatz »low floor – high ceiling« sollten alle Lernenden Zugriffsmöglichkeiten auf die Aufgaben des Distanzlernens haben, dort aber durchaus binnendifferenzierende Aufgaben mit unterschiedlichen Anspruchsgraden finden.

Kollegen ohne Kompetenzen – Unterstützung anbieten

Obwohl unsere Schule bereits seit einiger Zeit Schritte im Unterricht mit digitalen Medien unternommen hat und beispielsweise Tablets regelmäßig im Unterricht einsetzt, war der Unterricht aus der Distanz mithilfe einer Lernplattform noch Neuland. Auch hier hat das Schulleitungsteam versucht, weitreichende Unterstützungsmaßnahmen anzubieten.

Im ersten Schritt konnte jede Lehrkraft eines der schulischen Tablets, die normalerweise im Unterricht eingesetzt werden, zu Hause nutzen. Auf diese Weise verfügte jede Lehrkraft über ein digitales Endgerät, mit dem sie Aufgaben für das Lernen auf Distanz bereitstellen konnte. Insbesondere digitale Unterstützungsmedien wie Erklärvideos oder Sprachaufnahmen ließen sich damit deutlich einfacher als mit einem Desktopgerät erstellen. Zudem verfügten auf diese Weise alle Lehrkräfte über identisch ausgestattete Endgeräte. Dies vereinfachte die Unterstützung der Lehrkräfte immens. So konnten zum Beispiel einheitliche und passgenaue Erklärvideos mit den wichtigsten Handgriffen für den Distanzunterricht erstellt und digital verteilt werden.

Durch die Nutzung von Microsoft Teams als Kollaborationsplattform für Lehrende konnten zudem regelmäßige, aber auch bedarfsabhängige Konferenzen und Arbeitstreffen organisiert werden. Auf diese Weise konnten – auch aus der Distanz – Arbeitsgruppen gebildet und Unterrichtsvorhaben gemeinsam geplant werden.

Eltern ohne Ressourcen – Entlastung ermöglichen

Um die Eltern im Lernen auf Distanz möglichst gut unterstützen zu können, wurden je nach Bedarf individuelle Vereinbarungen getroffen, in welcher Weise Hilfestellungen angeboten wurden. Viele Eltern haben die besondere Situation selbstständig gemeistert, während mit anderen Eltern regelmäßige Telefonate oder Videokonferenzen durchgeführt wurden.

Insgesamt haben wir versucht, den Eltern möglichst wenig Druck in Bezug auf das Lernen auf Distanz zu machen – zumal viele Eltern bereits beruflich erhebliche Mehrbelastungen kompensieren mussten. Zu der damaligen Zeit war die Teilnahme am Distanzlernen noch weitgehend freiwillig, sodass nach Möglichkeit nur Aufgaben mit wiederholendem Charakter integriert wurden.

Durch eine möglichst gute Vorbereitung der Aufgaben, eine ausreichende Integration von Erklärvideos und vielfältige Kommunikationskanäle zwischen Lernenden und Lehrenden (z. B. Videokonferenzen oder Telefonate) sollte von Beginn an die Verantwortung für den Lernerfolg nicht in die Hände der Eltern gelegt werden, damit das Lernen auf Distanz nicht den zweifelhaften Charakter eines Homeschoolings bekommt.

Durch die bereits angesprochenen regelmäßigen Evaluationen wurde versucht, Schwachstellen unseres Konzeptes frühzeitig zu erkennen und zu verbessern. Dieser Prozess ist bis heute nicht abgeschlossen.

Ausblick – ein Blick in die Glaskugel

In einigen Bundesländern folgte auf die Phase der Schulschließung eine Phase des Hybridlernens. Dort bestand die Herausforderung darin, die Lernangebot des Distanzlernens mit denen des Präsenzlernens zu verzahnen. Dies wird auch in der zukünftigen Pandemiesituation wichtig sein. Es ist zu erwarten, dass im laufenden Schuljahr 2020-2021 immer wieder Phasen kommen werden, in denen einzelne Lerngruppen oder eine ganze Schule in den Modus des Distanzlernens wechseln muss. Daher ist es besonders wichtig, hier tragfähige Konzepte zu entwickeln, wie das Distanzlernen strukturiert vorbereitet werden kann und der Wechsel möglichst »geräuschlos« passieren kann. Mit einem planvollen Vorgehen, das offen für Feedback und Veränderungen ist, wird auch die Herausforderung zu meistern sein.

Literatur

Emrich, F. (2020a): Digitale Fernlehre in der Grundschule – Lernbeziehungen auf Distanz aufrecht erhalten. YouTube: unter https://youtu.be/cRT00dvGW4w
Emrich, F. (2020b): Das Lapbook zum Lieblingsbuch. Online: https://t1p.de/h7vz

Andrea Eichler-Seitz und Mona Frommer

Praxisbeispiele zu Peer-Feedback und Feedback von Lehrenden

Neue Rahmenbedingungen für den Unterricht

In Zeiten des Distanzunterrichts und sich immer wieder verändernder Rahmenbedingungen für Unterricht kommt dem Feedback eine noch größere Bedeutung zu als bislang. Feedback ist nach Zierer (2018) »eine auf Daten basierende Rückmeldung zwischen Personen«. Feedback reicht dabei »von der spontanen Rückmeldung auf eine Frage oder Äußerung in Form eines Blitzlichtes bis hin zur umfangreichen Datenerhebung und Datenrückspiegelung mit anschließender Zielvereinbarung zu geplanten Veränderungsmaßnahmen« (Buhren 2015, S. 76 ff.).

Eine Evaluation geht über Feedback hinaus und betrachtet den gesamten Prozess von Datenuntersuchungen; Feedback kann jedoch ein Teil der Evaluation sein (Wilkening 2016, S. 12). Feedback kann nach Hattie und Timperley (2007, S. 86 ff.) auf verschiedenen Ebenen gegeben werden:

- Rückmeldung auf der Ebene der Aufgabe, die aufzeigt, was der Lernende kann oder noch nicht kann,
- Rückmeldung auf der Ebene des Prozesses, welche dem Lernenden Auskunft darüber gibt, wie er gearbeitet hat,
- Rückmeldung auf der Ebene der Selbstregulation, bei welcher der Lernende Rückmeldungen zum Steuerungsmechanismus seiner Leistung bekommt,
- Rückmeldung auf der Ebene des Selbst, bei welcher der Lernende vor allem persönlichkeitsbezogenes Feedback bekommt und daher keinerlei lernrelevante Informationen erhält.

Eine Feedbackkultur sollte vom Lehrenden gemeinsam mit den Lernenden, z. B. mit einer Klasse, aufgebaut werden, damit es noch lernförderlicher wird. Die Kompetenzen, Feedback zu geben und anzunehmen, müssen aufgebaut werden und eine wertschätzende Haltung sollte vorgelebt und gefördert werden. Die Grundlage für ein lernwirksames Feedback ist eine von Vertrauen geprägte Beziehung zwischen Feedback-Gebenden und Feedback-Nehmenden.

Feedback kann abhängig von der Zielsetzung unterschiedlich im Unterricht eingesetzt werden:

- Feedback vom Lehrenden an Lernende,
- Feedback von Lernenden an Lernende (Peer-Feedback) sowie
- Feedback von Lernenden an Lehrende.

Diese drei Feedbackmöglichkeiten lassen sich im Feedback-Dreieck veranschaulichen:

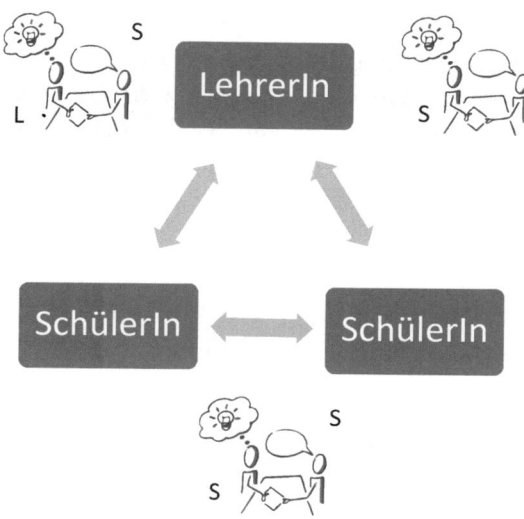

Abb. 1: Feedback-Dreieck im schulischen Kontext

Praxisbeispiele aus dem Unterricht der Sekundarstufe II

Einleitung

Gerade in der aktuellen, für viele Lehrende herausfordernden Situation ist es besonders wichtig, Lernenden Rückmeldungen zu geben mit dem Ziel, den Unterricht systematisch weiterzuentwickeln und die Bedürfnisse der Lernenden stärker zu berücksichtigen. In diesem Zusammenhang rät Prof. Dr. Trautwein in der Stuttgarter Zeitung vom 24. Juni 2020 den Lehrenden, »ihren Schülern intensives individuelles Feedback zu geben«. Ein Feedback in diesem Sinne sollte lernprozessorientiert sein und den Lernenden dabei helfen, sich beispielsweise in Vorbereitung auf eine Klassenarbeit oder andere Formen der Leistungsbeurteilung (z. B. eines Lernprodukts) zu verbessern. Idealerweise sind Lernende selbst Experten für ihr Lernen und können sich gegenseitig Feedback geben und den Lernprozess der Peers unterstützen.

Beispielsweise erarbeiten die Lernenden gemeinsam mit dem Lehrenden Kriterien zur Erstellung eines Lernprodukts, z. B. einer Visualisierung zur Vorbereitung auf eine Klassenarbeit oder zur Erstellung eines Lernportfolios. Daraufhin erstellen die Lernenden ihre Lernprodukte. Im nächsten Schritt geben die Lernenden sich mit den zuvor erarbeiteten Kriterien wertschätzend Rückmeldung zu den Lernprodukten, z. B. in einem *Padlet* mit Feedback-Regeln. Im letzten Schritt überarbeiten und verbessern die Lernenden ihre Lernprodukte. Die Notwendigkeit eines Lehrende-Lernende-Feedbacks hängt von der Qualität des Peer-Feedbacks, vom Lerngegenstand und der Kompetenz der Lernenden, Feedback zu geben, ab. Ziel ist es dabei, dass die Lernenden zunehmend kompetent werden, Lernprodukte eigenständig zu erstellen und Feedback zu geben, anzunehmen, zu reflektieren und umzusetzen. Der Einsatz von Feedback kann in Bezug auf den Distanzunterricht nach dem Grundsatz geschehen: »So viel Peer-Feedback wie möglich, so viel Feedback von Lehrenden wie nötig« (Ministerium für Schule und Bildung des Landes NRW 2020).

Feedback durch Lehrende

Beim Lehrende-Lernende-Feedback stehen die Lernenden und ihr Lernprozess im Fokus. Daraus ergibt sich für Lehrende, dass sie vor allem Feedback zum Lernprozess geben sollten, damit sich die Lernenden verbessern können (Lernprozessorientierung). Zwei Probleme, welche sich aus dem Distanzunterricht ergeben, sind einerseits die Menge an Feedback, welches die Lehrenden an die Lernenden geben müssen, sowie andererseits der zeitliche Aufwand zur Erstellung des Feedbacks.

Lehrende können in diesem Zusammenhang entlastet werden, indem sie bei ihrem Lehrende-Lernende-Feedback einen Fokus setzen (z. B. auf die Einleitung eines Aufsatzes oder auf bestimmte Grammatikfehler) und nicht zum gesamten Lernprodukt Rückmeldung geben. Feedback zu Lösungen von anderen Lernenden können zudem als Orientierungshilfe für die Lernenden dienen.

Eine weitere Möglichkeit, den Lernenden zeitsparend Feedback zu geben, ist das Audiofeedback. Ein Audiofeedback lässt sich beispielsweise mit *QWIQR* erstellen. Hier spricht die Lehrperson das Feedback ein, die Audiodatei wird mit einem Link, Code oder QR-Code versehen. Damit können die Lernenden auf die Datei zugreifen und sich ihr Audiofeedback über diesen Weg einholen. Es ist zudem möglich, weitere Informationen (z. B. Link, Video) an dieser Stelle für die Lernenden zu hinterlegen, und Lernende können dem Lehrenden auch per Audiofeedback antworten.

Audiofeedback kann auch auf der Lernplattform Moodle einfach und schnell erstellt und dem Lernenden zugesendet werden (Button: Mikrofon). Auch ist ein

Audiofeedback an die gesamte Klasse möglich, in welchem beispielsweise gelungene Schülerinnen- und Schülerlösungen aufgegriffen und Verbesserungsvorschläge für häufige Fehler gegeben werden können.

1. Konto unter https://qwiqr.education/ anlegen

2. Link, Code oder QR-Code besprechen

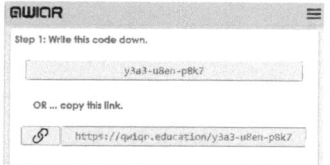

3. Link, Code oder QR-Code an SuS weitergeben

4. SuS holen sich ihr Feedback ein

Abb. 2: Audiofeedback erstellen mit QWIQR

Formatives Assessment digital

Im Distanzunterricht – oder auch Blended-Learning-Unterricht – ist es gerade für den Lehrenden besonders bedeutsam zu wissen, wo die Lernenden in ihrem Lernprozess stehen und ihren Lernstand erkennen. Digitale Tools wie Socrative, Forms, Quizizz oder auch Kahoot und andere mehr bieten die Möglichkeit, durch Multiple-Choice-Abfragen Diagnosen und automatisierte Rückmeldungen über den Lernstand der Lernenden zu generieren. Digitale Tools können hierbei die Lehrenden entlasten und man bekommt in kurzer Zeit einen Überblick über die gesamte Lerngruppe.

Gleichzeitig kann allen Lernenden der individuelle Lernstand rückgemeldet werden, sodass sie sehen, woran sie in ihrem Lernprozess noch arbeiten und sich verbessern können, z. B. im Hinblick auf eine bevorstehende Leistungsabfrage.

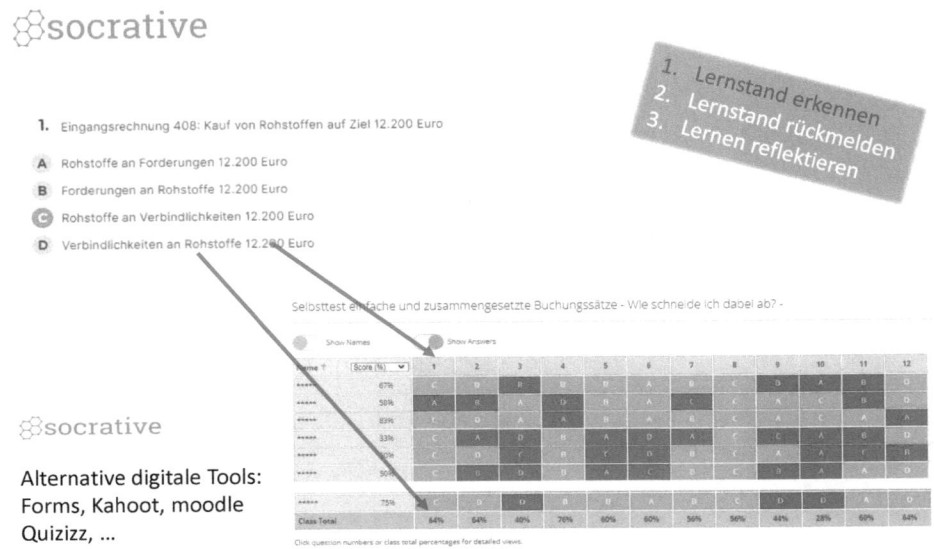

Abb. 3: Automatisierte Rückmeldung von digitalen Tests, um Lernstände zu erkennen

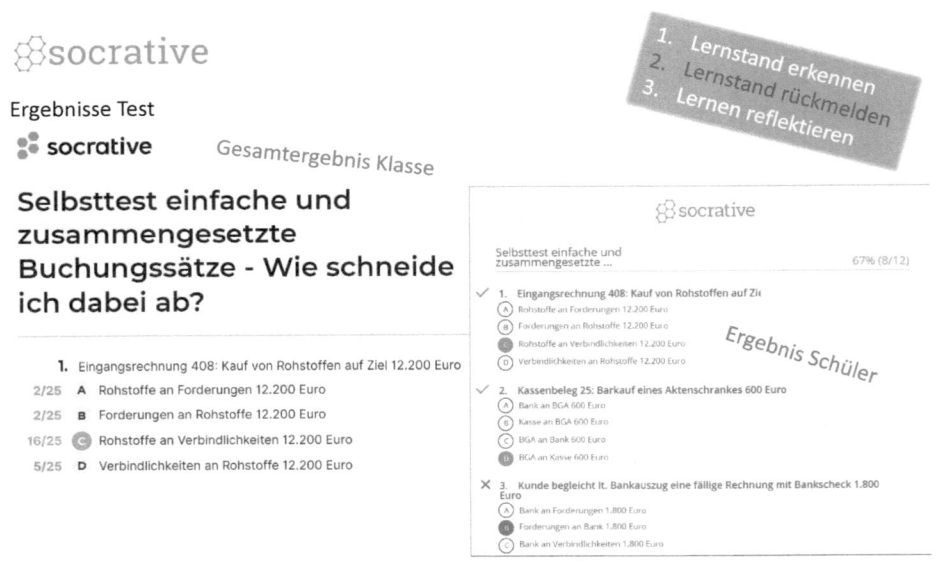

Abb. 4: Lernstandrückmeldung für Lernende und Überblick für Lehrende

Beim formativen Assessment soll nicht nur das Lernergebnis zurückgemeldet werden, sondern auch das Ergebnis für den weiteren Lernprozess sowohl für die Lehrenden (zur weiteren Gestaltung des Unterrichts) und für die Lernenden (für deren individuelle Lernprozesse) genutzt werden.

Mithilfe von »Ich-kann-Listen« werden den Lernenden die zu erarbeitenden Kompetenzen aufgezeigt, z. B. »Ich kann einen einfachen Buchungssatz formal darstellen und buchen«. Sie haben anhand der Ergebnisse aus den digitalen Lernstandtests die Möglichkeit, zu erkennen, an welchen Kompetenzen sie noch weiterarbeiten können, um sich bei der Bearbeitung der Aufgabe sicherer zu fühlen. Hier kann durch Verweise auf Lernvideos und weitere zu der Kompetenz passende digitale Aufgaben, wie Learning Apps, Learning Snacks oder auch analoge Aufgaben aus dem Buch, den Lernenden die Möglichkeit der weiteren Auseinandersetzung mit dem Lernstoff gegeben werden. Durch den Einsatz dieses Instruments werden die Lernenden aktiv, können ihr Lernen reflektieren und sich mit den zu erarbeitenden Kompetenzen auseinandersetzen.

1. Lernstand erkennen
2. Lernstand rückmelden
3. Lernen reflektieren

meist nicht digital!

Ich-Kann-Liste – Thema: Externes Rechnungswesen

- Schätze Deine Kompetenzen in den einzelnen Aufgabenbereichen ein, indem Du ein Kreuz bei einer der drei Kompetenzstufen machst. Ziehe dabei die Ergebnisse in Hausaufgaben, Übungen und Erfolgskontrollen mit ein.
- Mit den angegebenen Erfolgskontrollen, Übungsblättern, Videos bzw. Buchseiten, kannst Du Deine Wissenslücken schließen. Achte beim Üben darauf, möglichst unterschiedliche Aufgaben auszuwählen. Schaue Dir den Lösungsweg erst dann an, wenn Du versucht hast die Aufgabe selbstständig zu lösen!
- Vergleiche Deine Einschätzung mit dem Ergebnis deiner Erfolgskontrollen bzw. der nachfolgenden Klassenarbeit.

Ich kann die Aufgabe nicht ohne Hilfestellung/ Anleitung lösen. ☹	Ich kann die Aufgabe teilweise lösen und möchte noch üben. 😐	Ich kann die Aufgabe selbstständig lösen und anderen Hilfestellung leisten. ☺

	Ich kann...	Beispiel	☹	😐	☺	Übungen/Spiele/Videos
18	... eine Bilanz in Konten auflösen.	T-Konten bilden				https://www.youtube.com/watch?v=hxlf8cYZhRM 07_Auflösung in Konten_Übung
19	... die Vier-Schritt-Methode formal nennen und anwenden.	Welche Konten sind berührt? Aktiv- oder Passivkonto? Zugang oder Abgang? Soll oder Habenbuchung?				08_ der Buchungssatz_Übungsblatt Buch 5.2
	...					
27	... einen einfachen Buchungssatz formal darstellen und buchen.	Waren 2000€ an Kasse 2000€				https://www.youtube.com/watch?v=6R9KpUh-u2I Siehe Learningapps Ordner „einfache Buchungen" 10_weitere Übungen_Buchungssatz Buch 5.6
28	... einen zusammengesetzten Buchungssatz formal darstellen und buchen.	Waren 2000€ an Kasse 1000€ an Bank 1000€				https://www.youtube.com/watch?v=6R9KpUh-u2I Siehe Learningapps Ordner „einfache Buchungen" 10_weitere Übungen_Buchungssatz Buch 5.7

Abb. 5: »Ich-Kann-Liste« zur Selbstreflexion der Lernenden

Die Entwicklung von »Ich-Kann-Listen« ist zeitintensiv. Sie kann in der Fachschaftsarbeit erstellt werden.

Peer-Feedback

Auch Lernende können sich unter gewissen Voraussetzungen gegenseitig lernwirksames Feedback geben. Dies bedarf einiger Vorarbeit: Die Lernenden müssen zu Experten für den Lerngegenstand werden und die Kriterien für ein Feedback im Vorfeld benennen können bzw. je nach Lerngegenstand gemeinsam erarbeiten. Feedback sollte zudem immer von der Person eingefordert werden, welche das Feedback empfangen möchte. Damit die Peers das Feedback auch annehmen können und das Peer-Feedback lernwirksam sein kann, muss es wertschätzend formuliert sein.

Um die wertschätzende Haltung der Lernenden untereinander zu fördern, bietet sich der Einsatz von Feedbackregel-Karten im Unterricht an. Auf diesen Karten sind sowohl Regeln für das Geben (z. B. »Subjektivität betonen: ›aus meiner Sicht‹«) als auch für das Annehmen von Feedback (z. B. »ausreden lassen«) formuliert.

Feedbackregeln

Regeln für das GEBEN von Feedback

- wenn möglich **erst Positives** dann Negatives ansprechen
- **offen und ehrlich** sein
- **klar und genau** formulieren
- **Subjektivität betonen:** „aus meiner Sicht"
- auf **konkrete Beobachtungen** beziehen, sachlich
- Informationen **auf eine Weise** geben, die wirklich **hilft**
- möglichst **konkrete Verbesserungsvorschläge** machen
- **Feedback** nicht aufdrängen, sondern **anbieten:**
  Bedürfnisse des anderen berücksichtigen
- moralische Bewertungen und **Interpretationen vermeiden**
- Feedback **so bald wie möglich** geben.

Feedbackregeln

Regeln für das ANNEHMEN von Feedback

- **bei Bedarf** Feedback anfordern
- **offen sein** für das Feedback
- Feedback annehmen und **nur zuhören**, nicht rechtfertigen
  oder verteidigen
- **ausreden lassen**
- wenn etwas unklar ist, **nachfragen**
- Feedback als **Angebot** sehen
- für das Feedback **danken**

Abb. 6: Feedbackregeln (Vorder- und Rückseite einer Karte)

Das Feedback, welches die Peers einander geben, sollte an bestimmten Kriterien orientiert sein (z. B. fachliche Richtigkeit der Inhalte, fristgerechte Fertigstellung, vertiefende Reflexion). Im unteren Beispiel geben die Peers sich gegenseitig Feedback zu ihren Lernportfolios; die Peers arbeiten hierbei mit anderen Peers zusammen und geben Rückmeldung zu einem Lernportfolioteil ihres Lernpartners bzw.

ihrer Lernpartnerin. Die Kriterien für das Feedback wurden zuvor gemeinsam mit den Lernenden erarbeitet und in einem Reader konkretisiert und zum Nachlesen festgehalten. Das Peer-Feedback, das die Lernenden von ihren Lernpartnern und Lernpartnerinnen bekommen, können sie wiederum nutzen, um ihre Lernportfolios zu verbessern. Das heißt, der Lernprozess steht hierbei im Fokus und das Peer-Feedback ist für die Lernenden bedeutsam bei der Weiterarbeit mit ihrem Lernprodukt.

Peerfeedback-Bogen Lernportfolio

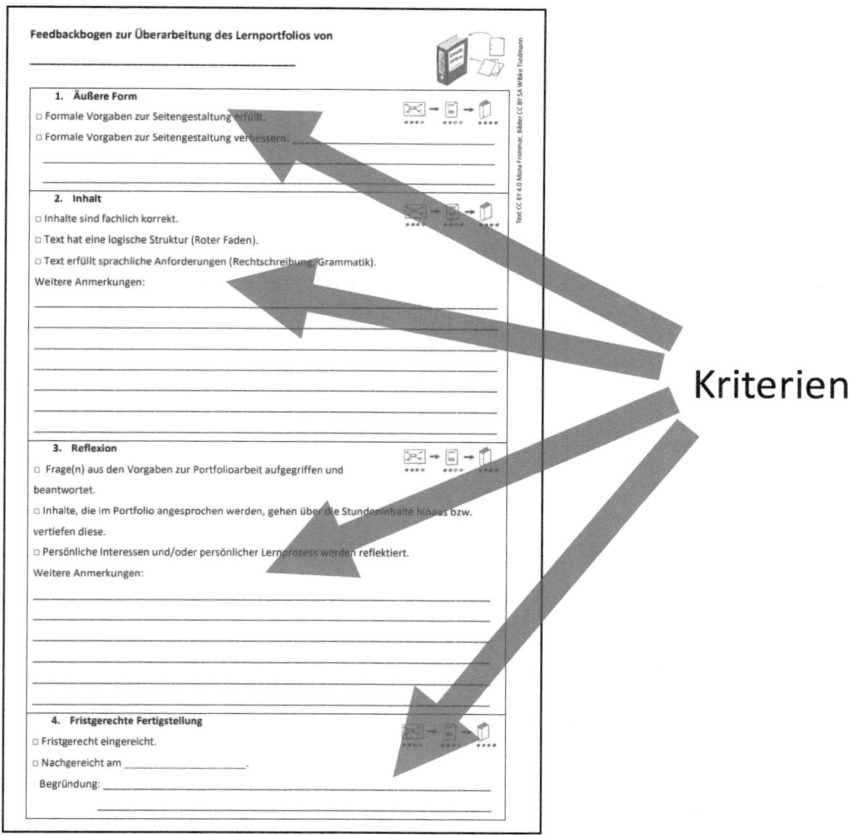

Abb. 7: Kriterien für Feedback auf einem Rückmeldebogen

Tool »Gegenseitige Beurteilung auf Moodle«

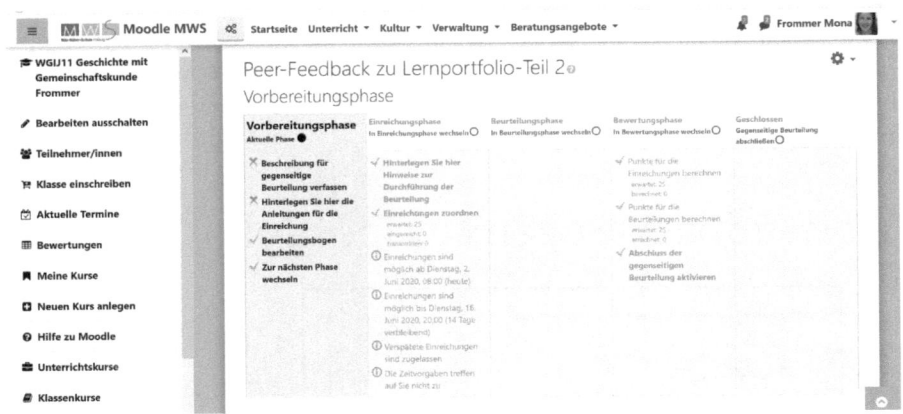

Abb. 8: Peer-Feedback auf Moodle

Peer-Feedback ist auch digital sehr gut möglich, beispielweise mit dem Tool »Gegenseitige Beurteilung« auf der Lernplattform Moodle. Hierbei ist es sinnvoll, die Zeitpunkte für das Formulieren des Peer-Feedbacks gemeinsam mit den Lernenden abzustimmen, im Tool festzulegen und die Feedbackregeln und die Feedback-Bögen für die Lernenden hier zu hinterlegen.

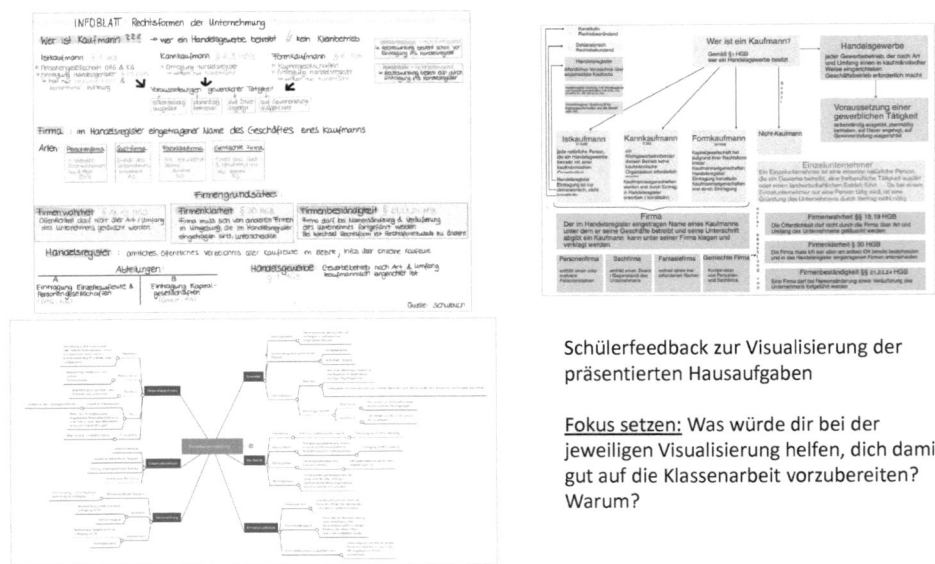

Schülerfeedback zur Visualisierung der präsentierten Hausaufgaben

Fokus setzen: Was würde dir bei der jeweiligen Visualisierung helfen, dich damit gut auf die Klassenarbeit vorzubereiten? Warum?

Abb. 9: Analoges Peer-Feedback zu Lernprodukten (z.B. Visualisierungen von Schülerinnen und Schülern)

Ein Einstieg in das Peer-Feedback kann auch gut analog erfolgen, indem die Lernenden wie im oben genannten Beispiel Rückmeldungen zu ihren Visualisierungen geben. Die Lernenden sind hierbei Experten für ihr eigenes Lernen: Sie können aus ihrer Sicht eine Rückmeldung geben, wie Visualisierungen aussehen müssen, damit sie sich dabei erfolgreich auf Klassenarbeiten, Prüfungen, Vorträge etc. vorbereiten können. Diese Art von Peer-Feedback benötigt wenig Zeit und macht gleichzeitig das Lernen sichtbar. Es benötigt ebenso wie die oben gezeigten Feedbacks als Grundvoraussetzung Wertschätzung.

Peer-Feedback kann auch von Peer-Gruppen an Peer-Gruppen gegeben werden. Eine mögliche Umsetzung sähe wie folgt aus: Peer-Gruppen suchen sich eine andere Peer-Gruppe, von welcher sie sich ein Feedback einholen möchten. Ein solches kooperatives und digitales Peer-Feedback ist beispielsweise mittels eines Padlets möglich. Die Gruppenarbeitsergebnisse, ein Lernprodukt wie z. B. eine Visualisierung, ein Learning Snack, ein Video, etc. und die von den Lernenden selbst erarbeiteten Kriterien für das Lernprodukt (z.B. in Form einer Kartenabfrage mit Oncoo) sind in das Padlet integrierbar. Die Feedbackregeln können in dieses Padlet ebenfalls eingebunden werden. Das Peer-Feedback kann wiederum von der Peer-Gruppe kommentiert werden oder es können über die Funktion »Reaktionen« ein Like oder Sterne vergeben werden, je nach dem, wie hilfreich oder zutreffend die Gruppe oder auch andere Lernende das Feedback empfanden.

Feedback durch Lernende

Dem Lernende-Lehrende-Feedback kommt unserer Meinung nach insbesondere im Distanzunterricht eine große Bedeutung zu: Durch ein optimal gestaltetes Lernende-Lehrende-Feedback ist es möglich, die Beziehung zwischen den Beteiligten auch über die Distanz hinweg zu fördern. Auch kann es den Lernprozess der Schülerinnen und Schüler positiv beeinflussen und ist eine Grundvoraussetzung gelingenden Unterrichts.

In dieser sowohl für Lehrende als auch für Lernende besonderen Situation und unter sich immer wieder verändernden Rahmenbedingungen ist ein Lernende-Lehrende-Feedback sehr bedeutsam. Häufig ist es für Lehrende im Distanzunterricht schwieriger als im Präsenzunterricht, Informationen zum Lernprozess der Lernenden zu bekommen: In synchronen Phasen, z. B. bei Videokonferenzen, nehmen aufgrund technischer Voraussetzungen nicht alle Lernenden mit Kamera und/oder Ton teil, und die Reaktionen der Lernenden auf Lerngegenstände sind für die Lehrenden nicht unmittelbar ersichtlich. In asynchronen Phasen fallen noch mehr Informationen für die Lehrenden weg. Die veränderten Rahmenbedingungen für Unterricht führen dazu, dass die Lehrenden die Unterrichtssituationen und Lernumgebungen immer wieder verändern und anpassen müssen – Lehrende werden hierbei zu Lernenden und benötigen deshalb noch mehr Feedback durch ihre Lernenden als im »normalen« Unterrichtsgeschehen. Lehrende können auf diese Weise den Lernprozess der Lernenden optimal gestalten.

Einfache und schnelle Möglichkeiten, ein Lernende-Lehrende-Feedback einzuholen, sind im Präsenzunterricht beispielsweise das Rückmeldeprisma (MKJS 2018, S. 9) (Lernende drehen das Prisma und geben damit dem Lehrenden eine Rückmeldung zu ihrem Lernprozess, z. B. »Ich bin voll dabei« oder »Ich habe Schwierigkeiten«) und Ampelkarten (Lehrende stellen den Lernenden gezielt Fragen zum Lernprozess oder Lerninhalten und Lernende zeigen ihre Zustimmung bzw. Ablehnung durch die Karten an). Eine digitale Möglichkeit, sich einfach und schnell ein Feedback einzuholen, bietet beispielsweise die App Tweedback mit der Funktion »Panik«. Hierbei geben die Lernenden dem Lehrenden ebenfalls eine schnelle Rückmeldung zu ihrem Lernprozess (z. B. »Das ging mir zu schnell«). Im Distanzunterricht in Videokonferenzen kann durch die Funktion »Status setzen«, z. B. beim Videokonferenztool BigBlueButton, ein einfaches und schnelles Feedback von den Lernenden zum Lernprozess oder dem Lerninhalt eingeholt werden (z. B. »Daumen hoch« oder »Daumen runter«) sowie Feedback zum Gefühlszustand (z. B. »verwirrt« oder »glücklich«).

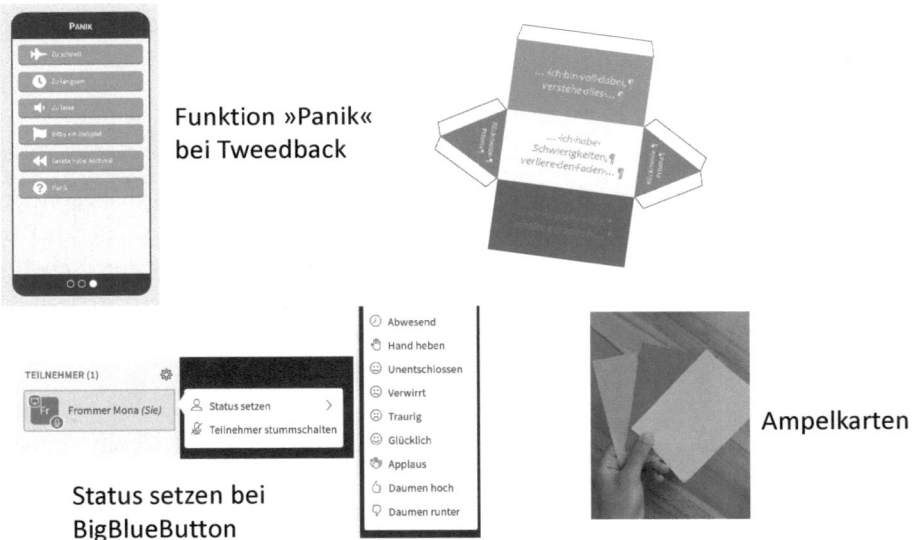

Abb. 10: Schnelles analoges und digitales Lehrende-Lernende-Feedback

Offenes digitales Feedback ist durch digitale Umfragetools wie z. B. Mentimeter möglich. Im Beispiel wird ein Lernende-Lehrende-Feedback zum Gefühlszustand eingeholt (»Wie geht es euch heute Morgen?«), der Lernprozess wird durch die Lernenden zurückgemeldet (»Was läuft gut und gefällt euch?«), die Lernenden äußern zukunfts- und lösungsorientiert ihre Wünsche zur Unterrichtsgestaltung (»Was wünscht ihr euch, was noch besser laufen könnte?«) und die Selbstreflexion der Lernenden wird angeregt (»Was kann ich persönlich beitragen, dass es bei mir besser läuft?«).

Abb. 11: Offenes digitales Lernende-Lehrende-Feedbacks mittels Mentimeter-Abfrage

Differenziertere Feedbackmöglichkeiten bieten halboffene Fragebögen, welche unter anderem mit FeedbackSchule erstellt werden können. Neben geschlossenen Fragen mit skalierten Antwortmöglichkeiten sollten hierbei auch offene Fragen formuliert werden (z. B. »Was wolltest du sonst noch sagen?«).

Alternative: Feedback erstellen auf Forms, Moodle, Quizizz, Socrative, …

Abb. 12: Differenziertes digitales Lernende-Lehrer-Feedback mittels FeedbackSchule

Mittels der Lernplattform Moodle lassen sich mit dem Tool »Feedback erstellen« ebenfalls offene und halboffene Fragebögen für ein Lernende-Lehrende-Feedback erstellen.

Lernende können auch kooperativ an einem Feedback für den Lehrenden arbeiten. Im unteren Beispiel geschieht dies mittels eines Padlets. Die Schülerinnen und Schüler tauschen sich in Kleingruppen in Breakouträumen während einer Videokonferenz aus und halten ihre Gedanken in Padlets fest. Die Lernenden arbeiten zudem mit der zustimmenden Funktion »Daumen hoch« und der ablehnenden Funktion »Daumen runter«, um auf die Gedanken der Mitschülerinnen und Mitschüler zu reagieren. Ein nach diesen Überlegungen gestaltetes Lernende-Lehrende-Feedback kann sehr lernwirksam sein.

S-L-Feedback zum Arbeiten im Distanzunterricht mittels kollaborativer Padlet-Umfrage (in Moodle-Fachkurs eingebettet)

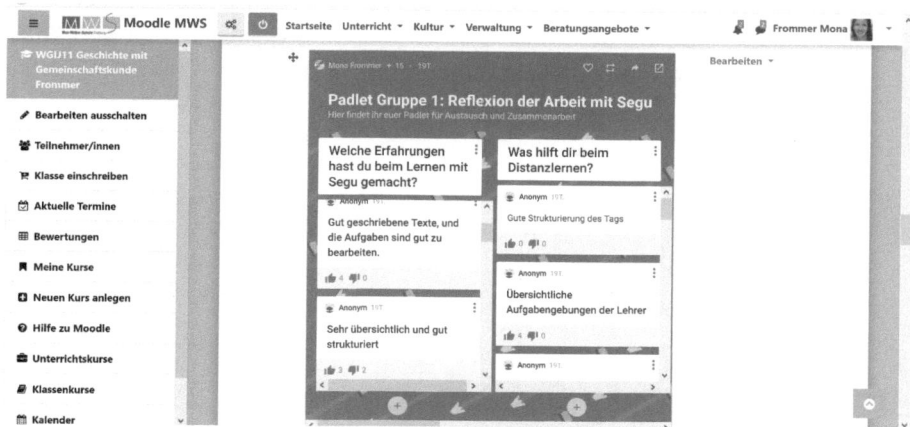

Abb. 13: In Moodle eingebundenes kollaboratives Lernende-Lehrende-Feedback mittels Padlet

Im Sinne der Lernprozessorientierung können Lernende in Vorbereitung auf eine summative Leistungsbewertung mithilfe der oben genannten »Ich-kann-Listen« ihren Lernstand reflektieren. Lernende sammeln noch offene Fragen (z. B. mit *fragmich.xyz*). Diese Fragen geben dem Lehrenden Rückmeldung zum Lernstand, woraufhin sie die Lernumgebung mit Übungsaufgaben etc. anpassen können.

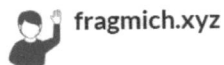 **fragmich.xyz**

EINGEREICHTE FRAGEN BEWERTEN

Gib jeweils an, ob Du Dich für die eingereichten Fragen interessierst.

↻ Seite neu laden

FRAGE	MEINE BEWERTUNG
Das ist eine Beispielfrage. Was möchtest Du fragen?	Finde ich interessant!
Muss man in der Klausur Auszahlung von Aufwand bzw. Einzahlung von Ertrag unterscheiden?	Finde ich interessant!
Wie rechnet man die Zuschlagsgrundlagen in der BAB aus?	Finde ich interessant!
Wie füllt man ein Kostenträgerblatt mit Ist- und Normalkosten aus und wie berechnet man die einzelnen Bestandteile (KT Seite 36 Nr 1b)	Finde ich interessant!
Was ist der Unterschied zwischen Ist - und Normalkostenzuschlagssätzen und wie berechnet man diese?	Finde ich interessant!
Warum gehören "Lizenzgebühren", "Gewerbesteuern", "Reisekosten" zum Betriebsergebnis und nicht zum neutralen Ergebnis?	Finde ich interessant!

Abb. 14: Reflexion fachlicher Kompetenzen und offener Fragen zum Thema mit fragmich.xyz

Fazit

Der Einsatz von Feedback kann abhängig von den Zielen und den Unterrichtssituationen unterschiedlich erfolgen: Den Lernenden im eingangs beschriebenen Beispiel zur Vorbereitung auf eine Klassenarbeit mit einer Visualisierung hilft nicht nur ein Feedback vom Lehrenden; ein Peer-Feedback kann genauso lernwirksam oder sogar noch lernwirksamer sein. Feedback der Lernenden an die Lehrenden ist in Zeiten des Distanzunterrichts eine notwenige Voraussetzung zur optimalen Anpassung der Lernumgebung an die Bedürfnisse der Lernenden. Somit kann, unabhängig davon, wer wem Rückmeldung gibt (Feedback-Dreieck), dieses Feedback »die Eintrittskarte in den Dialog« über Lernen sein (Wisniewski/Zierer 2017).

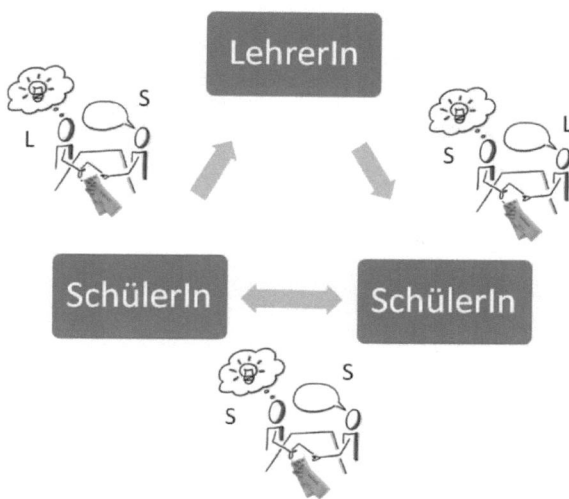

Abb. 15: Feedback-Dreieck und Eintrittskarten in den Dialog

Literatur

Hattie, J. & Timperley, H. (2007). The power of feedback. In Review of Educational Research, 77 (1) (S. 81-112).

Hattie, J. & Zierer, K. (2018). Kenne deinen Einfluss! 3., erw. Aufl. Baltmannsweiler: Schneider Verlag Hohengehren.

Hattie, J. (2018). Hattie Rankig 2018. https://visible-learning.org/de/hattie-rangliste-einflussgroessen-effekte-lernerfolg.

Ministerium für Kultus, Jugend und Sport Baden-Württemberg (2018). Lernen mit Feedback an Beruflichen Schulen – Konzept OES. https://www.schule-bw.de/themen-und-impulse/oes/download/oes_lernen-mit-feedback_181021_online.pdf.

Ministerium für Kultus, Jugend und Sport Baden-Württemberg (2018). SOL-Karten. https://www.schule-bw.de/themen-und-impulse/individuelles-lernen-und-individuelle-foerderung/berufliche-schulen/massnahmen/sol_karten_181217_online.pdf.

Ministerium für Schule und Bildung für Nordrhein-Westfalen (2020). Didaktische Hinweise für Lehrerinnen und Lehrer und Seminarausbilderinnen und Seminarausbilder von Axel Krommer, Philippe Wampfler und Wanda Klee. https://www.schulministerium.nrw.de/themen/recht/schulgesundheitsrecht/infektionsschutz/impulse-fuer-das-lernen-auf-distanz.

Stuttgarter Zeitung (2020). Schulforschung und Corona – »Wir brauchen einen Zwischensprint zum Nachlernen« https://www.stuttgarter-zeitung.de/inhalt.schulforschung-und-corona-wir-brauchen-einen-zwischensprint-zum-nachlernen.79c2022c-cab2-4df5-a925-a264f034c550.html?reduced=true.

Wilkening, M. (2016). Praxisbuch. Feedback im Unterricht. Lernprozesse reflektieren und unterstützen. Weinheim/Basel: Beltz.

Wisniewski, B. & Zierer, K. (2017). Schülerfeedback ist nicht gleich Schülerfeedback. In Pädagogik 11 (S. 38-42).

Wisniewski, B. & Zierer, K. (2017). Visible Feedback. Ein Leitfaden für erfolgreiches Unterrichtsfeedback. Baltmannsweiler: Schneider Verlag Hohengehren.

Abbildungen

Illustrationen Wibke Tiedmann, cc by 4.0 Wibke Tiedmann 2018.

Weitere Bilder als Screenshots von www.feedbackschule.de, www.fragmich.xyz, www.mentimeter.com, www.moodle.de, www.padlet.com, www.pixabay.com, www.qwiqr.education www.socrative.com, www.tweedback.de

Philippe Wampfler

Zehn Erkenntnisse aus dem #digifernunterricht-Projekt

Einige Tage bevor die Corona-bedingte Einstellung des Präsenzunterrichts kommuniziert wurde, war bereits absehbar, dass Fernunterricht zur Realität werden würde. Im Gespräch mit Journalistinnen und Journalisten sowie im Kollegium wurde mir klar, wie viele Fragen damit verbunden sind. Diese diskutierte ich auf Social Media, begann aber auch, einen YouTube-Kanal einzurichten, auf dem ich in recht hoher Frequenz kurze Videos publizierte, in denen ich Tools vorstellte, Methoden diskutierte und generell aus meiner Perspektive über den Fernunterricht nachdachte. Bis Ende Juni 2020 entstanden so über 80 Beiträge. Für alle verwendete ich den Hashtag #digifernunterricht.

Bei der Umsetzung des Projektes habe ich viel gelernt. Grundsätzlich habe ich es agil gearbeitet. Das heißt, ich habe weder ein Konzept erstellt noch genau geplant, wie das Projekt verläuft, sondern situativ Anpassungen vorgenommen. Deshalb ist es sinnvoll, einige Einsichten explizit zu formulieren. Neben dem YouTube-Kanal phwa.ch/digifernunterricht sind mehrere Infografiken, Blogtexte und Medienbeiträge über meine Arbeit aus dem Projekt hervorgegangen.

Einsicht 1: Rau und persönlich kommunizieren

Wenn ich es schaffe, auch als Mensch in meinen Arbeiten im Netz präsent zu sein, kann ich wirksamer kommunizieren. Das wirkt auf den ersten Blick überraschend, da doch eigentlich sachliche Kommunikation ein Ideal zu sein scheint, das Reibungen vermeidet. Dabei werden jedoch die Eigenheiten von Social Media außer Acht gelassen: Emotionen gehören dazu, Authentizität und etwas Selbstironie werden gerade deshalb erwartet, weil eine YouTube-Serie für viele auch ein Kanal für Selbstdarstellung ist.

In den #digifernunterricht-Videos habe ich versucht, immer mal wieder einen anderen Hintergrund zu finden, auch mal kurz etwas von der Katze zu erzählen, ein Video beim Joggen aufzunehmen, Störungen und Unterbrechungen nicht herauszuschneiden und mein Erscheinungsbild zu kommentieren. Rau ist für mich eine Kategorie, die meine Arbeiten im Netz bestimmt: Es ist der Gegenbegriff zu »glatt«, mit dem ich perfektionierte Marketing-Aktionen bezeichnen würde, in denen alles fehlerfrei und kalkuliert ist. Rauer Content lässt Fehler zu, nutzt sie und schaut, was sich entwickelt. Er lädt so zu Interaktionen ein und zeigt, dass diese Arbeitsform für alle möglich und bewältigbar ist – man kann und darf im Netz als Mensch auftreten.

Einsicht 2: Einen einfachen Workflow aufsetzen

In Weiterbildungen spreche ich oft vom Problem der Steuererklärungssoftware: Weil die meisten Menschen nur einmal pro Jahr damit arbeiten, vergessen sie bis zum nächsten Mal wieder, wie das überhaupt geht. Deshalb ist es wichtig, für wiederkehrende Abläufe einen Workflow aufzusetzen, der immer wieder ähnlich angewandt werden kann. Dann können die wesentlichen Schritte automatisiert bearbeitet werden und Nebensächliches braucht nur einen minimalen Aufwand.

Meine Videos entstehen in einem einfachen Prozess:

1. In Gesprächen und durch Lektüre eine Idee entstehen lassen und sie gedanklich bearbeiten
2. (wenn nötig) wenige Folien gestalten (maximal 5 Minuten)
3. Die App »Loom« starten und Video aufzeichnen (nur ein Take, kein Script) (maximal 15 Minuten)
4. (nur wenn nötig) Video mit Standardsoftware schneiden (maximal 3 Minuten)
5. Video auf YouTube hochladen, Titelfolie ergänzen, Links in Beschreibung ergänzen (maximal 5 Minuten)
6. Link zum Video auf Twitter, Facebook und LinkedIn teilen (maximal 3 Minuten)

So brauche ich für ein Video weniger als 30 Minuten reine Produktionszeit. Ähnlich arbeite ich auch an Blogposts. Dieser Workflow ist schnell, weil ich mich an den Ablauf halte und jeden Schritt gut kenne. Ich kann so auch Fehlermeldungen einschätzen und weiß, welche Fallen ich umgehen muss. Ich würde das für alle ähnlichen Projekte so empfehlen: einen Ablauf festlegen, der zu Sicherheit führt, und ihn nur im Notfall optimieren.

Einsicht 3: Öffentlich Fragen stellen (lassen)

Im Rahmen von #digifernunterricht habe ich viele Fragen von Lehrenden beantwortet. Leider trauen sich viele nicht, die Fragen öffentlich zu stellen – in den Kommentaren unter den Videos, auf digitalen Plattformen. Das ist schade, denn Fragen sind Lerngelegenheiten und helfen auch anderen weiter, die mit ähnlichen Schwierigkeiten kämpfen. Es ist entlastend zu merken, dass man mit einer Frage nicht allein ist. Um das anderen zu ermöglichen, muss man Fragen öffentlich stellen, auch wenn das im ersten Moment ungewohnt ist. Wer unsicher ist, kann in einer ersten Phase auch mit einem Pseudonym arbeiten: Das haben viele von denen, die heute im Netz erfolgreich unterwegs sind, in den ersten Jahren auch gemacht.

Einsicht 4: Aufmerksamkeit, Austausch und Anerkennung helfen in Krisen

#digifernunterricht hatte für mich eine Art therapeutische Wirkung. Ich habe die Videos nicht nur für andere gemacht, sondern auch für mich. Andrea Geier und Markus Gottschling (2019, S. 287 ff.) haben in einem Aufsatz »5 As« definiert, die zeigen, was Twitter für die Wissenschaftskommunikation leisten kann. Ich würde verallgemeinern: Projektarbeiten im Netz zu publizieren und dazu zu kommunizieren hat im Idealfall immer die fünf von Geier und Gottschling erwähnten Effekte:

- Aufmerksamkeit schenken und finden.
- Austausch suchen und genießen.
- Anschlussfähigkeit herstellen und sichern.
- Anerkennung suchen und finden.
- Für Abenteuer offenbleiben.

Projekte im Netz dienen nicht nur anderen, sondern auch den dafür Verantwortlichen. Sie können sich entwickeln und Bestätigung erhalten, gerade weil die Arbeit ausgestellt wird und öffentlich zugänglich ist.

Einsicht 5: Schnell sein

Die Corona-Krise hat generell gezeigt, dass die Zeit langwieriger Konzeptarbeit vorbei ist. Institutionen und Verantwortliche müssen in der Lage sein, schnell zu entscheiden, schnell Feedback einzuholen, schnell zu kommunizieren – seriös und ausgewogen. Das gestaltet sich schwierig, gerade für die Politik stellt diese Entwicklung eine enorme Herausforderung dar. #digifernunterricht war ein schnelles Projekt. Das betrifft mehrere Aspekte: Ich konnte das Projekt sehr schnell aufziehen, musste niemanden fragen, kein Geld einwerben, keine Vorarbeiten erledigen. Jeder Beitrag entstand mit wenig Zeitaufwand. Und ich konnte auf Anliegen, Bedarfe und Themen ohne Verzögerung eingehen.

Ein schneller Zeitungsartikel wird am Morgen in einer Redaktionskonferenz besprochen, im Laufe des Tages geschrieben und am Abend veröffentlicht. Wenn ich eine Idee für ein Video habe, ist es in einer halben Stunde im Netz. Am Montag der ersten Woche des Fernunterrichts gab es auf meinem Kanal schon zehn Videos. Diese Geschwindigkeit ist ein enormer Vorteil gegenüber herkömmlichen Formaten.

MÜDIGKEIT DURCH VIDEOKONFERENZEN

Philippe Wampfler CC-BY 4.0

PROBLEM 1: AUGENKONTAKT

Wir können die anderen in der Konferenz ansehen – aber bemerken nicht, ob sie uns auch sehen, ob der Augenkontakt reziprok ist. Das verunsichert.

PROBLEM 2: MULTITASKING

Videokonferenzen laden ein, auf Smartphones Nachrichten zu beantworten, kurz die Mails zu checken oder was im Netz nachzuschlagen – während wir zuhören und mitreden. Das belastet.

PROBLEM 3: KÖRPERHALTUNG

Wenn wir mit jemandem reden, positionieren wir unseren Körper so, dass er zu unserer Sprechhandlung passt. Das geht bei Videokonferenzen nicht. Der Körper ist da, aber er ist auch abwesend. Mehr noch: Wir sehen uns ständig selber und beachten unsere Erscheinung.

PROBLEM 4: VERZÖGERUNGEN

Wir hören andere oft mit leichter Verzögerung – und können nicht abschätzen, wie gut sie uns hören. Wir fühlen, dass die Wahrnehmung leicht gestört ist. Das beansprucht sehr viele Ressourcen.

NACH L.M. SACASAS
THECONVIVIALSOCIETY.SUBSTACK.COM

Abb. 1: Eigene Infografik, nach L. M. Sacasas (2020)

Einsicht 6: Infografiken wirken

Während des Projekts sind vier Infografiken entstanden (als Tool eignet sich *Canva* dafür). Diese wurden breit geteilt und stark wahrgenommen. Weil sie auf fast allen Plattformen zur Geltung kommen, gehören sie zu den wirksamsten Formaten im Netz.

Das Beispiel zeigt, dass Infografiken den Fokus auf eine Handvoll von Aspekten legen können, die visualisiert und kurz beschrieben werden. Die Infografiken explizieren nicht jeden Aspekt – sie verweisen auf Videos oder Texte, regen an, über eine Frage selbst nachzudenken, was in den Kommentaren oft geschieht. In Canva können sie als Vorlagen so geteilt werden, dass andere daran weiterarbeiten können.

Einsicht 7: Kollaboration

Selber habe ich bewusst versucht, explizit auf Ideen von anderen Personen einzugehen, sie zur Mitarbeit einzuladen. Das führt zwar dazu, dass mehrere Workflows koordiniert werden müssen, verbindet dafür aber mehrere Perspektiven. So werden Beiträge verbessert: Ich merke, wo blinde Flecken liegen und kann differenzieren.

Einsicht 8: Kurze Beiträge

Für die Aufmerksamkeitsökonomie im Netz wäre dieser Artikel fast zu lang. Sobald ein Video den Rahmen von zehn Minuten gesprengt hat, habe ich versucht, das Thema aufzuteilen. Wer sich für etwas stark interessiert, schaut sich auch drei inhaltlich verknüpfte Videos an. Für solche »small pieces loosely joined« (Weinberger 2002) hat das Netz beliebig viel Platz.

Einsicht 9: YouTube ist eine Plattform

Vor dem Projekt habe ich YouTube immer nur als Video-Deponie benutzt. Was ich eingestellt habe, konnte ich im Blog oder auf Twitter verlinken, auf YouTube konnte ich Kopien von Videos finden, die für meine Arbeit oder meine Unterhaltung wichtig waren. #digifernunterricht hat mir aber gezeigt, wie Beiträge über Abos direkt wahrgenommen werden: Wer meine Videos regelmäßig anschaut, erhält sie direkt auf der YouTube-Startseite angezeigt. Das ist ein Effekt, den ich bislang unterschätzt hatte, da ich primär andere Plattformen bediene.

Einsicht 10: Technik + Didaktik + Erfahrungen + Reflexion

»Pädagogik vor Technik« ist oft falsch, zumindest immer aber trivial, wie Axel Krommer (2018) gezeigt hat. Richtig ist: Technik, Didaktik, Erfahrungen und Reflexion müssen ineinandergreifen. Ich kann #digifernunterricht nur gestalten, wenn ich Tools kenne, ihre Nutzung reflektiere, Unterricht plane und mich auf Erfahrungen beziehe. Den Wert technischer Möglichkeiten zeigt erst ihr Einsatz im Unterricht, genauso wie sich didaktische Entscheidungen erst beurteilen lassen, wenn sie an die technischen Bedingungen und konkreten Erfahrungen gekoppelt werden. Das kann aber nur in einer tiefgründigen Reflexion geschehen.

Ein Beispiel dazu sind die Kameras in Videokonferenzen: Viele Lehrkräfte haben die Erfahrung gemacht, dass Schülerinnen und Schüler Kameras nicht angeschaltet haben, obwohl das technisch möglich gewesen wäre. Weshalb? Das kann nun verschiedene Gründe haben: Erstens kann es mit schlechten Erfahrungen zusammenhängen, wenn etwa Aufnahmen gemacht wurden, die in Cybermobbing-Situationen eingesetzt wurden. Zweitens kann es daran liegen, dass die Bandbreite beschränkt ist, weil mehrere Mitglieder eines Haushalts gleichzeitig Videokonferenzen abhalten. Drittens kann es mit dem Hintergrund zu tun haben, kann sein, dass sich jemand für das Zimmer schämt, in dem die Videokonferenz abgehalten werden muss. Viertens kann das Setting als zu unpersönlich wahrgenommen werden, sodass sich eine Schülerin oder ein Schüler gar nicht gemeint und involviert fühlt und deshalb nur zuschaut. Und fünftens kann es um Bequemlichkeit und Freiheit gehen: Wer die Kamera aushat, kann sich die Fingernägel lackieren oder gleichzeitig auf dem Handy spielen, während der Unterricht abläuft. Solche Phänomene zeigen, dass Technik, Didaktik und Erfahrungen immer zusammenspielen und erst in der Reflexion beurteilt werden können.

Literatur

Geier, A. & Gottschling, M. (2019). Wissenschaftskommunikation auf Twitter? Eine Chance für die Geisteswissenschaften! In: Mitteilungen des Deutschen Germanistenverbandes 3/2019, (S. 282-291). Göttingen: Vandenhoeck & Ruprecht.

Krommer, A. (2018). Warum der Grundsatz »Pädagogik vor Technik« bestenfalls trivial ist. https://www.goethe.de/de/spr/mag/21451837.html.

Sacasas, L. M. (2020). The Theory of Zoom Fatigue. https://theconvivialsociety.substack.com/p/a-theory-of-zoom-fatigue

Weinberger, D. (2002). Small Pieces Loosely Joined. A Unified Theory of the Web. New York: Basic Books.

Exkurs

Philippe Wampfler

Erkenntnisse aus dem Notfallfernunterricht

Die Corona-Krise und die damit verbundene Einstellung des Präsenzunterrichts offenbarte wie ein Brennglas neuralgische Punkte im Schulsystem: Bildungsgerechtigkeit, technische Ausstattung, Beziehungsarbeit, Lernverständnis, Datenschutz, Prüfungsformate, Digitalkompetenzen wurden heftig diskutiert. Als ein solcher Punkt entpuppte sich auch die Bedeutung und Funktion des Präsenzunterrichts: Weshalb sollten Schülerinnen und Schüler überhaupt in einem Klassenzimmer anwesend sein?

Die Bewältigung der Krise führte zu einem großen Experiment: Was wäre, wenn die Präsenzpflicht aufgehoben wäre oder modifiziert werden könnte? Das Experiment fand unter suboptimalen Bedingungen statt: Schülerinnen und Schüler mit völlig unterschiedlichen Voraussetzungen, einer oft mangelhaften technischen Ausstattung und fehlenden Digitalkompetenzen mussten auf nur teilweise vorhandenen, oft nicht mit Datenschutzvorgaben kompatiblen Lernplattformen Aufgaben bewältigen und Leistungen erbringen, die einem überholten Lernverständnis und einer zirkulär begründeten Prüfungskultur geschuldet waren. Diese schwierige Situation konnte verbessert werden, wenn Lehrkräfte sehr gute Beziehungsarbeit leisteten und schon vorher Lerngemeinschaften aufgebaut hatten, in denen sich Schülerinnen und Schüler gegenseitig unterstützen konnten.

Gleichzeitig verhalf die Corona-Krise digitalen Plattformen und Medien zum Durchbruch im Unterricht: Lehrkräfte waren darauf angewiesen, übers Netz Lernmaterial zu verteilen, Schulen und Schulbehörden erlaubten teilweise recht großzügig den Einsatz von Mitteln, die vorher sehr skeptisch beurteilt und entsprechend zurückhaltend (oder nicht) genutzt wurden.

Eigentlich fanden also zwei Experimente gleichzeitig statt: Schule ohne Präsenzunterricht und Schule mit digitalen Medien. Für beide Experimente gab es weder die nötigen Ressourcen noch Vorbereitungszeit.

Wie müsste also eine Auswertung des Notfallunterrichts aussehen? Das hat sich der Informatikdidaktiker Beat Döbeli Honegger im Mai und Juni 2020 gefragt und dazu eine Reihe von Grafiken gestaltet.

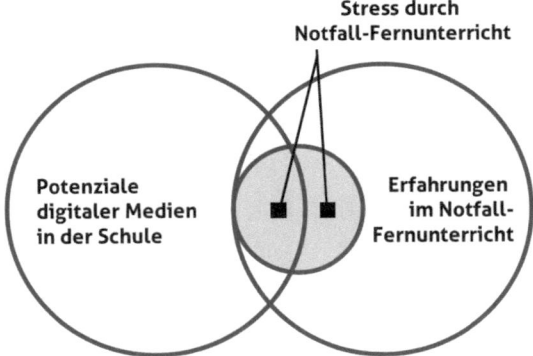

Abb. 1: Erkenntnisse aus dem Notfall-Fernunterricht
(Darstellung von Beat Döbeli Honegger)

Döbeli Honegger verweist auf langfristige Evaluationen und Konzeptionen zu einem Unterricht, welcher der Kultur der Digitalität entsprechen könnte. Deshalb äußert er in Bezug auf Evaluationen des Notfallunterrichts Skepsis:

> *Nimmt man den Covid-19-bedingten Notfallfernunterricht vom Frühling 2020 als Ausgangspunkt für Diskussionen zu einer zeitgemässen Schule in einer Kultur der Digitalität, so wird man der Tragweite der notwendigen Diskussion in verschiedenster Hinsicht nicht gerecht und läuft Gefahr langfristig unwichtige Aspekte zu stark zu gewichten und relevante Aspekte zu vernachlässigen. (Döbeli Honegger 2020, S. 4)*

Die Grafiken, die Döbeli Honegger publiziert hat, sind demnach als Parodie auf Befragungen und empirische Untersuchungen zu verstehen, die relevante und langfristige Kontexte ignorieren. Sie sind eine Kritik an der Vorstellung, das doppelte Experiment könnte Aufschluss darüber geben, wie sich Schulen oder Unterricht entwickeln könnte.

Und doch nehmen sie Zusammenhänge und Aussagen zum Schulbetrieb auf, mit der sich eine Bildungsforschung und Bildungspolitik beschäftigen muss, wenn sie eine zeitgemäße schulische Lernumgebung schaffen will. Döbeli Honegger schreibt dazu:

> *Die Grafiken sind aber auch nicht einfach aus der Luft gegriffen oder nur Bauchgefühle. Sie beruhen einerseits auf zwanzig Jahre Berufserfahrung inkl. der Lektüre entsprechender Fachliteratur und andererseits dem Austausch mit Fachkolleginnen und -kollegen. (Döbeli Honegger 2020b)*

Wir zeigen das anhand einiger Beispiele mit kurzen Kommentaren.

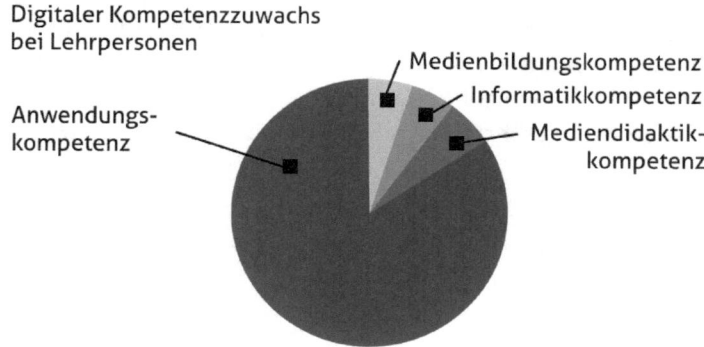

Abb. 2: Digitaler Kompetenzzuwachs bei Lehrpersonen
(Darstellung von Beat Döbeli Honegger)

Die Grafik in Abbildung 2 zeigt, dass Fernunterricht in einer Krise Anwendung erzwingt. Lehrende mussten mit Schülerinnen und Schülern kommunizieren: Digitale Plattformen waren oft der einzige Weg. Weil aber nicht gleichzeitig auch andere Kompetenzen aufgebaut werden konnten, blieb diese Anwendung weitgehend isoliert von Fragen der Medienbildung oder der Mediendidaktik. Hier zeigt sich ein Desiderat für die Aus- und Fortbildung: Lehrende brauchen Grundlagen, um bewusste, reflektierte und wirksame Anwendungen im Bereich der Digitalität vornehmen zu können.

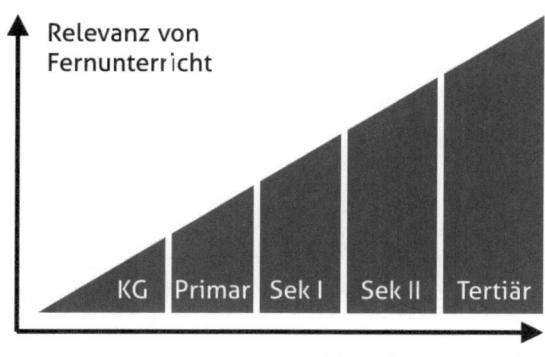

Abb. 3: Relevanz von Fernunterricht (Darstellung von Beat Döbeli Honegger)

Die Praxisberichte in diesem Band verdeutlichen, dass Fernunterricht in allen Schulstufen ein Thema ist – aber alle unterschiedlich betrifft. Entscheidend ist hier die Frage der Betreuung: Weil mit zunehmendem Alter der Lernenden der Betreuungsauftrag der Schule abnimmt und die fachspezifische Arbeit zunimmt, wird auch Fernunterricht deutlich. Fachwissen wird heute durchgehend digital generiert und verbreitet – entsprechend naheliegend ist es, Lern- und Forschungsprozesse auch digital zu gestalten. Beziehungsarbeit und Betreuungsaufgaben lassen sich jedoch nur mit Einbußen auf Fernunterricht verlagern – es sei denn, entsprechende Prozesse sind eingeführt und in Institutionen breit abgestützt.

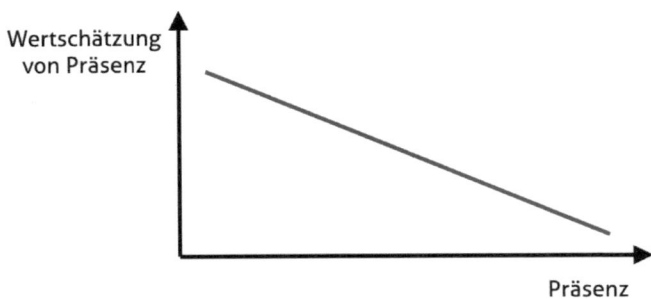

Abb. 4: Wertschätzung von Präsenzunterricht (Darstellung von Beat Döbeli Honegger)

Döbeli Honegger bezieht sich in Abbildung 4 auf Argumentationen, wie sie etwa im offenen Brief »Zur Verteidigung der Präsenzlehre« (Borgards et al. 2020) vorliegen. Darin wird der Notfallfernunterricht als Zeichen gedeutet, dass Präsenzlehre entwertet werden könnte. Unterricht vor Ort wird in solchen Plädoyers idealistisch überhöht, weil etwa all die Effekte des asynchronen Lernens (vgl. den dritten Teil dieses Bandes) ausgeblendet werden. Präsenz ist ein gewohntes Unterrichtssetting – aber als solches doch aufwendig zu gestalten, störungsanfällig, didaktisch nicht immer optimal. Der Wunsch, Präsenzlehre zu erhalten und zu stärken, ist, so eine naheliegende These, auf die Gewohnheit zurückzuführen, nicht auf die Qualität von Präsenzsettings.

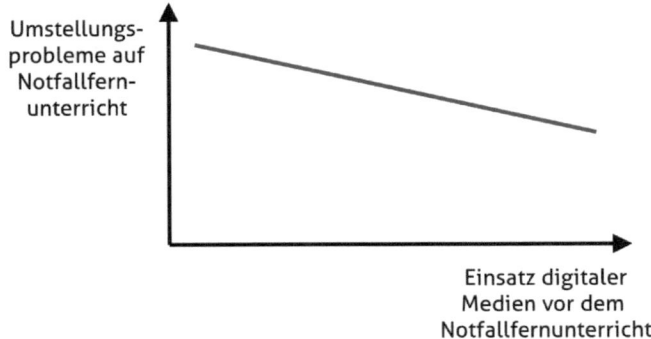

Abb. 5: Umstellungsprobleme Notfallfernunterricht (Darstellung von Beat Döbeli Honegger)

Schulen, die digitale Lernplattformen vor der Corona-Krise eingeführt hatten, waren besser aufgestellt und hatten kaum Probleme, im Notfallunterricht brauchbare Abläufe einzuführen. Das gilt auch für die Lernkultur: Wo Lernende selbstorientiert gearbeitet haben, sich in Lernnetzwerken zusammengeschlossen haben und Vertrauen der Lehrkräfte gespürt haben, konnten sie auch im Modus des Fernunterrichts produktiv lernen. Wo starke Abhängigkeiten vorhanden waren, Kontrollmechanismen die Bedingung fürs Lernen waren, fiel dies deutlich schwerer.

All diese Bemerkungen basieren nicht auf neuen Erkenntnissen – sie sind bekannt und auch in der Forschung dokumentiert. Auch das bringt Döbeli Honegger auf den Punkt:

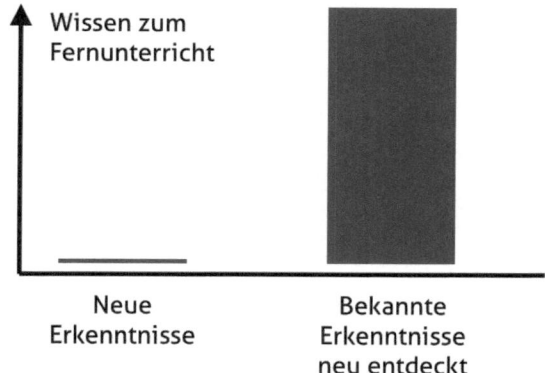

Abb. 6: Bekannte Erkenntnisse (Darstellung von Beat Döbeli Honegger)

Literatur

Borgards, R. (2020): Zur Verteidigung der Präsenzlehre. Online: https://www.praesenzlehre.com/

Döbeli Honegger, B. (2020a). Warum sich der Covid-19-Notfallfernunterricht nicht als Diskussionsgrundlage für zeitgemässe Bildung in einer Kultur der Digitalität eignet. Online: https://beat.doebe.li/publications/2020-beat-doebeli-honegger-warum-sich-der-notfallfernunterricht-nicht-als-diskussionsgrundlage-eignet.pdf

Döbeli Honegger, B. (2020b). Erkenntnisse aus dem Notfallunterricht. Online: http://wiki.doebe.li/Notfallfernunterricht

Hybrides Lernen im zeitgemäßen Unterricht

Philip Stade und Philippe Wampfler

Präsenz- und Fernunterricht kombinieren

Einleitung

Im Frühjahr 2020 hat eine Pandemie dazu geführt, dass an Schulen Präsenzunterricht untersagt wurde. Viele Schulen haben auf Fernunterricht umgestellt, der im Frühsommer wiederum durch gemischte Settings abgelöst wurde: Einzelne Klassen konnten in kleinen Gruppen die Schulen wieder besuchen, die übrigen Schülerinnen und Schüler entfalteten ihre Lernaktivitäten weiterhin von zu Hause aus – teilweise stärker, teilweise weniger stark begleitet von Unterrichtsaktivitäten.

So entstanden Mischformen aus Präsenzunterricht im Klassenzimmer und individuellen Lernformen an Lernorten außerhalb der Schule, oft unter Einbezug digitaler Medien. Für diese Mischformen gibt es eine Reihe von Begriffen: »Blended Learning« meint, beim Design von Lernumgebungen sei davon auszugehen, dass sich beide Formen mischen. Wie das geschieht ist in der Literatur umstritten (zur Frage der Definition vgl. Poquet et al., S. 61 ff.), wird sich aber in den entsprechenden Settings nicht mehr trennen lassen. Dagegen impliziert die Rede von »hybridem Unterricht« den Wechsel von der einen zur anderen Form, auch wenn damit oft auch Mischformen gemeint sind (Kerres und Jechle erwähnen in einer sehr frühen Arbeit »Kombinationen« von computergestütztem und Präsenzunterricht, vgl. Kerres/Jechle 1999, S. 25). »Flipped Classroom« wiederum bezeichnet einen bewussten Tausch von Instruktion und Übungs- bzw. Reflexionsphasen: Die Lernzeit außerhalb der Schule wird auch dafür genutzt, Anleitungen oder Lehrvorträge aufzunehmen, während die Unterrichtszeit primär für intelligentes, begleitetes Üben und reflexionsorientierte Unterrichtsgespräche genutzt wird (vgl. Akçayır/Akçayır 2018). Flipped Classroom ist somit eine spezifische Form von Blended Learning.

Der folgende Beitrag diskutiert verschiedene Zugänge zu Blended Learning oder hybriden Lernformen. Wir verwenden die beiden Begriffe synonym im Sinne von Kerres und Jechle, also als »Kombinationen« von Lernphasen in einem Schulzimmer und von medial begleiteten Lernformen außerhalb der Schule. Die Perspektive, aus der eine mit »blended« angedeutete Vermischung oder mit »hybrid« angedeutete Trennung erfolgt, spielt dabei keine Rolle.

Das Ziel dieser Diskussion besteht darin, gewinnbringende Mischformen zu präsentieren. Im Frühjahr 2020 mussten Schulen, Lehrkräfte und die Bildungspolitik auf eine Krise reagieren. Vielerorts wurden Notlösungen gesucht und gefunden, dabei mussten zwangsläufige Kompromisse gemacht werden. Darum geht es hier nicht: Der Fokus liegt auf dem Potenzial des hybriden Lernens. Mehr noch: Eine Mischung aus Präsenz- und Fernunterricht ist mit einer Reihe von Fragen der Schulentwicklung verbunden. Können sich Schulen vom Axiom lösen, dass Lernen nur dann stattfindet, wenn Lernende eine Arbeitswoche in einem Schulzimmer verbringen, dann entsteht ein wertvoller Gestaltungsspielraum.

Hybrid? Das gibt es doch schon lange…

Blended Learning als Mischung von Präsenz- und Distanzlernen wird spätestens seit dem Aufkommen erster E-Learning-Angebote diskutiert (vgl. Poquet et al. 2015, 58 ff.). Entsprechende Lernformen fanden besonders in berufsbegleitenden Lernsettings Anklang, weil sie zu kürzeren Präsenzzeiten in Unterrichtsräumen führen.

An hybride Formen im Schulkontext stellt beispielsweise Jörg Dohnicht (2014, S. 181) folgende Fragen:

1. *Was für Aufgabentypen und welche Lernorganisation sollen eingesetzt werden?*
2. *Wie groß ist die Lerngruppe?*
3. *Wie ist angesichts dieser Gruppengröße eine verlässliche Rückmeldung zu den Arbeitsaufträgen gesichert?*
4. *Welche technischen Voraussetzungen sind bei der Lerngruppe und der Lehrperson gegeben?*
5. *Ist es wichtig, dass die Lerngruppe die Aufgaben gleichzeitig (synchron) bearbeitet oder kann dies auch zeitversetzt (asynchron) geschehen?*

In Zeiten von Corona haben sich in erster Linie die Rahmenbedingungen und die Dringlichkeit geändert, wie Präsenz- und Fernunterricht sinnvoll kombiniert werden können. Sowohl in der beruflichen Weiterbildung als auch in vielen Bereichen der Hochschule ist das Arbeiten in solchen gemischten Lernsettings schon länger etabliert. In Schulen hat sich durch die Dominanz der Präsenz bislang wenig in diese Richtung getan. Nur einzelne Lehrende lassen beispielsweise ihren Informatikunterricht über vorgefertigte Lernmodule in *Moodle* laufen oder nutzen die Präsenzphase für individuelle Hilfe, indem sie das erwähnte Konzept des Flipped Classrooms umsetzen (auch Hausaufgaben, die im Unterricht ausgewertet werden, sind grundsätzlich schon ein hybrides Format).

Eine wirkliche Durchmischung von Präsenz- und Fernunterricht findet eher selten statt. Die Gründe dafür liegen auf der Hand, setzt doch unser Bildungssystem in erster Linie auf das Lernen im Klassenzimmer. Progressive Ansätze, die auch die Grenzen und die Räumlichkeit des Schulgebäudes infrage stellen, konnten sich bislang nur selten etablieren. Doch die Digitalität und die damit einhergehende kulturelle und gesellschaftliche Transformation eröffnen neue Möglichkeiten.

Post-digitale Bildung als Kontext

Wir plädieren dafür, Präsenz- und Fernunterricht im Kontext post-digitaler Bildung zu betrachten. Damit ist gemeint, dass digitale Lernumgebungen nur noch dann bemerkt werden, wenn sie fehlen – weil sie selbstverständlich geworden sind (Negroponte 1998). Die Entscheidung, ob und wie digitale Medien in Bildungsprozessen eine Rolle spielen, wird aus post-digitaler Perspektive irrelevant: In den Fokus der Überlegungen rückt eine ganzheitliche Schulentwicklung, bei der von einer Kombination digitaler und nicht-digitaler Lernformen ausgegangen wird.
Folgerichtig fragt sich Daniel Stoller-Schai:

Vielleicht können wir den Begriff ›Blended Learning‹ getrost ad acta legen, da in Zukunft alles Lernen im digitalen wie auch im analogen Bereich stattfinden wird. (Stoller-Schai 2020)

Was heißt das konkret? Zwei Beispiele: Lernmaterialien können auf Papier, an der Wandtafel etc. entstehen – sie werden zur Weiterbearbeitung und Archivierung aber auch digitalisiert. Notizen auf Tablets bestehen oft aus Scans oder Fotografien nicht-digitaler Dokumente, die handschriftlich und maschinenschriftlich weiterbearbeitet werden. Auch in Lernmanagementsystemen vermischen sich Inhalte, die in einem analogen Setting entstehen mit solchen, die auf digitalen Endgeräten erstellt wurden. Kurz: Nahezu alle Arbeits- und Lernformen kombinieren digitale und nicht-digitale Komponenten, anstatt sie zu separieren.
Das lässt sich auch an To-do-Listen und Agenden verdeutlichen, die häufig parallel in digitaler wie nicht-digitaler Form existieren. Wenn sie in einem Online-Kalender erfasst werden, müssen sie oft ausgedruckt oder physisch repräsentiert werden – und wenn sie zunächst in einer Papier-Agenda stehen, werden sie oft gleichzeitig digital repräsentiert.
Robin Schmidt (2020) diskutiert in seinem Artikel »*Post-digitale Bildung*« ausführlich, welche veränderten Sichtweisen dieses Konzept mit sich bringt aber auch erfordert. So vermeidet post-digitale Bildung einen digitalen Dualismus, der vorgibt, es gebe einen Unterschied zwischen einer digitalen und einer nicht-digitalen Sphäre. Richtiger wäre es, von unterschiedlichen Repräsentationsformen auszuge-

hen: Ein Schulhaus gibt es als physischen Ort, der aber gleichzeitig auf *Open Street Map* in einer digitalen Form erfasst ist und als digitales Objekt für Arbeiten mit Karten genutzt werden kann.

Was heißt das für Blended Learning? Was heute oft noch als eine bewusste Verbindung zweier unterschiedlicher Lernformen erscheint, wird sich in absehbarer Zukunft so vermischen, dass eine Trennung gar nicht mehr möglich (und nötig) sein wird. Schülerinnen und Schüler werden auf Unterricht und Unterrichtsinhalte gleichzeitig in digitalen wie nicht-digitalen Umgebungen zugreifen können.

Diese Perspektive sollte im Hinterkopf behalten, wer konkrete Lerneinheiten plant. Im folgenden Abschnitt werden Bedingungen genannt, die vorliegen müssen, um Blended-Learning-Sequenzen planen zu können.

Rahmenbedingungen

Für die Modelle, die wir vorstellen wollen, gibt es eine Vielzahl von Voraussetzungen, die sehr unterschiedlich sein können.
- Welche Zeitslots und welche Zeitstunden stehen zur Verfügung?
- Wie groß sind die Lerngruppen? In wie viele Teile werden sie unterteilt?
- Was ist bei der Schulform besonders zu beachten?
- Welche Fächer werden hybrid unterrichtet – alle oder nur ausgewählte?
- Wie werden Lehrende eingesetzt und wie verändert das hybride Setting ihre Arbeitsbelastung?
- Inwiefern sind selbstbestimmtes, selbstorientiertes Lernen oder das Projektlernen etabliert?
- Wie werden bewertungsrelevante Leistungsnachweise erarbeitet und abgegeben?

Beschreibung bestehender Szenarien

Um ein hybrides Setting zu beschreiben, braucht es ein paar Grundbegriffe. Im Folgenden verwenden wir folgende Terminologie:
- Kurs: Gesamtheit aller Schülerinnen und Schüler in einer Lerneinheit
- Lerngruppe: Teil eines Kurses
- Lerneinheit: In Bezug auf Inhalt und Stoff zusammenhängende Lernphase von mehreren Wochen
- Modul: In Bezug auf Zeit, Stoff und Kompetenzen beschränkter Teil einer Lerneinheit
- Präsenzunterricht: Unterricht in einem Schulzimmer mit Anwesenheitspflicht
- Fernunterricht: Unterricht, bei dem Schülerinnen und Schüler zuhause oder an einem dritten Lernort (Bibliothek etc.) arbeiten

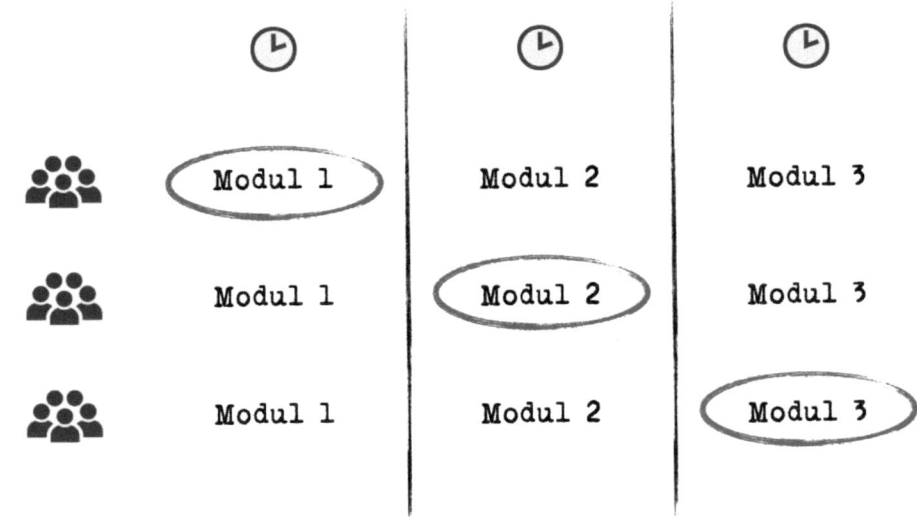

Abb.1: Grundmodell des hybriden Settings (Darstellung von Philippe Wampfler)

Diese vereinfachte Darstellung zeigt ein Grundmodell: Ein Kurs wird in drei Lerngruppen aufgeteilt, die zu drei Zeitpunkten drei Module einer Lerneinheit bearbeiten. Grau umkreist sind die Module, die im Präsenzunterricht bearbeitet werden, nicht umrandet diejenigen, die im Fernunterricht stattfinden.

Bei diesem Grundmodell stellen sich einige Fragen:
1. Sind die Module im Präsenz- und Fernunterricht jeweils identisch oder unterschiedlich?
2. Werden die Module im Fernunterricht synchron mit denen im Präsenzunterricht bearbeitet oder asynchron?
3. Wie wird die Lerngruppe aufgeteilt? Muss sie überhaupt aufgeteilt werden?
4. Gibt es dialogische Lernformen und Kooperation – innerhalb der Lerngruppen und lerngruppenübergreifend?

Ausgehend von diesen Fragen können nun differenziertere Modelle beschrieben, benannt und diskutiert werden.

Bezüge zwischen Präsenz- und Fernunterricht

Ein naheliegendes Ziel ist es, dass Präsenz- und Fernunterricht dialogisch in einem Austausch stehen. Wie lässt sich das umsetzen?

Videokonferenz aus dem Klassenzimmer heraus

Ein naheliegendes Modell für den Hybridunterricht ist, dass aus dem Klassenzimmer heraus eine Videokonferenz durchgeführt wird. An dieser nimmt eine Lerngruppe im Klassenzimmer teil und die anderen Schülerinnen und Schüler schalten sich von zu Hause aus per Kamera und Mikrofon zu. Die Vorteile dieses synchronen Modells liegen darin, dass der Stundenplan exakt bestehen bleiben und thematisch synchron weitergearbeitet werden kann. Für die Schülerinnen und Schüler wäre ein klares Programm zu bewältigen und eine Form der Kontrolle durch die Lehrperson wäre gewährleistet, weil die Schülerinnen und Schüler zu Hause enger geführt würden. Allerdings gibt es etliche Herausforderungen zu bewältigen, die neben der Technik insbesondere didaktische Überlegungen betreffen. Hybrider Frontalunterricht mit eingeplanten Einzelarbeitsphasen erscheint in einem solchen Setting noch relativ leicht umsetzbar. Vor allem hybride Diskussionen gelingen jedoch nur schwierig, erfordern eine große Disziplin und eine gute Konzeption. Um wirkliche Interaktion und Gruppenarbeiten zu ermöglichen, müssten zudem interaktive Elemente wie Umfragetools (z. B. *Mentimeter*) oder *Etherpads* eingebaut werden, auf die sowohl die Schülerinnen und Schüler in der Schule als auch zu Hause zugreifen können.

Bleibt es bei einem Versuch, bisherigen Frontalunterricht mithilfe von Videokonferenzen einfach zu ersetzen, ist dies in den meisten Fällen nicht wünschenswert. Mediale Umgebungen verändern Lernsettings immer, weil sie andere Prozesse möglich und leicht machen. An willkürlichen Vorgaben festzuhalten, die der präsentische Frontalunterricht vornimmt, beschränkt die Möglichkeiten von Videokonferenzen.

Variante: digital unterstützte Fishbowl

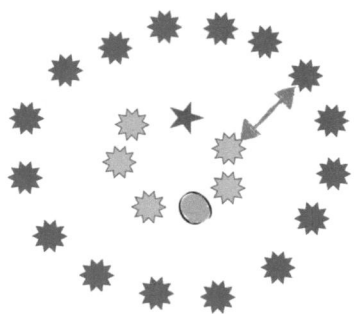

Abb. 2: Fishbowl (Darstellung von Philippe Wampfler)

Eine sinnvollere Variante einer solchen Videokonferenz aus dem Klassenzimmer heraus ist eine digital unterstützte Fishbowl. Dabei nehmen auch die Lerngruppen, die nicht im Schulhaus sind (äußerer Kreis), am Präsenzunterricht teil (innerer Kreis). Sie haben dabei aber andere Aufgaben als die anwesenden Schülerinnen und Schüler, die in unterschiedlichen Rollen aktiv sind. Die Fernunterricht-Lernenden stellen vielleicht Fragen, beobachten Vorgänge oder protokollieren sie. Diese Variante benötigt aber eine sehr komplexe Vorbereitung durch die Lehrkraft und stellt hohe Ansprüche an die Moderation und mediale Durchführung.

Dialogisches Lernen

Urs Ruf und Peter Gallin haben das Modell des dialogischen Lernens entwickelt und theoretisch begründet (vgl. Ruf/Gallin 2003). Im Unterricht kann ihr Modell angepasst und in einer vereinfachten Variante genutzt werden. Sie lässt sich gut mit einem Kreislauf vergleichen. Im Fernunterricht erarbeiten alle Lerngruppen ausgehend von einem Auftrag Lernprodukte, die z. B. auf einer digitalen Pinnwand festgehalten werden können. So können sie Fragen und Thesen formulieren oder Rechercheergebnisse sammeln. Im Präsenzunterricht werden dann diese Lernprodukte diskutiert und weiterbearbeitet. Im Idealfall entsteht dabei eine Kernidee, eine Einsicht, die auf die Arbeiten der Lernenden zurückgeht. Für das nächste Modul des Fernunterrichts entstehen so weitere Aufträge oder Aufgaben.

Ein Auftrag im Deutschunterricht könnte etwa darin bestehen, einen guten und einen schlechten Reim zu suchen und kurz zu kommentieren, weshalb die Reime von hoher oder geringer Qualität sind und woher sie stammen. Die Lernprodukte der Schülerinnen und Schüler führen einerseits zu einer Sammlung von Reimen, andererseits zu einer Liste mit Kriterien zu ihrer Beurteilung. Darauf kann die weitere Arbeit aufbauen und als Kernidee zum Beispiel die Originalität oder der Verstoß gegen eine Erwartungshaltung als Kriterium herausgearbeitet werden, mit dem Reime beurteilt werden können. Die nächste Aufgabe würde dann darin bestehen, Reime zu suchen, die entweder originell sind, aber nicht gegen Erwartungshaltungen verstoßen – oder solche, die abgenutzt sind, und doch den Erwartungen nicht entsprechen. Die Sammlung von Reimen kann dafür genutzt, aber auch erweitert werden. Ziel ist ein Verständnis dafür, wie Reime wirken und wie sie beurteilt werden.

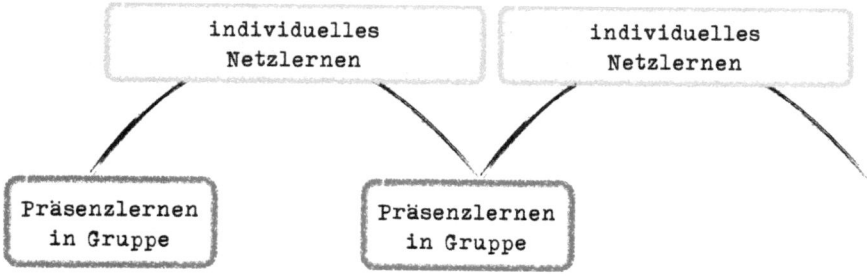

Entscheidend ist, dass das Lernen im Dialog zwischen der Lehrkraft und den Lernenden entsteht – und diese Interaktionen auch für die ganze Lerngruppe spürbar wird. Das haben Gallin und Ruf mit dem Dreischritt »Ich-Du-Wir« bezeichnet. Grundsätzlich lässt sich Unterricht in Präsenzphasen in Lerngruppen (traditionell eine Schulstunde) und in individuelle Lernphasen (die oft im oder mit dem Netz stattfinden; traditionell sind das Hausaufgaben) unterteilen. Diese Rhythmisierung des dialogischen Lernens sieht dann so aus wie in Abbildung 3, wobei die längeren Kästchen andeuten, dass die individuellen Lernphasen sich meist über einen längeren Zeitraum erstrecken.

In einer Präsenzstunde wird der Auftrag eingebettet in Unterrichtsgespräch, Lehrvortrag und andere Aktivitäten formuliert. Denkbar wäre, über einen Songtext einen Zugang zu Reimen als Stilmittel zu erhalten. Der Auftrag, gute und weniger gute Reime zu suchen, ist dann an ein Beispiel geknüpft. Diese Bearbeitung geschieht in einem kollaborativen, digitalen Werkzeug, in einem *Etherpad* oder auf einem *Padlet*-Board – aber in Lernzeit, welche die Schülerinnen und Schüler nicht im Schulzimmer verbringen, also im Fernunterricht.

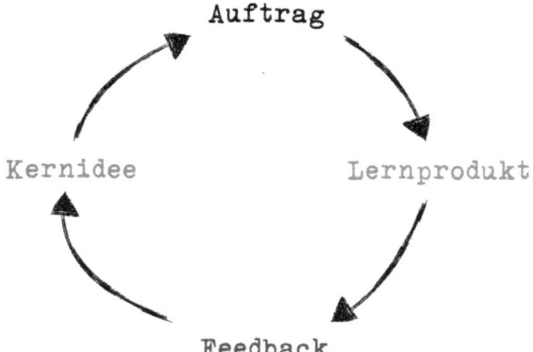

Aus diesen Lernprodukten entsteht dann in der nächsten dialogischen Präsenzphase eine Kernidee – dazwischen könnte, und das zeigt das leere Feld, auch eine Übungsstunde oder eine Lektion zu einem anderen Thema stehen. Daraus leitet sich dann ein weiterer Auftrag ab.

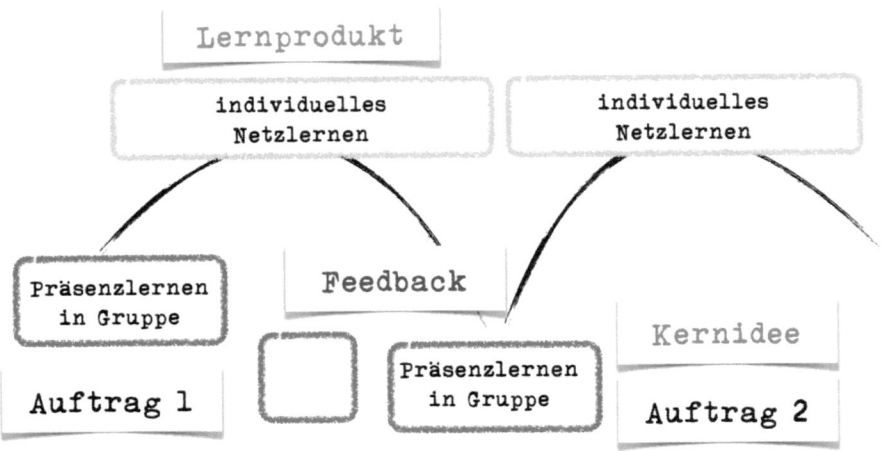

Abb. 5: Dialogisches Lernen beim Präsenz- und Netzlernphasen (Darstellung von Philippe Wampfler)

Was bedeutet es für dieses Modell, wenn Unterricht nur als reiner Fernunterricht stattfinden kann? Denkt man die Präsenzphasen als Videokonferenzen, dann ändert sich nichts. Gerade auch die Kombination von Fern- und Präsenzunterricht lässt sich sehr gut mit dem Modell verbinden. Zwei Herausforderungen aber bleiben:

- ein lebendiges Unterrichtsgespräch ist im Fernunterricht per Videokonferenz schwer zu führen, entsprechend schwierig ist es, Kernideen mit den Lernenden zu erarbeiten (vgl. dazu den Beitrag von Langela-Bickenbach/Wampfler in diesem Band);
- zwischen den Phasen treffen sich Lernende und Lehrende in informellen Kontexten (im Pausengespräch, auf dem Flur, im Bus etc.) und können leicht Fragen klären, Ideen prüfen etc. Entfällt dieser Austausch, kann er nur schwer digital emuliert werden.

Flipped Classroom

Das Modell des Flipped Classrooms greift auf ein altes Prinzip zurück: vorbereitende Hausaufgaben. Wie bereits erwähnt, findet eine Instruktion in der Lernzeit außerhalb der Schule zum Beispiel in Form von Videos statt. Diese Instruktion ist damit asynchron. Die anschließende Präsenzzeit ist primär für intelligentes, begleitetes Üben, Diskussionen und reflexionsorientierte Unterrichtsgespräche gedacht.

In einem hybriden Unterrichtssetting ergeben sich mit diesem Ansatz einige Vorteile. Zum einen wird die kostbare Präsenzzeit für individuelle Beratung, das Klären von Fragen oder die Reflexion genutzt. Zum anderen können die Schülerinnen und Schüler asynchron und selbstbestimmt ein Thema erarbeiten. Das Gelingen einer solchen Unterrichtsform ist dabei stark abhängig von der individuellen Vorbereitung der Lernenden. Was viele Schülerinnen und Schüler als eine willkommene Änderung im Schulalltag durch Corona beschreiben, nämlich selbstbestimmt zu entscheiden, wann sie lernen und was sie lernen, kann ebenso zu einer Schwierigkeit werden, etwa wenn sich Benachteiligungen durch das Elternhaus – z.B. durch einen fehlenden Arbeitsplatz, Lärm oder psychische Belastungen – besonders stark in schlechter Vorbereitung zeigen. Hier sind die Lehrenden besonders gefordert, hinzuschauen und gegenzusteuern.

Fraglich bleibt außerdem, wie in Fächern wie Ethik oder Religion Instruktion per Video aussehen könnte, wo oft Gespräche Ausgangspunkt des Unterrichtsgeschehens darstellen. Mit anderen Worten: Flipped Classroom ist kein Selbstläufer und erfordert ein konsequentes Einüben und eine Umstellung, die sich im besten Fall auf eine ganze Schule und somit auf die Schulentwicklung auswirkt.

Denkbar sind mindestens zwei grundlegende Varianten. Entweder erhalten alle Lerngruppen eines Kurses zu einem Modul einmal Präsenzunterricht (A) oder nur eine Lerngruppe erhält zu einem Modul Präsenzunterricht während die anderen Lerngruppen diesen zweiten Teil des Flipped Classrooms online durchführen (hellgrau markiert) – synchron oder asynchron (B).

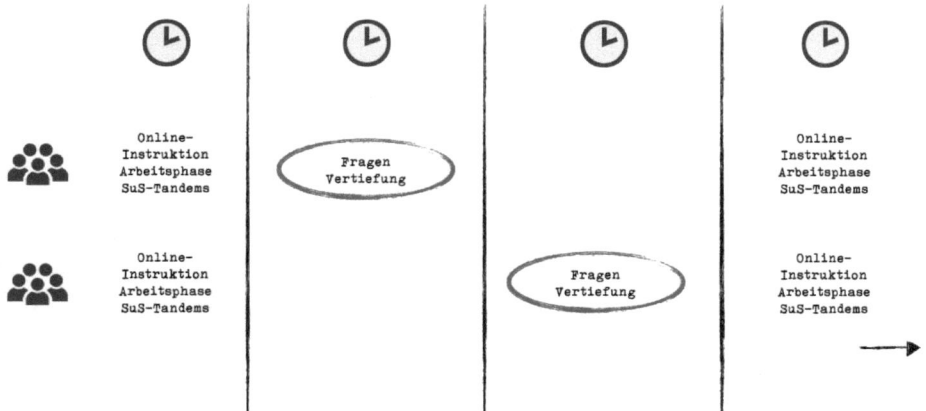

Abb. 6: Variante A, Flipped Classroom zeitversetzt
(Darstellung von Philippe Wampfler)

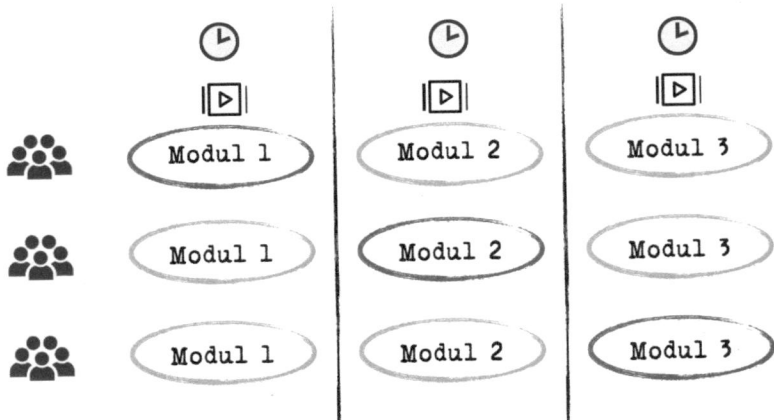

Abb. 7: Variante B, Flipped Classroom zeitversetzt, Präsenzphasen dunkelgrau, Videokonferenz hellgrau (Darstellung von Philippe Wampfler)

Insgesamt ist das Modell des Flipped Classrooms sehr flexibel auf wechselnde Settings anzupassen, weil zum Beispiel die Präsenzphasen relativ unkompliziert auch in Videokonferenzen durchgeführt werden könnten.

Hybride Kollaboration und Kooperation

Wie bereits erwähnt besteht eine zentrale Herausforderung im Hybridunterricht darin, die Sequenzen der Kollaboration und Kooperation zu gestalten. Kollaboratives Projektlernen hat neben einer langen Tradition, die unter anderem auf John Dewey (2011) am Anfang des 20. Jahrhunderts zurückgeht, auch eine enorme Vielfalt. Eine jüngere Methode ist SCRUM, ein Ansatz, um agil in Gruppen zu arbeiten, wobei verschiedene Rollen verteilt und Zyklen durchlaufen werden. Allgemein orientiert sich Projektunterricht an den Fragen der Schülerinnen und Schüler zu komplexen Gegenständen und zeichnet sich durch individuelle Arbeitswege und Ergebnisse aus. Im Zentrum steht die Zusammenarbeit mit anderen (Rosa 2019). Für den Hybridunterricht bedeutet dies, dass Gruppenarbeitsphasen organisiert werden und die Lehrperson eine beratende Rolle einnimmt. Denkbar sind hier eher als Sprechstunden geplante Präsenzzeiten, in denen die Gruppen Feedback von der Lehrperson erhalten. Besonders schwierig bleibt bei einem solchen Vorgehen, eine Atmosphäre bzw. eine Lernumgebung zu schaffen, in der die zu erstrebenden Flow-Effekte eintreten. Konkret bedeutet das, dass Schülerinnen und Schüler auf kollaborativen Online-Plattformen arbeiten, sich über Messenger und face-to-face abstimmen und ein meist digitales Lernprodukt erstellen. An die Selbstorganisationsfähigkeiten der Schülerinnen und Schüler stellt all das hohe

Anforderungen. Hier kann die Lehrperson beispielsweise Zeitfenster vorgeben, in denen Teamsitzungen stattfinden oder die erwähnte SCRUM-Methode als Rahmung einsetzen. Generell ist das Setting aber asynchron zu denken, weshalb es auch das oben benutzte tabellarische Schema sprengt.

Eine weitere Möglichkeit, Blended Learning zu gestalten, setzt den Fokus auf Kooperation. Verschiedene Formen der Zusammenarbeit der Schülerinnen und Schüler sind Tandems oder kleine Teams, die sich online, bei Schülerinnen oder Schülern zuhause oder in der Schule treffen können. Das Ziel solcher Treffen ist die arbeitsteilige Bearbeitung von Aufgaben, das gegenseitige Helfen bei Problemen und natürlich der soziale Kontakt. Die Corona-Zeit hat gezeigt, dass sich einige Lernende solche Gruppen selbst gesucht haben, während andere sich zurückgezogen und Aufgaben alleine bearbeitet haben. Letztlich zeigen sich darin unterschiedliche Präferenzen, wie man am besten lernen kann. Wenn im Präsenzunterricht Phasen der Kooperation regelmäßig stattfinden, gilt es diese Arbeitsweisen im Fernunterricht gezielt zu fördern. Daher schlagen wir zumindest eine Reflexion solcher Möglichkeiten der Zusammenarbeit mit den Schülerinnen und Schülern vor. Die Lehrenden können aber auch gezielt Aufgaben konzipieren, die hybride Kooperation erfordern.

Die Ausführungen machen deutlich, dass diese Varianten der hybriden Kollaboration oder Kooperation am stärksten vom herkömmlichen Präsenzunterricht mit frontalen Inputs abweichen. Deshalb sind hier auch Entwicklungsprozesse nötig, die Lernende wie Lehrende mit einer kollaborativen Lernkultur vertraut machen.

Fazit und Ausblick

Die vorgestellten Modelle zeigen, wie komplex und vielseitig Hybridunterricht bzw. Blended Learning sein kann. Neben technischen Voraussetzungen und Kompetenzen seitens der Schülerinnen und Schüler gilt es pädagogische, stundenplanerische und inhaltliche Aspekte zu beachten. Für die Lehrenden stellt dies eine große Herausforderung dar. Ausgehend von den Rahmenbedingungen unterschiedlicher Schule und Lerngruppe haben wir folgende Kriterien für die Beurteilung der vorgestellten Modelle herausgebildet:

1. Ist das Modell für Flipped Classroom geeignet?
2. Ist Zeit für aufwändigeren Fernunterricht zeitversetzt zum Präsenzunterricht bei Lehrenden vorhanden?
3. Sind Fähigkeiten für Formate wie eine digital unterstützte Fishbowl bei Schülerinnen, Schülern und Lehrkräften vorhanden?
4. Können dialogische Lernanteile in diesem Setting gefördert werden?
5. Liegt der Fokus auf Kollaboration oder Kooperation?

Erfahrungen von Kolleginnen und Kollegen zeigen, dass immer wieder die Arbeitsbelastung ein limitierender Faktor bei der Planung, Durchführung und beim individuellen Feedback ist. Hier wird es notwendig sein, dass seitens der Schulentwicklung und Schulbehörden darauf geachtet wird, möglichst viele unterstützende Strukturen, Ressourcen und Rahmenbedingungen bereitzustellen.

Was könnte in Bezug auf Lernprozesse in hybriden Formen besonders produktiv sein? Ein übergeordnetes Ziel für uns ist es, Schülerinnen und Schüler in ihrer Mündigkeit zu ermächtigen. Sie sollen nicht an eine Schule gebunden sein, die sie entmündigt hat, weil sie darauf warten, dass ihnen jemand sagt, was sie tun sollen, wie sie es tun sollen und bis wann sie es tun sollen. Im Hinblick auf eine Kultur der Digitalität und den Kontext post-digitaler Bildung sehen wir viele Chancen, Schülerinnen und Schülern mehr Eigenverantwortung zuzutrauen aber auch Kompetenzen für eine Teilhabe an einer in vielen Bereichen digitalen Kultur und Gesellschaft zu vermitteln. Die von uns aufgezeigten Möglichkeiten, Präsenz- und Fernunterricht zu kombinieren sind nur teilweise Beispiele für Schritte in diese Richtung, weil nicht alle Modelle Schülerinnen und Schülern mehr Eigenverantwortung und Mitbestimmung ermöglichen und abverlangen. Es muss somit eine individuelle Entscheidung der Lehrperson bleiben, welches Modell in der jeweiligen Situation sinnvoll ist.

Auf Ebene der Schulentwicklung stellt sich die Frage, wie die Rahmenbedingungen so geändert werden können, dass hybride Lernsettings auch nach der Pandemie produktiv eingesetzt werden können und wo sie für sinnvoll erachtet werden – losgelöst von Zwängen einer Pandemie. Das führt zwangsläufig zu weitreichenden Überlegungen: Soll die Präsenzpflicht aufrechterhalten werden? Wie werden Kurse und Klassen in Lerngruppen aufgeteilt oder verkleinert? Wie sieht ein entsprechend flexibler Stundenplan aus? Wie kann über Fächergrenzen hinweg Unterricht konzipiert werden?

Literatur

Akçayır, G. & Akçayır, M. (2018). The flipped classroom: A review of its advantages and challenges. In Computers & Education 126 (2018) (S. 334-345).

Dewey, J. (2011). Demokratie und Erziehung. Eine Einleitung in die philosophische Pädagogik. Weinheim: Beltz.

Dohnicht, J. (2014). Medien im Unterricht. In G. Bovet & V. Huwendiek (Hrsg.), Leitfaden Schulpraxis – Pädagogik und Psychologie für den Lehrberuf (S. 164-184). Berlin: Cornelsen.

Kerres, M. & Jechle, T. (1999). Hybride Lernarrangements: Personale Dienstleistungen in multi- und telemedialen Lernumgebungen. In Jahrbuch Arbeit, Bildung, Kultur, Bd. 17 (1999) (S. 21-39).

Negroponte, N. (1998). Beyond Digital. In Wired (1998). http://www.wired.com/wired/archive/6.12/negroponte.html.

Poquet, O., Jokismović, S., Kovanović, V., Gašević, D. & Siemens, G. (2015). The history and state of blended learning. In G. Siemens, D. Gašević and S. Dawson. Preparing for the digital university: a review of the history and current state of distance, blended, and online learning (S. 55-92). Edmonton, AB: Athabasca University. https://vitomir.kovanovic.info/pubs/the-history-and-state-of-blended-learning/.

Reuter, A. (2020). Lernarrangements im Sinne agiler Didaktik ausgestalten. https://annacologne.wordpress.com/2020/06/14/lernarrangements-im-sinne-agiler-didaktik-ausgestalten/.

Rosa, L. (2019). Projektlernen im digitalen Zeitalter. https://shiftingschool.wordpress.com/2019/05/22/projektlernen-im-digitalen-zeitalter/.

Ruf, U. & Gallin, P. (1996). Dialogisches Lernen in Sprache und Mathematik. 2. Auflage. 2 Bände. Seelze: Kallmeyer.

Schmidt, R. (2020). Post-digitale Bildung. In ders. et al.: Was macht die Digitalisierung mit den Hochschulen? (S. 58-68). Oldenbourg: De Gruyter.

Stoller-Schai, D. (2020). Digitales Lernen führt zu einer Renaissance des analogen Präsenzlernens. https://www.elearning-journal.com/2020/02/12/stollerschai/.

Adriane Langela-Bickenbach und Philippe Wampfler

Lernwirksame Videokonferenzen

Videokonferenzen ermöglichen im Fernunterricht Präsenz: Lehrende und Lernende sind an unterschiedlichen Orten, aber gleichzeitig online. Sie können einander sehen und hören sowie im Chat und in anderen Tools interagieren. Diese medialen Affordanzen (Boyd 2014, S. 18) können dazu führen, dass Videokonferenzen genutzt werden, um im Fernunterricht Schulstunden zu simulieren: Die Lehrkraft zeigt beispielsweise Folien und hält Lehrvorträge, danach stellt sie anregende Fragen, welche die Schülerinnen und Schüler beantworten. Ergebnisse werden auf einem Whiteboard festgehalten. Zuletzt erklärt die Lehrkraft die Hausaufgaben.

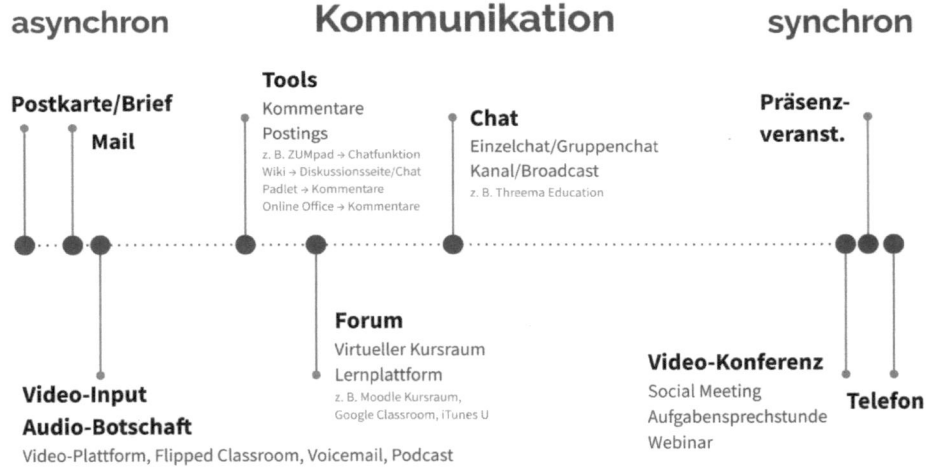

Abb. 1: Grafik von Marc Seegers

In der Darstellung von Marc Seegers zeigt sich, dass Videokonferenzen sehr nahe bei Präsenzveranstaltungen sind, während andere Formen digitaler Kommunikation stärker asynchron geprägt sind. Die Erfahrungen aus dem Frühjahr 2020 legen nahe, dass die Vorstellung der Videokonferenz als Ersatz für Präsenzveranstaltungen in dem oben beschriebenen Setting nicht unproblematisch ist. Das lässt sich auf verschiedenen Ebenen beobachten:

1. Ungeklärte technische, räumliche und rechtliche Voraussetzungen sowie unklare Verhaltensregeln und Gesprächskonventionen verursachen oft Missverständnisse, Wartezeiten, Disziplinprobleme und Unsicherheiten.
2. Das Missverständnis, eine Abbildung des Stundenplan-Präsenzunterrichts mit digitalen Medien sei lernförderlich und anzustreben, verursacht die Forderung der an Schule beteiligten Personen nach Videokonferenz als Kontrollinstrument. Das Potenzial asynchroner Lernsettings wird nicht ausgeschöpft.
3. Fehlendes didaktisches Wissen über interaktive Methoden und mangelnde Erfahrung mit kollaborativen Tools, die soziale und kognitive Prozesse anders aktivieren können als in einer Präsenzsituation im Schulzimmer, verursachen, dass viele Schülerinnen und Schüler in Videokonferenzen passiv oder müde wirken, während die Unterrichtsphasen gleichzeitig für Lehrkräfte enorm anstrengend sind.
4. Schlecht oder nicht definierte Anlässe und Funktionen von Videokonferenzen sowie bestimmte pädagogische Haltungen, wie mangelndes Vertrauen, beeinflussen sowohl die Planung von Videokonferenzen als auch die Einstellungen von Schülerinnen und Schülern negativ, sodass Videokonferenzen im Klassenverband oft unübersichtlich und wenig effektiv sind.

Da Videokonferenzen Präsenzvorgänge nicht eins zu eins abbilden können, müssen Inhalte und Anlässe reflektiert werden. Es ist nötig, interaktive Methoden und Tools zu nutzen.

Der folgende Beitrag diskutiert diese Möglichkeiten und skizziert Lösungen, wie Videokonferenzen im Fernunterricht und darüber hinaus produktiv eingesetzt werden können. Videokonferenzen sind stets ein Ausschnitt aus dem effektiven Lernprozess und mediale Unterstützung innerhalb asynchroner Settings. Sie stehen nicht isoliert und sollten in einen größeren Rahmen von Lernprozessen eingebettet sein. Was meint das genau?

Videotools machen Lernen erstens offener, was genutzt werden kann, um (externe) Mitlernende oder Fachleute auch im Fernlernen einzubeziehen, und zweitens flexibler, weshalb sich Lernen in agilen Projekten kollaborativ organisieren lässt, weil Absprachen per Video möglich sind.

Technische, räumliche und juristische Voraussetzungen für Videokonferenzen

Videokonferenzen basieren auf einer entsprechenden Software bzw. einer digitalen Plattform, zu der die Teilnehmenden Zugang haben. Dazu brauchen sie:

1. eine Lizenz oder ein Konto (bei einigen Tools ist auch eine Teilnahme per Link oder Code möglich)
2. ein digitales Endgerät mit Mikrofon und Kamera (ideal ist meist ein Headset)
3. eine stabile Netzverbindung mit genügend Bandbreite
4. die Berechtigung, Stimme und Bild an diese Plattform zu übermitteln

Zusätzlich kann eine Videokonferenz nur in einem Raum stattfinden, in dem sich wenige Störungen und Ablenkungen ereignen, ideal ist hier ein Arbeitsbereich oder ein eigenes Zimmer.

Datenschutz ist für Videokonferenzen in doppelter Hinsicht relevant: Erstens betrifft Datenschutz die gewählte Plattform und ihren Umgang mit Daten. Die Produkte der großen Anbieter gehen dabei oft von US-amerikanischen Richtlinien aus und können europäischen Datenschutzansprüchen nur unter ganz bestimmten Umständen gerecht werden. Hier ist es unabdingbar, die Wahl der Tools mit Behörden und Fachpersonen abzusprechen sowie die Einwilligung der Erziehungsberechtigten über die Schulleitung einzuholen. Bestenfalls werden entsprechende Tools von den Verantwortlichen datenschutzkonform zur Verfügung gestellt. Alternativen sind Open-Source-Tools, die auf europäischen Servern gehostet werden können (z. B. *BigBlueButton* und *Jitsi Meet*).

Zweitens müssen Schülerinnen und Schüler auch geschützt werden, wenn sie zu Hause an schulischen Aktivitäten teilnehmen. Auch Mitglieder einer Klasse oder andere Anwesende im Hintergrund können unberechtigte Aufnahmen machen, Cybermobbing betreiben oder mit Daten verantwortungslos umgehen. Hier können im Rahmen einer Kultur des Datenschutzes nur Rücksicht, Verhaltensregeln und Gesprächskonventionen dabei helfen, ein Bewusstsein für die Rechte aller Lernenden und Lehrenden zu entwickeln. Videokonferenzen zeigen in der Bilanz deutlich, dass Datenschutz nicht allein ein technisches, sondern genauso ein soziales Problem ist.

Der Verein *D64* hat im Frühling 2020 vier Forderungen aufgestellt:
1. Internetzugang und Datenvolumen dürfen unabhängig vom Lernort keine Hürde in der Bildung darstellen und müssen wie Strom und Wasser als Grundversorgung gedacht werden.
2. PCs, Laptops oder Smartphones sind Kulturzugangsgeräte und müssen in der Bildung, wie Bücher oder Taschenrechner, als Grundversorgung verwirklicht werden.
3. Schulen brauchen eine verlässliche Bereitstellung und Pflege der digitalen Infrastruktur sowie Support durch professionelles Personal.
4. Schulen muss im Rahmen des Schulalltags genügend Zeit für Fortbildungen und Schulentwicklung eingeräumt werden.

Videokonferenzen sind von all diesen Forderungen betroffen. Was D64 als Grundausstattung bezeichnet, ist heute noch keine Grundausstattung, sodass Videokonferenz-Formate Schülerinnen und Schüler ohne entsprechende Möglichkeiten benachteiligen. Das gilt auch auf der institutionellen Ebene der Schule, wo es mit den aktuell verfügbaren Ressourcen vielerorts nicht möglich ist, Lehrkräfte didaktisch und technisch zu schulen und Server aufzusetzen, die funktionierende Videokonferenzen in einem legalen Rahmen erlauben.

Videokonferenzen als synchrones Kontrollinstrument oder als mediale Unterstützung für asynchrone Settings

Schule ist stark mit Kontrolle verbunden: Lehrkräfte verbringen im Präsenzunterricht viel Zeit damit, Lernende zu beobachten und ihre Aktivitäten zu kontrollieren, um unter anderem Leistung zu bewerten. Diese muss zur richtigen Zeit am richtigen Ort in der richtigen Lerngruppe mit den richtigen Lernmaterialien und den richtigen Medien erbracht werden. Das ist eine Form von Schulkultur und -tradition, aber auch eine Folge von synchronem Lernen: Weil viele Schülerinnen und Schüler gleichzeitig ähnliche Aktivitäten ausüben, muss man dafür sorgen, dass sie sich gegenseitig nicht dabei stören, und dass sie sich orientieren können, wie das geschehen soll.

Wenn im Distanzlernen oder aus Gründen der Schul- und Unterrichtsentwicklung die Vorgabe wegfällt, dass Lernprozesse in Präsenz stattzufinden haben, dann gibt es zwei Reaktionen darauf:

1. Synchrones Lernen wird mit zusätzlichen Kontrollmitteln beibehalten und zum Standard erklärt. Sichtbar wird das an der Funktion von Stundenplänen im Fernunterricht.
2. Lernen wird als asynchroner Prozess verstanden, bei dem Lernende ihr eigenes Lerntempo einschlagen und Lernaktivitäten mit strukturgebender Unterstützung planen und takten. Synchrone Kommunikation wird als Ausschnitt und mediale Unterstützung des Lernprozesses verstanden.

Wie diese Reaktion ausfällt, ist für Videokonferenzen entscheidend. Im ersten Fall sind sie oft ein Versuch, die Bedingungen des Präsenzunterrichts unter veränderten Umständen beizubehalten. Sie helfen Lehrkräften dabei, Lernaktivitäten der Schülerinnen und Schüler zeitlich aufeinander abzustimmen und sie beim Lernen und Leisten zu beobachten. Der Wunsch nach Kontrolle zeigt sich in der Zahl der Fernprüfungen unter Videokonferenzaufsicht, dem »Remote Proctoring«, das auch an deutschsprachigen Hochschulen eingesetzt wird. Monica Chin beschreibt dystopisch, wie angsteinflößend derartige Leistungsüberprüfungen für viele Studierende in den USA wirken, da verpflichtende Software installiert werden muss,

Computer samt persönlicher Daten überwacht werden und unbekannte Aufsichtspersonen in den privaten Lernbereich gelangen (vgl. Chin 2020). »Proctoring« ist die logische Konsequenz von Videokonferenzen, die Lehrenden dazu dient, die Aufgabenerfüllung von Lernenden zu beobachten, und stellt das extremste Szenario von Kontrolle dar.

Im zweiten Fall eröffnen Videokonferenzen neue Möglichkeiten des Lernens. Beobachten lässt sich das an Teenagern, die zu Hause Arbeiten für die Schule erledigen. Damit sie dabei nicht alleine sind, wählen sie sich in Videocalls mit Freundinnen, Freunden oder Mitlernenden ein und arbeiten so lose verbunden zusammen. Wenn jemand eine Frage oder eine Idee hat, kann das miteinander besprochen werden; die Videokonferenz folgt aber keinem Drehbuch. Sie ist informell und ohne Hierarchie zwischen den Teilnehmenden: Sie beteiligen sich alle freiwillig daran und wissen im Voraus nicht, was passieren wird. Vielleicht leisten sich die Teenager nur Gesellschaft beim Erledigen von Aufträgen, vielleicht entwickeln sie aber auch gemeinsam ein Projekt, führen ein Gespräch über einen Lerngegenstand oder helfen sich gegenseitig beim Lernen, indem sie einander zeigen und erklären, wie sie mit Herausforderungen umgehen. Die Arbeiten müssen in diesem Fall nicht einmal synchron verlaufen – es ist nicht nötig, dass alle dieselben Aufgaben erledigen. Die Videokonferenz dient weder der Überwachung noch der Gleichzeitigkeit; vielmehr erlaubt sie eine soziale Verbindung und Kommunikation.

Didaktik der Videokonferenz: Anregungen für produktive Settings, Anlässe und Funktionen

Die folgende Liste von Zugängen zu einer Didaktik der Videokonferenz ist nicht abgeschlossen, sondern zeigt, wie, ausgehend von Lernprozessen und Lernbeziehungen, Settings gefunden werden können, die nicht mediale, soziale und räumliche Merkmale von Präsenzunterricht auf digitale Plattformen übertragen und die Affordanzen digitaler Medien nicht einseitig zur Kontrolle von Lernenden einsetzen. Daraus ergeben sich auch Antworten auf die Frage, wie die Passivität von Lernenden in Videokonferenz-Settings überwunden werden könnte.

a) Liberating Structures

»I am constantly thinking about how I can create and frame the structural parameters so that participant conversations are focused and yet are allowed to expand and deepen«, sagt Professor Arvind Singhal über seine Seminare (zitiert in Lipmanowicz/McCandless 2013, S. 163). Er verwendet eine Methode, die »Liberating Structures« heißt. Im dritten Kapitel betonen die Autoren, ihre Methode helfe Schülerinnen und Schülern, zu verstehen, wie sie interagieren, arbeiten und kollaborieren können (ebd., S. 63). »Liberating Structures« ist ein didaktischer Zugang zu Videokonferenzen, der sie als wesentliches Element für das Lernen und den Austausch von Lernenden versteht. Einerseits kann die Liste mit 33 Liberating Structures als Fundgrube für Methoden verwendet werden, die sich in Videokonferenz-Settings produktiv einsetzen lassen – andererseits gehen Liberating Structures über die spezifische mediale Affordanz von Videokonferenzen hinaus und schaffen einen Rahmen für eine Lernkultur, in der es selbstverständlich ist, didaktisch sinnvolle Formen der digitalen Interaktion einzusetzen.

Wie funktionieren Liberating Structures? Im Sinne einer Strukturanalyse nehmen sie bei der Evaluation von Methoden folgende Aspekte in den Blick: Die Einladung zu einer Aktivität, die Gestaltung eines Raumes und die benötigten Materialien, die Einbindung der Teilnehmenden, die Gruppenbildung sowie den Ablauf und die Dauer einzelner Phasen. Konventionelle Formate wie Vorträge oder offene Klassengespräche führen entweder zu starker Kontrolle des Ablaufs oder zu fehlender Strukturierung.

Der Ausgangspunkt von »Liberating Structures« trifft damit ein zentrales Problem von Videokonferenzen, wenn sie Präsenzunterricht zu ersetzen versuchen: Entweder übt die Lehrkraft zu viel Kontrolle aus oder sie erwartet eine Teilnahme der Schülerinnen und Schüler, ohne ihnen Struktur anzubieten.

Die 33 Methoden, die den Liberating Structures-Pool ausmachen, verteilen die Kontrolle über eine Sitzung an alle Teilnehmenden und erlauben ihnen mitzubestimmen, wie die weitere Arbeit aussieht. Das Beispiel »1-2-4-all«l kann verdeutlichen, wie die Methoden funktionieren. [1]

1. Am Anfang steht eine Herausforderung, ein Problem oder eine Frage (Wichtig sind bei »Liberating Structures« Ausgangspunkte, bei denen unterschiedliche Perspektiven hilfreich sind, es darf nicht eine klare Antwort oder Lösung geben, die Teilnehmende möglicherweise schon kennen). Nehmen wir an, es geht in dieser Sequenz um ein neues Unterrichtsthema, das mit einer Folie oder einem Handout vorgestellt wird.
2. Zuerst arbeiten alle Lernenden alleine, eine Minute lang. Sie überlegen sich, was sie an diesem Thema interessant finden (Eine zentrale Einsicht von »Liberating Structures« besteht darin, dass stilles Nachdenken in Lernstrukturen untergebracht werden muss).
3. Dann diskutieren die Lernenden zu zweit zwei Minuten lang einen Aspekt, der sie interessiert.

---

1   https://www.liberatingstructures.de/liberating-structures-menue/1-2-4-all/.

4. Darauf diskutieren sie vier Minuten lang in Vierergruppen Gemeinsamkeiten und Unterschiede zwischen den Aspekten, die sie interessieren.
5. Im Plenum stellt jede Gruppe dann eine Idee vor, die sie besonders bemerkenswert fand (diese Phase dauert fünf Minuten).

Die Zeiten sollten möglichst strikt eingehalten werden – wenn die Lerngruppen mehr Zeit brauchen, ist eine zweite Runde sinnvoller als eine Verlängerung der Phasen. »1-2-4-all« eignet sich sehr gut für Videokonferenzen und zeigt, wie Videokonferenzen produktive Settings bereichern: Nämlich dann, wenn abwechslungsreiche Interaktion möglich ist, welche für den Unterricht nicht entbehrlich, sondern konstitutiv ist. Eine Voraussetzung ist hier, dass Gruppenräume zur Verfügung stehen und die Handhabung unkompliziert ist, besonders für die Zweier- und Vierergruppen. So entsteht eine Sequenz, die

- nur 15 Minuten dauert
- von der Lehrkraft inhaltlich nicht mit einem Drehbuch vorbereitet werden muss
- alle Schülerinnen und Schüler aktiviert
- die Vorbereitung der nächsten Lernphase an die Lernenden überträgt

»Liberating Structures« geht in diesem Beispiel von einer strukturierenden Aufgabe der Lehrkraft aus. Es handelt sich aber um einen emanzipatorischen Ansatz, der Lernende befähigt, mit den Strukturen selbstbestimmt und demokratisch über Methoden, Didaktik und Lernen nachzudenken. Der »Talking Stick«, der in mehreren »Liberating Structures«-Settings eine Rolle spielt, illustriert das: Wer den Stecken (einen Kugelschreiber oder ein digitales Symbol) hat, darf sprechen und gibt mit dem »Talking Stick« das Rederecht weiter. So wird deutlich, dass alle eine Verantwortung für das Rederecht haben und es gemeinsam verwaltet wird – im Gegensatz zu Schulsettings, in denen die Lehrkraft bestimmt, wer wie lange reden darf. »Liberating Structures« sind oft so gestaltet, dass es wichtig ist, von allen zu hören, alle reden zu lassen und allen zuzuhören. Videokonferenzen scheitern oft daran, dass wenige aktiv, viele aber passiv sind. Ein Zugang über »Liberating Structures« lässt das nicht zu – in einem ersten Schritt nicht, weil die Lehrkraft in der Liste Methoden findet, welche die Partizipation erhöhen, in einem zweiten Schritt, weil die Lernenden durch die Liberating Structures erfahren, dass sie mitbestimmen können, wie Lernsettings gestaltet werden.

b) Beziehungsarbeit und informeller Austausch

Die Häufigkeit von Videocalls in der Zeit des Fernunterrichts im Frühling 2020 hat nicht nur im schulischen Umfeld gezeigt, dass und wie Videokonferenzen dabei helfen können, Beziehungen zu stärken, wenn Treffen in physischen Räumen nicht oder schwer möglich sind. Wie das einleitende Beispiel von lose gemeinsam lernenden Schülerinnen und Schülern gezeigt hat, sind in diesem Zusammenhang gerade auch informelle Formate wichtig.

Ein informelles Format kann man sich in Bezug auf eine AG oder ein freiwilliges Thema wie folgt vorstellen: Interessierte treffen sich in einer Videokonferenz, um gemeinsam etwas zu tun, was nicht die Videokonferenz selber ist. Denkbar ist, sich gemeinsam einen Film, einen Vortrag oder eine Live-Übertragung anzusehen, eine Tanzchoreografie einzuüben, Schach zu spielen, ein LED-Display zu löten, sich in einer Fremdsprache zu unterhalten, Rätsel zu lösen etc. Die Videokonferenz hat dabei die Funktion eines Second-Screens und stellt einen Gesprächsraum zur Verfügung. Lehrkräfte können selber auch an den Aktivitäten teilnehmen oder in beratender Funktion Schülerinnen und Schüler begleiten und ihnen Hilfe anbieten, wenn das nötig ist.

Ausgehend von diesem informellen Gesprächsraum unter Interessierten können formalere Angebote beschrieben werden:
1. Eine offene Sprechstunde für alle, die gerne Fragen zu einem Thema oder einem Lernschritt besprechen möchten
2. Verbindliche Besprechungen mit Arbeitsgruppen, um eine Reflexion des Lernprozesses zu ermöglichen und Unterstützung bei der Selbstregulation anzubieten
3. Übungs- und Trainingsphasen, in denen Lehrkräfte die Schülerinnen und Schüler beim Lösen von Aufgaben oder beim Einüben von Fertigkeiten begleiten und unterstützen
4. freie Gesprächsphasen vor und nach geplanten Videocalls (z. B. mit Liberating Structures), bei denen Interessierte auf freiwilliger Basis Vor- und Nachbesprechungen abhalten können
5. Lektüregruppen, die mit oder ohne Lehrkraft einen Schultext und ihre Eindrücke davon besprechen
6. Klassenstunden, in denen in Anwesenheit der Klassenlehrkraft oder anderer Mentoren oder Mentorinnen organisatorische Dinge geklärt werden, die die gesamte Klasse betreffen, aber unabhängig vom Lernen sind

Entscheidend ist in informellen wie formalen Angeboten, dass Lernen und Beziehungsarbeit verknüpft werden. Die Lernenden lernen einander und die Lehrenden besser kennen, stärken die Klassengemeinschaft, bauen Vertrauen auf und finden für sie individuell passende Formen der Zusammenarbeit und der Unterstützung beim Lernen. So entsteht, begleitet durch Klassenlehrkräfte und andere Mentorinnen oder Mentoren, eine Lerngruppe, die Lernprozesse wirksam organisieren kann. Videokonferenzen bedeuten damit nicht Zwang oder Kontrolle, sondern stellen ein Angebot dar, medial näher bei einer anderen Person zu sein und sich so unterstützen zu lassen.

c) Präsentation von Lernergebnissen und Lernprodukten

In asynchronen Lernphasen erarbeiten Lernende oft Lernprodukte, gerade wenn diese in projektorientierten Formen durchgeführt werden können. Im Projektlernen (vgl. Rosa 2016, S. 20) ist die Präsentation von Lernprodukten eine entscheidende Phase, um erstens die Reflexion über den Projektverlauf zu vertiefen, zweitens Feedback der anderen Lernenden einzuholen und drittens Wertschätzung für die geleistete Arbeit zu erhalten. Videokonferenzen können und sollen dazu verwendet werden, Schülerinnen und Schülern den Raum zu geben, ihre Lernergebnisse vorzustellen und zu diskutieren. Auch hier gilt: Nur in sinnvollen Formaten gelingt es, die Aufmerksamkeit und das Engagement einer Lerngruppe hochzuhalten. Hier ist der Verweis auf »Liberating Structures« noch einmal angebracht, weil es in der Methodensammlung Verfahren gibt, mit denen sich Präsentations- und Reflexionsprozesse verbinden lassen (z. B. »What, So What?, Now What?«).[2]

Generell kann die Präsentation von Lernergebnissen auch für Lernprozesse ohne Projektanteil in Videokonferenzen durchgeführt werden. Lernende zeigen, wie sie Aufgaben gelöst haben, was sie sich überlegt haben und wie sie Probleme bearbeitet haben. Sie erhalten darauf Feedback – nicht nur von Lehrenden, sondern auch von Peers. Dadurch denkt eine Kursgruppe über ihre Bearbeitungen nach, ist in Videokonferenzen aktiv und bezieht sich auf die konkreten Lernprozesse. In diesem Sinne können auch mündliche Prüfungen verstanden werden: Videokonferenzen ermöglichen hier, dass Lernende ihren Lernstand vorführen und von Lehrenden eine Rückmeldung oder eine Bewertung erhalten können.

d) Planung und Reflexion asynchroner Lernprozesse

Asynchrone Lernprozesse bedingen, dass Lernende im eigenen Rhythmus Lernschritte bewältigen können und somit keine unmittelbare Rückmeldung wie im Unterricht erfolgen muss. Dazu entwickeln sie eine Reihe von Lernaktivitäten, bei denen sie in der Lerngruppe keine synchronen Sequenzen durchlaufen, aber durchaus intensiv miteinander interagieren. Die Flexibilität und damit die Freiheit im individuellen Lernprozess werden erhöht.
- Diese Lernprozesse müssen mit Lernenden geplant und transparent gemacht werden. Dabei spielen verschiedene Aspekte eine Rolle:
- Wie sind die Lernausgangslage und die Vielfalt innerhalb der Lerngruppe zu berücksichtigen?
- Wie viel Zeit nehmen einzelne Aspekte in Anspruch?

---

2   https://www.liberatingstructures.de/liberating-structures-menue/what-so-what-now-what/).

- Welche Ziele sollten erreicht, welche Kompetenzen erworben werden?
- Wie kann die Zielerreichung bzw. der Kompetenzaufbau überprüft werden?
- Welches Material ist sinnvoll und wie können lernförderliche Fragestellungen lauten?
- Welche Lernprodukte entstehen, wie werden sie präsentiert, mit Feedback versehen und bewertet?
- Welche Formen von Interaktion sind möglich, welche Formen nötig?
- Welche Gerüste brauchen Lernende, um sich im Lernprozess orientieren zu können (»Scaffolding«)?

Videokonferenzen können bei der Planung asynchroner Phasen für alle diese Aspekte eine Rolle spielen. In einem formalen, verpflichtenden Sinne können in Videokonferenzen die Regeln und Abläufe für bevorstehende Lernphasen erklärt und diskutiert werden – ähnlich ist auch eine Auswertung und Reflexion als Abschluss denkbar. Zusätzlich können, wie in Abschnitt b) erklärt, informelle Angebote Lernenden dabei helfen, Klarheit über die zu leistenden Lernaufgaben zu erhalten. Sie können sich mit Videokonferenzen untereinander und mit Lehrkräften vernetzen.

Zusammenfassung: Haltungen und Lernsettings im Umgang mit Videokonferenzen

In der einleitenden Grafik wurden Videokonferenzen als synchrones Medium beschrieben. Die Diskussion des didaktischen Einsatzes von Videokonferenzen hat gezeigt, dass die Lernsettings und pädagogischen Haltungen, in denen Videokonferenzen eingesetzt werden, differenziert werden können.

Es ergeben sich vier prototypische Szenarien für die Verwendung von Videokonferenzen im Unterricht, denen zwei zentrale Basiskoordinaten zugrunde liegen:

1. Wissensvermittlung und Leistungsbewertung (Kontrolle) vs. Lernen durch Kollaboration (Vertrauen und Freiheit)
2. asynchron (mehrdimensional) vs. synchron (eindimensional)

Die folgende Darstellung zur Verdeutlichung möglicher Szenarien ist zugespitzt, beschreibt extreme Versionen von Haltungen sowie Lernsettings und erhebt keinen Anspruch auf Vollständigkeit. Sie dient dazu, sehr unterschiedliche Richtungen des Einsatzes von Videokonferenzen im Kontext des Lernens zu beschreiben, Klarheit zu schaffen und eine Reflexion über Konsequenzen zukünftiger Unterrichtsentwicklung zu ermöglichen.

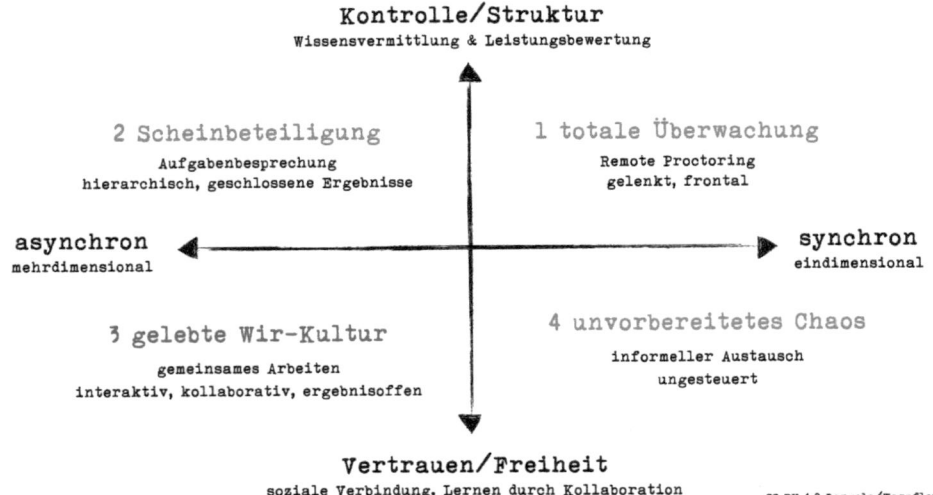

Abb. 2: Einsatzmöglichkeiten von Videokonferenzen

Szenario 1 – Die totale Überwachung: »Remote Proctoring«

Videokonferenzen werden zur Wissensvermittlung und vor allem zur Leistungsbewertung synchron erbrachter Beiträge genutzt. Der Unterricht ist lehrerinnen- und lehrerzentriert geplant, wird vorstrukturiert durchgeführt und hat festgelegte Ergebnisse. Die extremste Form der Kontrolle dieses Lernsettings ist das »Remote Proctoring«, die Fernprüfung unter Videokonferenzaufsicht. Schülerinnen und Schüler schreiben Klassenarbeiten oder Klausuren zu Hause und werden mit einer Kamera durch eine vielleicht sogar fremde Person oder eine Maschine in Echtzeit beobachtet. Die Lernenden sind verpflichtet, den Bildschirm auf ihrem privaten Rechner freizuschalten und von der Aufsichtsperson überwachen zu lassen.

Im System etablierte Unterrichts- sowie Prüfungspraxis, mangelndes Vertrauen und ein befürchteter Kontrollverlust auf der Seite der Lehrenden verwandelt die Videokonferenz dabei in einen Nürnberger Trichter, mit dem Wissen vermittelt werden kann, oder aber in ein Fernglas, das Täuschungsversuche verhindern soll. Das Potenzial asynchroner Lernsettings wird dabei nicht ausgeschöpft.

Szenario 2 – Scheinbeteiligung: Aufgabenbesprechung

Videokonferenzen werden zur Wissensvermittlung und Leistungsbewertung synchron und asynchron erbrachter Beiträge genutzt. Der Unterricht ist stark gelenkt und dient der Besprechung von Aufgaben. Es werden zum Beispiel eindeutige Lösungen geschlossener Übungen, Zuordnungsaufgaben oder Lückentexte, die von den Lernenden in asynchronen Phasen angefertigt wurden, verglichen und besprochen. Die Lehrperson hat durch entsprechende Voreinstellungen das alleinige Recht, den Bildschirm zu teilen und die Mikrofone der Teilnehmenden zu aktivieren oder zu deaktivieren.

Fehlendes didaktisches Wissen und mangelnde Erfahrung mit Videokonferenzplattformen, interaktiven Methoden und kollaborativen Tools verursachen Unsicherheiten bei allen Teilnehmenden. Lehrkräfte berichten von passiven und müden Lernenden, während sie Videokonferenzen als enorm anstrengend und wenig wirksam erfahren. Sie befinden sich bei der Planung des Unterrichts im Spannungsfeld, die Kontrolle über die Lerngruppe in einer Videokonferenz nicht verlieren zu wollen, aber gleichzeitig die Lernsituation stärker den Bedürfnissen der Lernenden anzupassen.

Der Versuch, Aufgaben asynchron zu erteilen oder auch vorab Instruktionen in Form von Erklärvideos zur Verfügung zu stellen, berücksichtigt den asynchronen Lernprozess und gibt den Schülerinnen und Schülern die Möglichkeit entsprechende Angebote zu einem selbst gewählten Zeitpunkt wahrzunehmen und im Anschluss in der Videokonferenz einen Redebeitrag zu erhalten. Die Aufgabenformate bleiben dabei aber geschlossen und haben ein vorher festgelegtes Ergebnis. Lernende müssen sich kritiklos an die vorgegebenen Regeln halten und dürfen das Vorgehen nicht hinterfragen. Beteiligung ist nur sehr gelenkt erlaubt und das Potenzial interaktiver Tools wird nicht ausgeschöpft, um Disziplinproblemen vorzubeugen.

Szenario 3 – Gelebte Wir-Kultur: gemeinsames Arbeiten

Videokonferenzen werden vor allem zum Lernen durch Kollaboration sowie zur sozialen Verbindung miteinander genutzt. Das Szenario wird durch gemeinsames Arbeiten sowie einen Austausch mit und unter Lernenden bestimmt und manifestiert sich in einer strukturgebenden Situation mit ergebnisoffenem Ziel. Die synchrone Kommunikation berücksichtigt asynchrone Phasen und dient der medialen Unterstützung des gesamten Lernprozesses.

Methoden wie »Liberating Structures«, interaktive Tools wie digitale Pinnwände oder kollaborative Textdokumente, *Breakoutrooms* und die Chatfunktion in der Videokonferenz werden gemeinsam genutzt. Einheiten werden kurz gehalten (max. 30 bis 45 Minuten) und teilweise auch in Partnerinnen- und Partner- oder Kleingruppenarbeiten durchgeführt, bei denen die Lehrperson nicht unbedingt (durchgehend) anwesend sein muss. Schülerinnen und Schüler haben die gleichen Rechte bei der Bedienung des Videokonferenztools wie die Lehrperson, sodass alle Teilnehmenden den Bildschirm freigeben oder Mikrofone aktivieren oder muten dürfen. Verbindliche Regeln und Gesprächskonventionen sind transparent, werden gemeinsam entwickelt und organisieren das Rederecht beispielsweise methodisch begleitet.

Lehrkräfte, die Videokonferenzen als mediale Unterstützung von asynchronen Lernprozessen durchführen, verfügen nicht nur über die nötige Medienkompetenz, sondern auch über mediendidaktische Kompetenz und verstehen, warum die Gestaltung von lernförderlichem und zeitgemäßem Unterricht im Kontext der Bildung unter den Bedingungen der Digitalität gesehen werden sollte (vgl. Krommer 2019). Die Lehrenden haben positive Erfahrungen und Sicherheit im Umgang mit digitaler Kommunikation und Kollaboration als Teil der 4K (vgl. Mihajlović 2019). Sie zeigen darüber hinaus die Bereitschaft, lebenslang zu lernen sowie den einhergehenden Kontrollverlust asynchroner Lernsettings anzunehmen. Weil sie ihre Rolle eher beratend und begleitend verstehen, sind sie in offenen Sprechstunden erreichbar und auch über asynchrone Kommunikationskanäle wie Mails oder Chats verlässlich ansprechbar.

Das skizzierte Szenario ermöglicht den Schülerinnen und Schülern Videokonferenzen als eine wertvolle synchrone Unterstützung des gesamten Lernprozesses zu erfahren und die Lernangebote ansonsten zu einem selbst gewählten Zeitpunkt wahrzunehmen. Sie erhalten Hilfe und Unterstützung zur Selbstregulation ihres individuellen Lernprozesses und Raum für ihre Fragen und Ideen zur Planung und Reflexion des selbstbestimmten Lernens. Die ergebnisoffene Präsentation asynchron angefertigter Lernprodukte und der Einsatz von interaktiven Methoden und Tools ermöglicht zielgerichtetes (Peer-)Feedback, das sich sowohl auf Ergebnisse als auch auf das Lernarrangement selbst beziehen kann. Wenn offen geäußerte Kritik seitens der Lernenden von der Lehrkraft als Ressource wahrgenommen wird, kann das Lernen gemeinsam evaluiert, gestaltet und bei Bedarf an die individuellen Voraussetzungen angepasst werden.

Aus der Videokonferenz ausgelagerte Aufgaben oder auch asynchron erfolgendes Feedback durch Audiofiles, interaktive Videosequenzen, (multimediale) E-Books, Kanban-Boards oder digitale Pinnwände begünstigen die optimale Potenzialentfaltung der synchron erforderlichen Kommunikation. Die Videokonferenz kann dann nebst der Präsentation von Lernprodukten auch als Ausgangspunkt für die Entwicklung gemeinsamer Fragestellungen offener Aufgabenformate zu einem bestimmten Gegenstand fungieren.

Durch die Vereinbarungen und Absprachen zur Begleitung bzw. Vor- oder Nachbereitung des Lernprozesses erfahren Schülerinnen und Schüler etwas darüber, wie Lernsettings gestaltet werden und funktionieren. Ohne vorgegebene Verbote übernehmen sie gemeinsam die Verantwortung für Verhaltensregeln und Gesprächskonventionen sowie das Gelingen des eigenen Lernens.

Videokonferenzen, die Lernende alleine mit einem Partner oder einer Partnerin bzw. in Kleingruppen durchführen, können selbst gewählt oder von der Lehrperson in Auftrag gegeben werden. Wenn ein solches Szenario nicht nur dem Zeitvertreib oder der sozialen Verbindung dienen soll, braucht es klare Strukturen und gegebenenfalls auch Methoden der Zusammenarbeit, um nicht zu scheitern, sondern kollaborativ etwas zu organisieren oder gezielt an etwas zu arbeiten, das den asynchronen Lernprozess betrifft. Schülerinnen und Schüler können so beispielsweise in agilen Projekten zu gegenseitigen Ansprechpartnerinnen und Ansprechpartnern werden, Peerfeedback geben und sich beim Lernen unterstützen und ergänzen.

Es gibt Lernende, die so viel Freiheit ablehnen oder auch nicht gerne im Team, sondern lieber alleine arbeiten möchten. Sie bevorzugen vorgegebene Regeln und möchten kleinschrittig von einer Lehrkraft geführt werden. Sie sind vielleicht durch die Haltung anderer Lehrkräfte oder auch das Schulsystem geprägt, in welchem sie sozialisiert wurden. Auch der Wunsch nach der gezielten Vorbereitung auf eine anstehende Prüfung kann Grund für Ablehnung sein. Betroffene stellen sich dann die Frage, was gemeinsames Arbeiten und Herstellen von kollaborativen Lernprodukten bringt, wenn das herkömmliche Prüfungsformat dann doch nur die isolierte Leistung synchron und ohne Kommunikation oder Kollaboration durch digitale Vernetzung bewertet. Außerdem kann es passieren, dass Lehrkräfte im existierenden System nicht die nötige Zeit investieren können, um sich um die Unterstützung jedes individuellen Lernprozesses zu kümmern.

Szenario 4 – Unvorbereitetes Chaos: informeller Austausch

Videokonferenzen werden vor allem zur sozialen Verbindung miteinander und ansatzweise zum Lernen durch Kollaboration und Gemeinschaftlichkeit genutzt. Das Szenario wird bestimmt durch informellen Austausch und manifestiert sich in einer ungesteuerten Situation ohne geplante Struktur oder vorgegebenes Ziel. Schülerinnen und Schüler sprechen über Inhalte, die unabhängig vom asynchronen Lernprozess sind, den sie gerade durchlaufen. Teilnehmende können kommen und gehen, wann sie möchten, da es keine verbindlichen Regeln oder gar eine Aufsichtsperson gibt. Die extremste Form der Freiheit in diesem Lernsetting würde je nach Anzahl und Verhalten der Teilnehmenden im Chaos enden und jeglichen Lernprozess scheitern lassen.

Wenn Lehrkräfte die Planung von Videokonferenzen unterschätzen, Anlässe und Funktionen von synchronen Einheiten schlecht oder gar nicht definieren und sich planlos sowie unvorbereitet mit einer Lerngruppe online verbinden, endet dies meist in wenig effektiven und unübersichtlichen Situationen. Häufig findet sich dieses Szenario in nur kurzen Phasen, die vor Beginn oder nach einer geplanten Videokonferenz auftauchen und von der Lehrkraft teilweise absichtlich zur informellen Beziehungsarbeit früher geöffnet oder offengelassen werden. Lernende selbst initiieren diese Form der synchronen Kommunikation eher zum Zeitvertreib und aufgrund der sozialen Verbindung im Sinne von »Study with me«.

Alle beschriebenen Szenarien beziehen sich im Kern auf Videokonferenzen, die von den Mitgliedern einer etablierten Lerngruppe mit oder ohne Lehrkraft durchgeführt werden. Externe Lernpartnerinnen und -partner oder geladene Gäste, die zugeschaltet werden können, wurden dabei nur beim »Remote Proctoring« berücksichtigt. So ist es aber auch möglich, die Expertise von Fachleuten einzubinden oder sich mit Schülerinnen und Schülern aus einem fremden Land oder vertrauten Personen zu verbinden, um die Kommunikation für den Lernprozess wahrzunehmen oder für einen informellen Austausch zu nutzen. Auf Basis der Grafik lassen sich Funktionen von Videokonferenzen mit externen Gästen ähnlich durchspielen: Fremde werden zur Kontrolle als Aufsichtspersonen eingesetzt, Gäste aus dem Familienkreis schauen bei einer von der Lehrkraft vorgegebenen Präsentation zu, Schülerinnen und Schüler interviewen eine Expertin aufgrund eigener Fragen, oder zufällig von einem Algorithmus ausgesuchte Personen versuchen sich in informeller Kommunikation ohne vorgegebenes Ziel.

Was Videokonferenzen für Schulen generell möglich machen

Schulische Videokonferenzen vor Corona

Schon in der Zeit vor den Schulschließungen im Frühling 2020 gab es den erfolgreichen Einsatz von Videokonferenzen zur Öffnung von Bildungsinstitutionen und Präsenzveranstaltungen, um traditionelle Settings zu innovieren. Nicht nur in Australiens Outback, in Skandinavien oder an amerikanischen Bildungseinrichtungen werden Unterrichtsstunden und Schulmauern durch digitale Medien geöffnet. Im Folgenden sollen einige Beispiele genannt werden, die keinen Anspruch auf Vollständigkeit haben, aber dazu dienen, einen Überblick über den Verwendungszweck von Videokonferenzen vor Corona zu geben und vor allem auch dafür zu sensibilisieren, was Videokonferenzen generell für Schulen möglich machen.

1. School of Distance Learning für deutsche Inselkinder

Für den Besuch eines Gymnasiums mussten Schülerinnen und Schüler der deutschen Nordseeinseln früher auf dem Festland auf ein Internat gehen. Seit Ende des Jahres 2012 können sie mithilfe des Einsatzes von Videokonferenzen in der »School of Distance Learning« des Landes Niedersachsen in einem virtuellen Schulverbund mit dem Internatsgymnasium Esens auf dem Festland lernen und auf den Inseln bleiben (vgl. hierzu und zum Folgenden sdln.de). Alle Inselschulen sind mit Videoklassenzimmern ausgestattet und auch untereinander verbunden, sodass das Fächerangebot deutlich vergrößert und der Kosten- und Reiseaufwand deutlich minimiert werden konnte. Eine Klasse setzt sich dann »unter Umständen aus Schülern vor Webcams auf den verschiedenen Inseln zusammen« (Muuß-Merholz 2019, S. 36). Neben dem Unterricht werden Videokonferenzen auch für die Elternarbeit und die Vernetzung der Kolleginnen und Kollegen untereinander eingesetzt.

2. Internationaler Austausch: #GLASKonzept und #MysterySkype

Im Jahr 2010 startete das #GLASKonzept, bei dem Fremdsprachenunterricht für authentische Kommunikation und internationalen Austausch zwischen einer deutschen und einer niederländischen Schule durch Videokonferenzen geöffnet wurde (vgl. hierzu und zum Folgenden: Langela-Bickenbach 2015). Das #GLAS-Konzept wurde nach mehreren Durchläufen im Jahr 2018 mit dem ersten Platz des Deutschen Lehrerpreises in der Kategorie »Unterricht innovativ« ausgezeichnet. Das innovative Element des Konzeptes liegt eher nicht in den Videokonferenz-stunden selbst, sondern in der Tatsache, dass diese Teil eines größeren Lernsettings sind, bei dem diverse Kommunikationskanäle zur Zusammenarbeit in einem asynchronen Lernsetting kombiniert werden. Schülerinnen und Schüler können die Videokonferenzen als eine Form der gezielten medialen Begleitung des Lernprozesses nutzen und erhalten dadurch eine Grundlage für durchgängigen Austausch, interkulturelle Handlungskompetenz und nachhaltige Kommunikation sowie Kollaboration in der Fremdsprache. Das nachfolgend entwickelte Konzept #GLAS2go nimmt die individuelle Videokonferenz in den Blick und macht diese auch für den Fernunterricht möglich.

Auch das Format #MysterySkype verbindet Schulklassen aus verschiedenen Ländern und mit unterschiedlicher Muttersprache über Videokonferenz für kulturellen Austausch und gemeinsames Lernen (vgl. education.skype.com). Die Schülerinnen und Schüler wissen zuvor nicht, wo sich die andere Klasse befindet und haben die Aufgabe, dies über Fragen und mit digitalen Medien vor allem im Erdkunde- und Geschichtsunterricht nach und nach herauszufinden. Auf einer begleitenden Plattform können Lehrkräfte potenzielle Partnerinnen und Partner auch für einmalige Videokonferenzsessions finden und Kontakt aufnehmen.

3. Zuschaltung externer Gäste

Neben der Möglichkeit, sich mit gleichaltrigen Mitlernenden zu verbinden, gibt es auch Beispiele für Videokonferenzen mit externen Gästen, die über eine bestimmte Expertise verfügen. Die 2018 entstandene Plattform *Ring-a-Scientist* ver-

mittelt beispielsweise Wissenschaftlerinnen und Wissenschaftler, die über Video-
konferenz in den Unterricht kommen, um z. B. Vorträge zu halten oder Fragen der
Schülerinnen und Schüler zu ihrem Fachgebiet zu beantworten. Denkbar ist jede
Art von Gastsprecherinnen und Gastsprechern sowie Bildungspartnerinnen und
Bildungspartner. Ein ausführlicher Bericht über das Interview mit dem Autor Sar-
faz Manzoor aus dem Jahr 2013 findet sich zum Beispiel bei Peter Bühler (2013).

Erfahrungen während Corona

Während erste Ideen Videokonferenz als Ersatz für Präsenzunterricht konzipiert
haben (Vogel 2020) und Publikationen die Konzeption von Videokonferenzen
weitgehend am Verlauf traditioneller Unterrichtsphasen ausgerichtet haben (vgl.
exemplarisch Senftleben 2020), rückten parallel dazu kritische Stimmen vor allem die völlig unterschiedlichen technischen, familiären und räumlichen Voraussetzungen der Lernenden zu Hause in den Fokus. Das Potenzial asynchroner
Lernprozesse gewann an Bedeutung: Eine Videokonferenz sollte vor allem der Beziehungsarbeit dienen und bestenfalls nur so viel wie nötig in einem asynchron
angelegten Lernsetting auftauchen (vgl. hierzu die im ersten Teil des Bandes abge-
druckten Impulse). Offene und fächerverbindende Projektarbeit sollte im Gegensatz zu kleinschrittigen Übungen der Grundmodus des Distanzlernens sein.

Jede einzelne Lehrkraft steht vor der Herausforderung, im Distanzlernen die
richtige Balance zwischen Kontrolle und Freiheit zu finden. Projektorientiertes Lernen geht mit Kontrollverlust einher, der durch die Distanz noch verstärkt
wird. Der Lernprozess muss gut vorbereitet und begleitet sein, damit er gelingen
kann. Besonders wichtig in diesem Zusammenhang ist, weder durch mangelnde
Strukturangebote Orientierung beim Lernen zu verhindern, noch durch Kontrolle
selbstbestimmte Arbeitsformen und Problemorientierung beim Lernen zu verun-
möglichen.

Auf Basis der gemachten Erfahrungen im Fernlernen und im Hinblick auf die
zukünftige Unterrichtsentwicklung sollte daher genau reflektiert werden, zu welchem Anlass und mit welcher Funktion Videokonferenzen gestaltet und eingesetzt
werden.

Anregungen für die Zukunft

Um Videokonferenzen im Distanzlernen und darüber hinaus produktiv einzusetzen, können sie als mediale Unterstützung eines asynchron angelegten Lernprozesses geplant und durchgeführt werden. So eingesetzt unterstützen Videokonferenzen den selbstgesteuerten Lernprozess der Schülerinnen und Schüler, indem

eine Kultur der Partizipation erfahrbar gemacht wird. Anja C. Wagner formuliert diesen Gedanken in ihrer Sammlung von Tipps für den Fernunterricht in Bezug auf eine Morgenroutine:

In einem bestimmten kurzen Zeitfenster kommen alle zusammen, um den sozialen Verbund zu stärken. Hier reicht vermutlich ein Messenger-Kanal, um Begrüßung, Status Quo, Tages- oder Wochenplanung, Stand der Arbeiten auszutauschen und gute Laune zu verbreiten. Ich weiß, andere meinen, Echtzeit-Kommunikation wäre zuviel Stress für einige in der jetzigen Situation. Wir denken, es ergibt eine Struktur für den Tag, die viele jetzt in dieser Übergangszeit benötigen, bis sie selbstbestimmt und selbstorganisiert ihre Wochentage komplett alleine gestalten können. (Wagner 2020)

Schon bei der Gestaltung von Lernsettings ist es möglich, in Ansätzen demokratische Prozesse und Teilhabe abzubilden, sodass Schülerinnen und Schüler den Raum erhalten, Gemeinschaftlichkeit mitzugestalten. Für Dejan Mihajlović (vgl. auch seinen Beitrag in diesem Band) gilt Folgendes: »Die Kernvoraussetzungen erfolgreicher Partizipation im digitalen Wandel bleiben eine Schulleitung und ein Kollegium, die einen Beteiligungsprozess wünschen und moderieren. Beteiligung ist kein Selbstläufer, für den nur Räume geschaffen werden müssen. Beteiligung muss wie Mathe und Englisch gelernt werden« (Mihajlović 2019, S. 200). Videokonferenzen, die auf einem solchen Verständnis basieren, unterstützen daher konstruktives Lernen, sind problemorientiert angelegt und geben persönlichen Sinn. Als Teil eines verbindlichen und asynchronen Lernprozesses, können junge Menschen so mit Medien handeln und dürfen ausprobieren, sich später in einem solchen Kommunikationsraum zu bewegen und Gesellschaft mitzugestalten. Um den Wert von Vernetzung zu erfahren, kann auch das Fernlernen in agilen Projekten kollaborativ organisiert sein und bei Bedarf (externe) Lernpartnerinnen und Lernpartner oder Fachleute durch synchrone Kommunikation mit einbeziehen. In den Videokonferenzen selbst lernen Schülerinnen und Schüler bei der gemeinsamen Festlegung und Reflexion über Regeln und Gesprächskonventionen selbstbestimmt und demokratisch über Methoden, Medien und Lernen nachzudenken.

Was bedeutet dies aber nun für die Weiterentwicklung der Prüfungskultur – und kann ein Thema, das genuin der Kontrolle dient, überhaupt freier, kollaborativer und selbstbestimmter für die Lernenden gedacht werden?

Den Lackmustest zeitgemäßer Bildung bestehen Prüfungsformate nur dann, wenn sie den Schwerpunkt nicht mehr auf Kontrolle und Überwachung, sondern auf Vertrauen und Verantwortung legen. Dieser Paradigmenwechsel wird nicht einfach sein, denn alle Beteiligten sind im Rahmen eines Schulsystems sozialisiert worden, das Prüfungen ganz selbstverständlich an Präsenz und Kontrolle knüpft. (Dreier/Krommer/Nölte/Schmitz 2020)

Wie in der Grafik (Abb. 2) abgebildet, bewegt sich die Leistungsbewertung in Videokonferenzen im Sinne des »Remote Proctoring« im ersten Quadranten der Kontrolle und Synchronität. Der folgende Ausblick ist ein Beitrag zur Diskussion über alternative Prüfungsformate, die mit Unterstützung von Videokonferenzen umgesetzt werden können. Diese sind im dritten Quadranten zu verorten, basieren auf Vertrauen und lassen Lernprodukte aus dem asynchronen Lernprozess (zum Beispiel kollaborativ erstellte Texte, Erklärvideos, Podcasts, Portfolios, Projektarbeiten, Lerntagebücher, Blogbeiträge, E-Books usw.) wirksam werden.

Lernprodukte, die in asynchronen Lernphasen nach eigenem Tempo und freier Auswahl angewandter Medien und sonstiger Hilfsmittel angefertigt wurden, können in einer Videokonferenz präsentiert werden und (Peer-)Feedback erhalten. Wenn diese in einem zweiten Schritt auch für eine Leistungsbewertung herangezogen werden sollen, stellen sich folgende Fragen: »Wie stellt man die Eigenständigkeit der erbrachten Leistung sicher? Wie unterbindet man Betrugsversuche, wenn die in Präsenz bekannten Formen der Kontrolle nicht mehr greifen?« (ebd. 2020), und auch welche Merkmale Videokonferenzen haben sollten, die alternative Prüfungsformate wirksam werden lassen können. Dreier et al. betonen in diesem Zusammenhang, »dass die Entwicklung zeitgemäßer Formate nicht nur eine punktuelle Veränderung der konkreten Prüfungssituation bedeutet, sondern die Planung einer kompletten Unterrichtssequenz betrifft. Nur dann, wenn u. a. auf selbstgesteuerte Lernprozesse, Medienkompetenz, Kommunikation, Kooperation sowie die kritische Reflexion eigener (und anderer) Lernprodukte gesetzt wird, lassen sich z. B. auf der Grundlage von (E-)Portfolios oder Projektarbeit auch neue Prüfungsformen nutzen« (ebd. 2020). Nach Anfertigung eines (E-)Portfolios läge die Funktion einer Videokonferenz daher zum Beispiel nicht darin, die synchrone Leistung der Präsentation zu überprüfen, sondern den Schülerinnen und Schülern Raum zu geben, den individuellen Entstehungsprozess des asynchron und vielleicht auch kollaborativ erstellten Lernprodukts sichtbar werden zu lassen und entsprechendes (Peer-)Feedback zur Reflexion zu ermöglichen.

Prüfungsformate dieser Art eröffnen auch für das Handeln mit und die Reflexion über Medien und informelles Lernen im Kontext Schule ganz neue Möglichkeiten. Oft wird betont, dass Jugendliche digitale Medien größtenteils zu Zwecken der Unterhaltung und sozial-interaktiven Kommunikation nutzen, dabei aber nicht an Informationen und Lernen interessiert sind. Lernportfolios, die begleitend zum #GLASKonzept angefertigt werden, machen aber beispielsweise sehr genau transparent, wie Jugendliche digitale Medien so anwenden, dass sie unterhaltende Angebote und fremdsprachliche Kommunikation in sozialen Netzwerken mit dem Lernen in der Kultur der Digitalität verbinden können.

Wenn Lehrkräfte junge Menschen befähigen möchten, selbstbestimmt zu handeln und Gesellschaft verantwortlich mitzugestalten, braucht es Lernsettings, die auf Vertrauen und Freiheit basieren. Daraus resultiert, dass der reflektierte Umgang mit Videokonferenzen im Sinne lernendenzentrierter und ergebnisoffener Lernsettings auf die Entfaltung des Potenzials gemeinsamen Arbeitens begünstigend wirken kann.

Literatur

Boyd, D. (2014). Es ist kompliziert. Übers. von Almuth Braun. München: Redline Verlag.

Bühler, P. (2013). Greetings to Bury Park – Sich per Skype mit einem Autor über sein Werk austauschen. In Der fremdsprachliche Unterricht Englisch 123 (S. 40-43). Lernorte.

Chin, M. (2020). Exam Anxiety: How Remote Test-Proctoring Is Creeping Students Out. As schools go remote, so do tests and so does surveillance. https://www.theverge.com/2020/4/29/21232777/examity-remote-test-proctoring-online-class-education.

D64 (2020). Internet als Grundversorgung etablieren. https://d-64.org/grundversorgung-internet/.

Dreier, R., Krommer, A., Nölte, B. & Schmitz, O. (2020). Zeitgemäße Prüfungsformate für den Distanzunterricht. https://axelkrommer.com/2020/08/06/zeitgemase-prufungsformate-fur-den-distanzunterricht-am-beispiel-des-faches-deutsch-in-nrw/.

Holistincon AG (o. J.): liberatingstructures.de

Krommer, A. (2019). Paradigmen und palliative Didaktik. In ders. et al., Routenplaner #digitaleBildung (S. 81-100). Hamburg: ZLL 21.

Langela-Bickenbach, A. (2015). GLAS-klar! – Austausch und Videokonferenzen mit der niederländischen Partnerschule. In nachbarsprache niederländisch (S. 4-25). Münster: agenda.

Lipmanowicz, H. & McCandless, K. (2013). The Surprising Power of Liberating Structures: Simple Rules to Unleash A Culture of Innovation. Seattle WA: Liberating Structures Press.

Mihajlović, D. (2019a). Kommunikation, Kollaboration, Kreativität und kritisches Denken – mehr als Buzzwords. In ders. et al., Routenplaner #digitaleBildung (S. 184). Hamburg: ZLL 21.

Mihajlović, D. (2019b). Partizipation im digitalen Wandel – Neue Möglichkeiten und Notwendigkeiten der Beteiligung junger Menschen. In ders. et al., Routenplaner #digitaleBildung (S. 197-200). Hamburg: ZLL 21.

Muuß-Merholz, J. (2019): Digitale Schule: Was heute schon im Unterricht geht. Hamburg: ZLL21 Verlag.

School of Distance Learning Niedersachsen (2012). sdln.de.

Senftleben, S. (2020). Was ist guter, videobasierter Unterricht? In Kantereit, T. (Hrsg.), Hybrid-Unterricht 101. Ein Leitfaden zum Blended Learning für angehende Lehrer:innen (S. 270-286). Karlsruhe: Visual Ink.

Rosa, L. (2016). Globales Lernen. Hamburger Unterrichtsmodelle zum KMK-Orientierungsrahmen Globale Entwicklung. https://li.hamburg.de/contentblob/5307324/835e871f-77f413ee18444f5cf6f635f2/data/pdf-globales-lernen-aspekte-einer-postwachstums-oekonomie-aktiv-ccn2.pdf.

Vogel, H-J. (2020). Tweet vom 15. März 2020. https://twitter.com/rpArnsberg/status/1239131231322865665

Wagner, A. C. (2020). Wie geht Online-Lehrer quick & dirty? https://frolleinflow.com/2020/03/15/wie-geht-online-lehre-quick-dirty/.

Monika Stiller Thoms, Frauke Thoms und Frederik Thoms

Motivation im Fernunterricht

In diesem Text blicken wir aus der Perspektive von Schülerinnen, Schülern und Lehrenden auf unsere Erfahrungen im Fernunterricht zurück.[3] In verschiedenen Abschnitten beleuchten wir die aus unserer Sicht relevantesten Aspekte für motivierende Rahmenbedingungen und Aufgabenstellungen im Fernunterricht, wobei wir versuchen, der Heterogenität von Lehr- und Lernbedürfnissen Rechnung zu tragen. Im Anschluss an Deci und Ryan (1993) gehen wir davon aus, dass Selbstbestimmung über den Verlauf von Lernprozessen, empathische Beziehungen zu Mitlernenden und Lehrenden sowie das Erlebnis der eigenen Kompetenz die Grundlagen von Motivation darstellen.

Zeit und Struktur

Durch den Wegfall rhythmisierter Schulstunden und getakteter Schultage im Präsenzunterricht eröffnet sich den Schülerinnen und Schülern die Möglichkeit, sich ihren Tag und damit ihre Arbeitszeit weitgehend frei einzuteilen: Wenn sie ihre Aufträge in sinnvoller Zeit erledigen, verfügen sie über entsprechend mehr Freizeit – vor allem jüngere Schülerinnen und Schüler benannten dies in einer Befragung als ihren wichtigsten Motivationsfaktor während des Fernunterrichts.[4]
Bei Aufgabentypen und Übungen, die vor allem Arbeitstechniken trainieren, funktioniert dies auch problemlos, sofern die Lernenden die Qualität ihrer Ergebnisse selbstständig kontrollieren[5] bzw. durch die Lehrperson kontrollieren und kommentieren lassen können. Idealerweise wechseln sich Selbst- und Fremdkont-

---

3   Die beschriebenen Erfahrungen sammelten wir im Zeitraum 16. März bis 6. Juni 2020, als während der Corona-Pandemie der Präsenzunterricht für Gymnasien in der Schweiz ausgesetzt wurde und der Unterricht ausschließlich digital stattfand. Die digitale Arbeitsumgebung für Schweizer Gymnasien ist standardmäßig MS Teams bzw. die Office365-Welt. Lernende und Lehrende verfügen – zumeist im Rahmen des BYOD-Programms – über ein persönliches Arbeitsgerät und über ausreichend WLAN in der eigenen Wohnung.

4   Befragung von vier Schulklassen mit insgesamt 80 Schülerinnen und Schülern der Kantons-schule Willisau nach dem Ende des Fernunterrichts.

5   Selbstkontrolle beispielsweise mithilfe von Learning Apps, MS Forms oder bereitgestellten Lösungen.

rolle ab, damit die Lehrperson einen regelmäßigen Einblick in den Lernfortschritt der Schülerinnen und Schüler erhält und zugleich ihre eigenen zeitlichen Ressourcen schont.

Handelt es sich um Aufträge mit offenen Fragestellungen, sind Schülerinnen und Schüler in Anbetracht zeitlicher Effizienz möglicherweise versucht, sich lediglich mit kurzen, oberflächlichen Ergebnissen zufriedenzugeben. Klare Anforderungsformulierungen bei der Auftragserteilung motivieren Lernende, sich inhaltlich und formal angemessen auf die Lerngelegenheit einzulassen.[6] Regelmäßige Rückmeldungen durch Peers und/oder Lehrpersonen sind unerlässlich, um die Schülerinnen und Schüler bei der Aufrechterhaltung der Qualitätsansprüche an ihr Lernen zu unterstützen.

Um die Freiheit der individuellen Zeiteinteilung auch tatsächlich nutzen zu können, wirkt eine klare zeitliche Strukturierung der Aufträge motivierend.[7] Der Wochenrhythmus hat sich dabei als besonders effektiv erwiesen, weil die Jugendliche diesen Zeitraum gut überblicken können. Aufgaben, die innerhalb weniger Stunden oder am gleichen Tag erledigt werden sollen, haben eher einen gegenteiligen Effekt, weil sie den Schülerinnen und Schülern die Möglichkeit zur Selbstorganisation weitgehend nehmen. Dauern Projektarbeiten über mehrere Wochen, schätzen die Lernenden während des Projektverlaufs verbindliche Meilensteine, zu denen auch ein Austausch mit der Lehrperson gehört.

Nicht wenige Jugendliche fühlen sich von der unfreiwillig gewonnenen Freiheit aber auch überfordert, haben Schwierigkeiten, sich selbst zu organisieren und verlieren dementsprechend an Motivation. Dem können regelmäßig stattfindende Treffen (Videokonferenzen) mit der ganzen Klasse entgegenwirken, die jedoch nicht in Form eines 45-minütigen Frontalunterrichts abgehalten werden sollten. Dauerhafte Beschallung in obligatorischen Videokonferenzen ist sowohl für Schülerinnen und Schüler als auch für Lehrkräfte anstrengend und *soul crushing* (vgl. dazu den Beitrag von Langela-Bickenbach/Wampfler in diesem Band).

Entscheidend ist bei diesem Balanceakt zwischen Selbst- und Fremdorganisation, den Präsenzunterricht nicht eins zu eins in Videokonferenzen abzubilden, sondern punktuelle Verbindlichkeiten und damit strukturellen Halt zu schaffen.

---

6 Die Unterstützung kann beispielsweise inhaltlich in Form von Leitfragen zur Orientierung in komplexen Aufgabenstellungen erfolgen; hilfreich sind aber auch ganz pragmatische Vorgaben wie Wortanzahl- oder Zeilenangaben bei schriftlichen, bzw. Zeitangaben bei Audio- oder Videoergebnissen.

7 Bei Lernenden ist das Aufgaben-Tool bei MS Teams daher beliebt: Sie haben die Laufzeiten und Deadlines ihrer Aufträge auf einen Blick zur Verfügung, ohne sich noch eigene Listen erstellen zu müssen. Ergänzend bietet sich bei MS Teams die Nutzung des Kalenders an, um Termine (Videokonferenzen, Sprechstunden, Abgabedaten) im Auge zu behalten.

Organisation und Arbeitsumgebung

Schülerinnen und Schüler können sich den vielen Herausforderungen der Selbstorganisation im Fernunterricht effizienter zuwenden, wenn auch der Kontakt mit den Lehrpersonen und die Organisation von Aufträgen und Arbeitsmaterialien klar und leicht nachvollziehbar sind. Hilfreich ist es dabei, wenn sich die Lehrkräfte einer Schule auf gemeinsame Rahmenbedingungen für die Auftragserteilung im Fernunterricht einigen – und diese auch umsetzen, damit Lernenden sich auf die Aufträge konzentrieren können und keine überflüssige Energie für die Suche nach ihren Aufgaben aufwenden müssen.

Nutzen Lehrpersonen das Angebot der digitalen Arbeitsumgebung optimal aus, wirkt das auf die Schülerinnen und Schüler professionell und motivierend.[8]

Nicht alle Lernprodukte müssen digital erstellt werden, um in der digitalen Arbeitsumgebung erfasst werden zu können. Experimente, Zeichnungen etc. können durchaus analog erstellt und dann von den Schülerinnen und Schülern gefilmt/fotografiert/gescannt und digital abgegeben werden. Wenn es angebracht erscheint, sollten die Lernenden die Freiheit haben, sich für eine analoge oder digitale Realisierung der Aufgabe zu entscheiden. Auch das Scannen handschriftlich verfasster Texte und deren anschließende digitale Korrektur ist möglich, sollte jedoch in Anbetracht der Zeitressourcen der Lehrperson mit Bedacht eingesetzt werden. Möchte man die Schülerinnen und Schüler ermutigen, handschriftliche Texte zu verfassen, könnte man dies auf Textsorten beschränken, die auch ohne intensives Feedback entstehen können, z. B. Lerntagebücher, persönliche Journale o. Ä.

Dass sich der digitale Fernunterricht ideal eignet, um das Schreiben mit digitalen Hilfsmitteln sowie Schreibanlässe im digitalen Raum durchzuführen, versteht sich von selbst.[9] Schülerinnen und Schüler sind erfahrungsgemäß sehr motiviert, in der digitalen Umgebung zu schreiben, weil sie das Schreiben als Prozess begreifen lernen, ihre Texte leichter überarbeiten können und weniger Fehler machen (Nutzung der integrierten Rechtschreibprogramme, Lesbarkeit).

---

8   In *MS Teams* beispielsweise sorgt die kompetente Nutzung des OneNote-Notizbuchs mit klar strukturierten Inhalten, Materialien, Links, kollaborativen Bereichen und persönlichen Schülernotizbüchern für kurze, übersichtliche Wege zwischen Inhalten und Arbeitsaufträgen, das Programm vermittelt zudem das Look-and-Feel eines gemeinsamen virtuellen Arbeitsraums und wirkt motivierend für alle Beteiligten. Alternativ zum OneNote-Notizbuch ist auch eine transparente, leicht verständlich strukturierte Sammlung von Dateien in der entsprechenden Teams-Registerkarte sinnvoll, weil diese den Schülerinnen und Schülern im Rahmen ihrer digitalen Orientierungsgewohnheiten möglicherweise bereits etwas geläufiger ist. Sich in einer neuen Umgebung aufgrund vertrauter Elemente sicher bewegen zu können, wirkt auf viele Schülerinnen und Schüler ermutigend und damit motivierend.

9   Theoretische Hintergründe und Inspiration für digitale Schreibanlässe findet man bei Wampfler (2020).

Kommunikation und Feedback

Die räumliche Distanz zwischen Schüler*innen und Lehrer*innen macht es notwendig, für Kommunikation und Feedback neue Wege zu nutzen. Entscheidend ist, dass die Schüler*innen überhaupt ein Feedback zu ihrer Arbeit erhalten, sei es – je nach Situation – individuell, für eine Gruppe oder für die gesamte Klasse bestimmt. Regelmäßiges Feedback wirkt sowohl wertschätzend als auch unterstützend und motiviert die Lernenden, sich ihren Aufträgen mit der größtmöglichen Aufmerksamkeit zu widmen und angemessene Mengen an Zeit und Energie zu investieren.

Dieser positive Aspekt verpufft allerdings, je weiter die Erledigung oder Einreichung des Auftrags und das Feedback zeitlich auseinanderliegen, weil die Lernenden sich dann bereits in neuen Lernwelten befinden und das Feedback zur »alten« Aufgabe eventuell nur noch oberflächlich zur Kenntnis nehmen können. Diese zeitliche Verzögerung könnte man vermeiden, indem sowohl Lernende als auch Lehrende sich beispielsweise jeweils eine kurze Nachricht zukommen lassen.

Im Präsenzunterricht kommunizieren Schülerinnen, Schüler und Lehrpersonen mit Worten, Blicken, Gesten. Feedback erfolgt ständig, unkompliziert und unmittelbar. Für Schülerinnen und Schüler stellt die Kommunikation mit Lehrpersonen im Fernunterricht hingegen eine nicht zu unterschätzende Hürde dar. Anstelle einer kurzen Nachfrage im Klassenzimmer müssen sie nun eine Nachricht schreiben.[10] Diese nimmt aus ihrer Perspektive viel Zeit und Energie in Anspruch, weil sie klar formuliert sein muss und aus Sicht der Jugendlichen auch noch angemessenen formalen Standards genügen sollte. Auch der ungewohnte schriftlich-digitale Kontakt mit einer Lehrperson wirkt auf manche Jugendliche im ersten Moment vielleicht etwas ungewohnt; aus diesen Gründen sind sie weniger motiviert als in der Präsenzsituation, den Kontakt zu Lehrpersonen zu suchen.

Lehrende können dabei helfen, diese Berührungsängste abzubauen, indem sie von sich aus mit den Schülerinnen und Schülern in Kontakt treten und die digitale Kommunikation auch zwischen Lehrenden und Lernenden als etwas Selbstverständliches etablieren. Diese Vorarbeit auf der Beziehungsebene bereitet den Weg für produktive Kommunikation im Lernprozess und motiviert die Lernenden, mit den Lehrpersonen in Kontakt zu treten bzw. zu bleiben. Abhängig von der jeweiligen Situation bieten sich unterschiedliche Kommunikations- und Feedbackwege an.[11]

---

10 Telefonieren kommt für Jugendliche als Kommunikationsweg nur selten infrage. Vgl. Schregenberger (2017).

11 Innerhalb von MS Teams ist der Austausch von schriftlichen Chatnachrichten und Kanalbeiträgen möglich, ebenso von Audio- und Videoaufnahmen, die von der Eins-zu-eins-Kommunikation über Gruppen bis hin zu ganzen Klassen skaliert werden können.

Als niederschwelliges Kommunikationsangebot eignet sich auch eine offene Sprechstunde: Zu einem festen bzw. klar kommunizierten Zeitpunkt der Woche steht die Lehrperson der gesamten Lerngruppe in einer Videokonferenz für Fragen aller Art zur Verfügung. Die Schülerinnen und Schüler können sich nach Bedarf dazu schalten und individuelle Unterstützung erhalten.

Individualisierung

Während Individualisierung im Präsenzunterricht zwar stets angestrebt wird aber nicht immer einfach umzusetzen ist, bietet sich im Fernunterricht die Chance, Lernenden individuelle Lernwege anzubieten bzw. bei der Stärkung individueller Kompetenzen zu unterstützen. So könnten sie beispielsweise selbst entscheiden, ob sie ein Lernjournal als Vlog, Podcast, Blog, Word-Dokument oder handschriftlich verfassten Text realisieren. Eine begleitende Reflexion über die gewählte Umsetzung und ein gemeinsamer Blick auf die unterschiedlichen Realisierungen erweitern und vertiefen die ursprüngliche Aufgabenstellung und damit den Lernprozess der Schülerinnen und Schüler. Auch für die Lehrpersonen ist ein solch offenes Vorgehen aufschluss- und abwechslungsreicher. Es bieten sich zahlreiche inhaltliche und formale Anknüpfungspunkte für das weitere gemeinsame und individuelle Lernen.

Auch für die Arbeit an individuellen Schwächen bietet der Fernunterricht ideale Bedingungen. Persönliche Gespräche finden via Videokonferenz oder Audiocall statt, schriftliche Kommunikation per Chat oder E-Mail – die Möglichkeiten zu effektiver Zusammenarbeit zwischen Lernenden untereinander bzw. zwischen Schülerinnen, Schülern und Lehrpersonen richten sich nach Situation und Bedürfnissen. Weil Lehrenden im Fernunterricht häufiger als im Präsenzunterricht individuelle Schülerarbeiten einsehen, können sie Defizite leichter erkennen, darauf reagieren und den Schülerinnen und Schülern individualisierte Lernangebote machen. Auch die Umsetzung kann auf die persönlichen Bedürfnisse zugeschnitten werden, indem man beispielsweise Rechtschreibung mit *LearningApps*, im analogen Übungsheft und/oder mittels schriftlicher Interaktionen trainiert. Für Schülerinnen und Schüler sind individualisierte Lernsettings häufig motivierend, weil sie sich unterstützt fühlen und das Vertrauen in den eigenen Lernerfolg wächst.

Soziale Lernformen

Für viele Schülerinnen und Schüler hat sich im Fernunterricht herausgestellt bzw. bestätigt, welche Arbeitsweise ihnen in welchem Fach liegt und wie sie sich mit anderen Lernenden optimal organisieren – in der Schule ist ihnen die Sozialform für die Lernschritte hingegen oft vorgegeben. Viele Schülerinnen und Schüler sind motivierter, wenn sie Aufträge gemeinsam bearbeiten und sich gegenseitig unterstützen können – unabhängig davon, ob eine kollaborative Arbeitsform in der Aufgabenstellung gefordert ist. Andere Jugendliche wiederum arbeiten gern eigenständig und ziehen die Einzelarbeit kollaborativen Arbeitsformen vor. Wieder andere entdecken erst im Fernunterricht ihre Stärke im individuellen Arbeiten.

Aus diesen Beobachtungen lässt sich schließen, dass es die Schülerinnen und Schüler motiviert, wenn sie bei der Sozialform möglichst freie Wahl haben. Um zu verhindern, dass dies für einige Jugendliche zu einer zunehmenden Isolation führt, ist ein Wechsel zwischen freier und vorgegebener Sozialform sinnvoll, der je nach Aufgabenstellung variieren kann.[12]

Prüfungen und Noten

»Motivieren mit Noten ist die vermutlich meist verbreitete Motivationspraxis in der Schulwirklichkeit«, stellt Jürgen Oelkers (2019) ernüchternd fest. Ohne an dieser Stelle auf die Diskussion um Noten eingehen zu können, fördert diese Aussage wahlweise ein Dilemma oder eine Chance für den Fernunterricht zutage. Denn viele Schulen haben, besonders in der Schweiz, während der Fernunterrichtsphase im Frühjahr 2020 auf die Durchführung von Prüfungen bzw. die Vergabe von Noten weitgehend verzichtet, weil bereits genügend Noten aus dem laufenden Schuljahr vorhanden waren, um die Leistungen der Schülerinnen und Schüler zu dokumentieren. Ein weiterer Grund für den weitgehenden Verzicht auf Prüfungen war die Tatsache, dass die meisten Schulen und Lehrpersonen noch keine Vorstellung davon hatten (und haben), wie Prüfungen im digitalen Raum geplant, durchgeführt und bewertet werden können (weiterführende Sammlung zu zeitgemäßen Prüfungsformaten bei Albrecht/Krommer 2020).

Viele Schülerinnen und Schüler schafften es dennoch, ihre Motivation zum Lernen auch ohne Notendruck aufrecht zu erhalten, weil die anstehenden Inhalte und die notwendigen Kompetenzen klar waren und die Lernenden deren Bedeutung für ihren eigenen Lernfortschritt begreifen konnten (vgl. Reusser 2013, S. 5). Je

---

12 Für kollaboratives Arbeiten bieten sich bei MS Teams Kanäle innerhalb eines Teams als virtuelle Gruppenräume an, in denen die Schülerinnen und Schüler per Videokonferenz diskutieren können. Die Lehrperson kann diese Konferenzen besuchen, den Schüler*innen zuhören und ihnen Feedback geben. Die Teilnehmenden können ihre Videokonferenzen ganz oder in Teilen aufzeichnen und diese Aufzeichnung der Lehrperson für ein (zeitversetztes) Feedback zur Verfügung stellen. Kollaborative schriftliche Arbeiten erstellen die Schüler*innen je nach Arbeitsorganisation im Kursnotizbuch des Teams (OneNote/Collaboration Space) oder in bereitgestellten und organisierten Dateien innerhalb des Teams – Einzelarbeit entsprechend in den Schülernotizbüchern oder Dateien.

länger der Fernunterricht andauerte, desto schwieriger wurde es jedoch, diese Motivation nicht zu verlieren. Immer mehr Schülerinnen und Schüler konzentrierten ihre Energie vermehrt auf jene Fächer, für die sie sich am meisten interessieren, während sie sich in den übrigen Fächern eher auf notwendige Grundlagenarbeit beschränkten.

Wurden doch Prüfungen durchgeführt und Noten vergeben, sank bzw. stieg die Motivation der Lernenden je nach Ausrichtung der Prüfung: Defizitorientierte Prüfungen (»Wie viele Fehler machst du?«) motivieren mit Druck und Selektion; kompetenzorientierte Prüfungen wie z. B. Projektarbeiten (»Zeig, was du kannst!«) motivieren mit Selbstwirksamkeitserfahrung[13] – eine Erkenntnis, die für Fern- und Präsenzunterricht gleichermaßen gilt, die aber in Anbetracht der psychischen Belastungen der Jugendlichen durch den Fernunterricht eine neue Dringlichkeit erfährt.

Selbstwirksamkeit

Schülerinnen und Schüler sind motiviert, ihre Ressourcen für Aufträge zu Verfügung zu stellen, die sie herausfordern und an ihre Grenzen gehen lassen, sie aber nicht überfordern. Noch größer als im Präsenzunterricht ist im Fernunterricht die Bedeutung der Passung (vgl. Helmke 2006, S. 45): Lehrpersonen sollten ihre Aufträge auf bereits vorhandenem Vorwissen bzw. Kompetenzen aufbauen, damit die Lernenden Aufgaben auch tatsächlich bewältigen können, anstatt daran zu scheitern und damit den Mut für die Bewältigung weiterer Aufträge zu verlieren.

Klare Formulierungen, nachvollziehbare Strukturierungen und weiterführende Hilfsangebote zu den Aufgabenstellungen motivieren Schülerinnen und Schüler zur selbstständigen Bewältigung der Aufträge im Fernunterricht und liefern ihnen wertvolle Selbstwirksamkeitserfahrungen. Weil das Nachfragen komplizierter ist als im Präsenzunterricht (siehe oben), müssen die Schülerinnen und Schüler bereits in das Verständnis der Aufgabenstellung mehr Energie investieren als im Präsenzunterricht. Gelingt ihnen das, sind sie automatisch motivierter für die Bewältigung der eigentlichen Aufgabe.

Auch Hilfsmittel wie Erklärvideos (von der Lehrperson selbst erstellt bzw. Link auf vorhandenen Film auf *YouTube*/Videoplattform) unterstützen die Lernenden bei der selbstständigen Erfüllung eines Auftrags. Die Möglichkeiten, ein Erklär-

---

13 Als besonders motivierend für Lernende und Lehrende hat sich dabei beispielsweise ein Schreibauftrag im Deutschunterricht im Master-or-Die-Verfahren erwiesen, in dessen Rahmen Lernende einen Text so lange bzw. häufig überarbeiten konnten, bis er alle Anforderungen erfüllte und mit der Bestnote bewertet wurde. Weiterführende Informationen zu diesem Verfahren z. B. bei Noelte (2019).

video zu unterbrechen, beliebig oft zu wiederholen, mit variabler Geschwindigkeit abzuspielen etc., markieren deutliche Unterschiede zum traditionellen Lehrervortrag im Präsenzunterricht. Ergänzend zum Erklärvideo motivieren niederschwellige Gesprächsangebote (bspw. eine Online-Sprechstunde) zur Klärung offener Fragen und übergeben Schülerinnen und Schülern die Kontrolle über ihren Lernprozess.

Fazit

Der Fernunterricht legt die Stärken und Schwächen des traditionellen Präsenzunterrichts bloß und erfordert eine engagierte, unermüdliche Zusammenarbeit aller Beteiligten. Schülerinnen, Schüler und Lehrkräfte erleben bereichernde Lernprozesse, wenn sie
- aktiv und regelmäßig miteinander kommunizieren
- konstruktives und wertschätzendes Feedback geben und erhalten
- Struktur geben und Freiheit zulassen
- anregende und offene Aufgabenstellungen ermöglichen
- Individualisierung fördern
- Selbstwirksamkeit erfahren

Unter diesen Voraussetzungen können wir Fernunterricht nicht nur als Notlösung begreifen, sondern als Chance für eine zeitgemäße Unterrichtsentwicklung.

Literatur

Albrecht, C., Krommer, K. (2020). Prüfungsformate unter den Bedingungen der Digitalisierung. https://kurzelinks.de/pruefungsformate
Deci, E. L., Ryan, R. M. (1993): Die Selbstbestimmungstheorie der Motivation und ihre Bedeutung für die Pädagogik. In Zeitschrift für Pädagogik 39 (1993) 2, S. 223-238.
Helmke, A. (2006). Was wissen wir über guten Unterricht? In Pädagogik (S. 42-45), 58 (2006).
Nölte, B. (2019). Master-or-Die, Version 2.0. Formative Assessment in der Praxis. https://medium.com/@Noelte030/master-or-die-version-2-0-a62989f6f0c.
Oelkers, J. (2019). Sind Noten in der Schule notwendig? https://www.zg.ch/behoerden/direktion-fur-bildung-und-kultur/schulinfo/fokus/beurteilen-und-foerdern-notwendige-noten.
Reusser, K. (2013). Aufgaben – das Substrat der Lerngelegenheiten im Unterricht (S. 4-6), Profi-L, (3).
Schregenberger, K. (2017). Warum wir uns vor dem Telefonieren fürchten. https://www.nzz.ch/gesellschaft/sags-nicht-mehr-schnell-per-telefon-ld.1330876?.
Wampfler, P. (2020). Digitales Schreiben. Blogs & Co. im Unterricht. Stuttgart: Reclam.

Dejan Mihajlović

Partizipation im Fernunterricht

Wenn Konzepte für erfolgreiches Lernen entwickelt werden, sei es für Lernsze-narien in der Schule oder in physischer Distanz, findet das in der Regel ohne Beteiligung der Lernenden statt (vgl. Kuper 2008) statt. Erfahrungsgemäß wird die Schülerschaft nicht in einer bewussten Entscheidung von Lösungsfindungen ausgeschlossen. Vielmehr werden dabei traditionelle und verankerte Vorgehens-weisen reproduziert, die sich aber auf Lernprozesse, die Schulkultur und das Ge-sellschaftsverständnis von Jugendlichen auswirken. Dieser Beitrag liefert Impulse, mit denen sich begründen lässt, weshalb es notwendig ist, junge Menschen an der Entwicklung von Lernsettings partizipieren zu lassen. Dabei wird auch sichtbar, wie das gelingen kann.

Wandel der Lernkultur

Lernkultur zeigt sich in »pädagogischen Praktiken, in regelgeleiteten, typisierten und routinisierten, körperlich aufgeführten und Interaktionen einschließenden Bearbeitungen verschiedener (pädagogischer) Differenzen, etwa der zwischen der sozialen Ordnung eines pädagogischen Angebotes und anderen Ordnungen, zwi-schen Vermittlung und Aneignung und der zwischen schulisch relevantem und anderem Wissen« (Kolbe et al. 2008, S. 125). In der Regel reflektieren primär Leh-rerinnen und Lehrer Aspekte der Lernkultur, alleine oder gemeinsam. So wird entschieden, wie, was und wann Schülerinnen und Schüler lernen sollen.

Im Folgenden wird die These vertreten, dass sich Lernkultur in Bezug auf die Partizipation der Lernenden radikal wandeln muss. Die Erfahrungen in den Mo-naten der Schulschließungen rund um Covid-19 haben gezeigt, dass Fernunter-richt (und ein darin aufscheinender Wandel hin zu einer Kultur der Digitalität, vgl. Stalder 2016) zeitgemäße Lernprozesse mit neuen Rollenbildern stärker als zuvor einfordert. Darüber hinaus stellen verschiedene Beteiligungsformen junger Menschen das notwendige Fundament der Demokratiebildung dar (vgl. Schroe-der und Valle Thiele 2020).

Erkenntnisse aus der pandemiebedingten Fernlehre

Als nach den coronabedingten Schulschließungen monatelang ausschließlich zu Hause gelernt werden konnte, wurde die wichtige Frage aufgeworfen, wie wirksames und nachhaltiges Lernen in dieser grundlegend veränderten gesellschaftlichen Situation aussehen kann. Auch wenn die Lösungssuche hier zunächst darauf ausgelegt war, vor allem Konzepte für den Fernunterricht zu entwickeln, wurden Lernprozesse sowohl prinzipiell als auch pragmatisch hinterfragt und diskutiert.

Fragen, die schon vor der Pandemie relevant waren, weil sie häusliche Arbeits- und Lernprozesse betreffen, gerieten während des Lockdowns verstärkt in den Fokus: Können Schülerinnen und Schüler zu Hause ungestört und konzentriert lernen? Oder lassen die familiären Bedingungen das nicht zu? Gibt es genügend internetfähige Endgeräte für die Teilnahme am Distanzunterricht? Welche spezifischen Formen der Unterstützung – z. B. im Bereich der Medienkompetenz – sind notwendig?

Das neue Setting des Fernunterrichts führte zu Debatten, die wesentliche Aspekte zeitgemäßen Lernens in einer Kultur der Digitalität reflektierten. Dazu zählten beispielsweise die Fragen nach angemessenen Sozial- und Kommunikationsformen: Ist es lernförderlicher mit ganzen Klassen oder kleinen Gruppen zu arbeiten? Wann bietet sich eine individuelle Betreuung an? Sollte synchron oder asynchron kommuniziert werden? Welche Möglichkeiten der Kollaboration und Kooperation gibt es? Wie viel Kontrolle und Struktur sind notwendig, wie viel Freiheit und Vertrauen können gewährt werden? Wie verändert sich die Rolle der Lehrenden im Distanzunterricht? Wirksame und nachhaltige Lernprozesse zu ermöglichen ist ein wichtiges Ziel der Schule. Schon vor der Corona-Krise galt, dass sich dieses Ziel besonders gut erreichen lässt, wenn Schülerinnen und Schüler eigenverantwortlich und selbstorganisiert lernen können. Die Perspektive der Lernenden ist ebenso maßgebend wie individuell unterschiedlich und sollte unbedingt berücksichtigt werden, wenn Lernprozesse entwickelt und gestaltet werden.

Mit Beteiligung zum Rollenwandel

In der besonderen Situation des Distanzunterrichts ist deutlich geworden, dass sich die Rolle der Lehrenden (und damit auch der Lernenden) wandelt und wandeln muss: Ausgangspunkt ist eine Haltung bzw. ein Selbstverständnis, das junge Menschen mit ihren Kenntnissen und Sichtweisen in den Mittelpunkt stellt und sukzessive durch verschiedene Formen der Partizipation zu selbstständigem und selbstbestimmtem Handeln in sozialer Verantwortung befähigt.

Schroeder und Valle Thiele nennen drei Bedingungen, unter denen sich Partizipation an Schulen entfalten kann: »Sensibilisierung des Schulpersonals, Auf-

klärung der Schülerinnen und Schüler sowie Schaffung struktureller Rahmenbedingungen« (Schroeder und Valle Theile 2020, S. 128). Was mit »strukturellen
Rahmenbedingungen« gemeint ist, lässt sich präzisieren: Damit sich Schülerinnen
und Schüler beteiligen können, müssen Lehrende sich zurücknehmen und Freiräume schaffen. Freiräume für eigene Fragen, Ideen und Experimente und eine
Fehlerkultur, in der Scheitern kein Versagen, sondern Teil des Erkenntnisgewinns
ist. Freiräume, in denen junge Menschen angeleitet und unterstützt werden, sich
zu beteiligen, weil auch das gelernt werden muss. Was sich in wenigen Worten
zusammenfassen lässt, bezieht sich auf eine jahrelange Entwicklung und benötigt
Vertrauen und Zutrauen, was von jungen Menschen angenommen und als au-
thentisch verstanden werden muss.

Demokratiebildung

Haben Schulen während der Konzeptentwicklung für den digitalen Fernunterricht
berücksichtigt, dass Schülerinnen und Schüler (je nach Bundesland unterschiedliche) Rechte haben, sich bei Anliegen, die sie betreffen, zu beteiligen? Schließlich
ist die Schülervertretung bzw. Schülermitverantwortung in den Schulsystemen
verankert. Wirksame, nachhaltige und vor allem echte Demokratiebildung zeichnet sich dadurch aus, dass sie nicht nur als Feature in guten Zeiten stattfindet (oder
gar eine »Pseudofunktion« einnimmt, vgl. Schroeder/Valle Theile 2020, S. 127),
sondern immer eine tragende Säule der Schulkultur ist.

Demokratiebildung wird oft nur als ein Thema oder Ziel des Gemeinschafts-
kunde- bzw. Politikunterrichts missverstanden und damit auf ihr »kognitiv-ler-
nendes Format« reduziert (vgl. Friederichs 2020, S. 16 ff.). Sie muss aber in jedem
Fach, fächerübergreifend, mit außerschulischen Partnern und in der Schulentwicklung stattfinden. Partizipation bildet dabei das Fundament. Demokratiebildung ist am Ende das Produkt aller persönlichen Erkenntnisse und Erfahrungen.
Deshalb muss sie (vor)gelebt werden (können). Das führt zu den Fragen, welche
Formen der Partizipation es gibt und wie sie gelingen können.

Gelingende Partizipation

Aktuell lässt sich eine Differenz zwischen »Partizipationsrhetorik« und »Partizipationsrealität« feststellen, wie Hedtke (2020, S. 140) konstatiert: »Die Erfahrung von echter, ernsthafter und effektiver politischer Partizipation bleibt dem
schulischen und außerschulischen Alltag der Schüler*innen fremd.« Hedtke definiert Partizipation als »das Teilen von Macht und Entscheidung über Regeln und
Ressourcen mit dem Ziel der Beteiligungsgleichheit« (ebd., S. 142). Wie können

hier verbindliche Strukturen geschaffen werden, die »Partizipationsrealität« ermöglichen?

Beteiligung ist mehr als ein Stimmrecht

Es gibt mehrere Formen und Stufen der Beteiligung, die bei der Teilhabe beginnen, indem man Schülerinnen und Schüler z. B. in unterrichtliche oder schulische Prozesse einbezieht, sie anhört und mit ihnen diskutiert. Die nächste Stufe stellt die Mitarbeit dar, in deren Rahmen sie planend an Prozessen teilnehmen und ihre Perspektiven und Expertisen aktiv einbringen können. Wenn Schülerinnen und Schüler bei Entscheidungen mitbestimmen dürfen, führt das zur nächsten Stufe, der Mitwirkung. Mit der Selbstbestimmung und -organisation eigener Projekte und Lernprozesse ist die höchste Stufe der Partizipation erreicht.

Wer konkrete Beteiligungsmöglichkeiten schaffen möchte, muss somit Teilhabe, Mitarbeit, Mitbestimmung und Selbstbestimmung in die jeweiligen schulischen Bereiche und Szenarien übertragen. Nimmt man beispielsweise eine Lernsituation, bei der geklärt werden muss, welche Aktivitäten wo, wann und wie stattfinden sollen, können Schülerinnen und Schüler dazu angehört werden. Es können Diskussionen stattfinden, Schulen können Schülerinnen und Schülern an Entscheidungsprozessen mitarbeiten, mitbestimmen oder sie sogar selbst bestimmen lassen. Damit wird nochmal deutlich, dass Partizipation insbesondere im digitalen Fernunterricht weitaus mehr umfasst als die Frage der Hard- und Software, die genutzt oder zur Verfügung gestellt werden soll.

Weshalb nicht Inhalte zur Auswahl stellen und Freiräume für eigene Ideen schaffen? Weshalb nicht Aufgabenstellungen, Zeiträume und Arbeitsweisen gemeinsam gestalten? Weshalb nicht aushandeln, wie zeitgemäße Test- und Prüfungsformate aussehen könnten? Bei allem Wohlwollen erfordert Beteiligung aber diverse und individuelle Befähigung zur Beteiligung, sonst kann sie überfordern und Frust (auf beiden Seiten) generieren. Andererseits lohnt sich echte Partizipation deshalb, weil sie Perspektiven und Wissensbestände einbringt, die sonst übersehen oder ignoriert würden. Alle Stufen der Partizipation müssen angeleitet, gelernt und reflektiert werden.

Digitale Partizipation

Mit der Kultur der Digitalität wurden neue Beteiligungsmöglichkeiten geschaffen und alte haben sich gewandelt. Soziale Netzwerke bergen beispielsweise ein enormes Potenzial an Partizipation, weshalb sie auch von jungen Menschen als Sprachrohr für öffentliche Diskurse immer wieder genutzt werden. Farin (2020, S. 132) spricht von einer »partizipativ ausgerichteten Medienwelt des 21. Jahrhunderts«. Es gibt aber auch speziell für das schulische Umfeld entwickelte Programme, wie das »Beteiligungskonzept« *aula*, das Jugendlichen mithilfe einer Online-Plattform »aktive Mitbestimmung im Alltag ermöglicht« (aula 2020). Die gemeinsame digitale Plattform dient zur Kommunikation. Dort können alle Schülerinnen und Schüler ihre Ideen einbringen, gemeinsam an ihnen arbeiten, für Mehrheiten werben und darüber abstimmen, um sie am Ende umzusetzen.

Einige Stärken des digitalen Beteiligungskonzepts *aula* liegen in den maximal offenen, transparenten, zeit- und ortsunabhängigen Partizipationsprozessen, bei denen gelernt und geübt wird, eigene Ideen zu formulieren, Komplexität zu erfahren und Kompromisse auszuhandeln, sprich demokratische Abläufe zu verstehen und zu gestalten. Wobei nicht deutlich genug gesagt werden kann, dass der Erfolg von Beteiligungsprozessen grundsätzlich nicht vom Angebot und seiner digitalen oder analogen Umsetzung, sondern von der Haltung und Bereitschaft der Schulleitung und Lehrkräfte abhängt. Beteiligung bedeutet immer auch, Macht abzugeben, sie neu zu verteilen.

Neben *aula* gibt es weitere elementare digitale Angebote, die in unterschiedlichen Situationen aufgrund bestimmter Eigenschaften Beteiligung begünstigen. Für die Teilhabe ist beispielsweise Transparenz bezüglich Informationen und Entwicklungen wichtig, für die Mitarbeit ist Offenheit fundamental, um diverse Zugänge (auch technische) gewährleisten zu können, und für die Mitbestimmung ist Anonymität wesentlich, um einen geschützten Rahmen für Gedanken und ehrliche Rückmeldungen bieten zu können. Allein die Option, einen Beitrag im Digitalen leisten zu können, ohne vor der Klasse im physischen Raum stehen zu müssen, senkt für viele (introvertierte) Schülerinnen und Schüler die Hürde zur Beteiligung.

Ein konkretes Beispiel sind die *Cryptpad*-Anwendungen, bei denen webbasiert (und somit für alle PCs, Laptops, Tablets und Smartphones unabhängig vom Betriebssystem zugänglich) Dokumente (*Rich Text*), Projektverläufe (mit *Kanban*) oder Präsentationen gleichzeitig oder asynchron, anonym oder mit Namensangabe, von Paaren oder Gruppen eingesehen und bearbeitet werden können. Ein weiteres Beispiel stellen *Padlets*, digitale Pinnwände, dar. Sie können als gemeinsame digitale Regale, Karten, Zeitstrahle oder andere Formate genutzt werden. Allein mit diesen beiden sehr niederschwelligen Angeboten lassen sich unzählige digitale Beteiligungsmöglichkeiten schaffen, die sich dann etwa mit Wikis auch dahingehend erweitern lassen, dass schulisches Wissen und getroffene Vereinbarungen kollaborativ dokumentiert werden (für ein Beispiel vgl. Schatzmann 2013).

Beteiligung ist kein Selbstzweck

Wenn berücksichtigt wird, dass Lösungen für die Pandemie, Klimakrise, Demokratiekrisen oder sonstige globale bis kommunale Herausforderungen nur gemeinsam, kollaborativ, interdisziplinär und multiperspektivisch gefunden werden können, wird die Notwendigkeit von Beteiligung deutlich. Sie ist kein Selbstzweck. Sie bedeutet Diversität als Stärke. Sie ebnet den Weg zu Solidarität, Gerechtigkeit und einem demokratischen Selbstverständnis. Die Kultur der Digitalität bietet hier neue Möglichkeiten, die es zu nutzen gilt.

Literatur

aula (2020). https://aula-blog.website/

Farin, K. (2020). Jugend – Politik – Partizipation. In H.P. Haarmann, S. Kenner & D. Lange (Hrsg.), Demokratie, Demokratisierung und das Demokratische. Aufgaben und Zugänge zu politischer Bildung (S. 129-138). Wiesbaden: Springer VS.

Kolbe, F.-U. et al. (2008). Lernkultur: Überlegungen zu einer kulturwissenschaftlichen Grundlegung qualitativer Unterrichtsforschung. In Zeitschrift für Erziehungswissenschaft (2008) 1 (S. 125-143).

Kuper, H. (2008). Entscheiden und Kommunizieren. Eine Skizze zum Wandel schulischer Leitungs- und Partizipationsstrukturen und den Konsequenzen für die Lehrerprofessionalität. In W. Helsper et al., Pädagogische Professionalität in Organisationen (S. 149-162). Wiesbaden: VS Verlag.

Hedtke, R. (2020). Politik machen statt Politik spielen. Plädoyer für eine politische Schule. In H.P. Haarmann, S. Kenner & D. Lange (Hrsg.), Demokratie, Demokratisierung und das Demokratische. Aufgaben und Zugänge zu politischer Bildung (S. 139-154). Wiesbaden: Springer VS.

Schatzmann, N. (2013). Wiki an einem Schweizer Gymnasium. In M. Notari & B. Döbeli (Hrsg.), Der Wiki-Weg des Lernens (S. 98-106). Bern: HEP.

Schroeder, H. & Valle Thiele, L. (2020). Demokratisches Bewusstsein durch Demokratiekompetenz und politische Partizipation. In H.P. Haarmann, S. Kenner & D. Lange (Hrsg.), Demokratie, Demokratisierung und das Demokratische. Aufgaben und Zugänge zu politischer Bildung (S. 121-128). Wiesbaden: Springer VS.

Stalder, F. (2016). Kultur der Digitalität. Frankfurt am Main: Suhrkamp.

Christian Albrecht

Prüfungsformate im digitalen Wandel

Seit mehreren Jahren und insbesondere seit der COVID-19-Pandemie setzt sich das Bildungssystem nachdrücklich mit der Gestaltung und Bewältigung des digitalen Wandels auseinander. Die Diskussion, welche Mittel und Wege dabei als vielversprechend gelten – bzw. worin digitale Transformation im Bildungskontext überhaupt besteht – erfolgt jedoch divers und ist von pädagogischen, didaktischen und medientheoretischen Antinomien geprägt, in deren Spannungsfeldern sich Lehrerinnen und Lehrer positionieren und verhalten müssen. Dass pädagogisches Handeln unterschiedlichen, auch gegensätzlichen Prinzipien, Wünschen und Notwendigkeiten unterliegt, ist freilich nicht neu (vgl. Schlömerkemper 2017); dass daraus Unsicherheiten seitens der Lehrpersonen erwachsen, auch nicht. Jedoch scheint der digitale Wandel diese Antinomien zu verstärken: Aufgrund des Paradigmenwechsels von der analogen Buchkultur der Gutenberg-Galaxis (vgl. McLuhan 1968) hin zur digitalen Netzkultur der Turing-Galaxis (vgl. Bolz 1993) konfligieren strukturkonservative Regeln des alten Paradigmas mit strukturinnovativen Prozessen des neuen Paradigmas. Der Übergang zwischen diesen Epochen ist durch eine Phase der Krise gekennzeichnet (vgl. Krommer 2019), in der digitale Medien und die mit ihnen verbundenen Optionen als disruptives Moment empfunden werden, das zu neuen Unsicherheiten führt, mit denen sich Lehrerinnen und Lehrer reflektierend auseinandersetzen müssen (vg. Albrecht et al. 2021).

Die COVID-19-Pandemie wirkt auf diese Spannungsfelder wie ein Katalysator: In kurzer Zeit wurde unübersehbar, wie unvorbereitet eine Schulkultur, die sich nach wie vor an den Mustern des typographischen Paradigmas orientiert, auf die Anforderungen der Digitalisierung bzw. der Digitalität im Allgemeinen und für den digitalen Fernunterricht im Speziellen ist. Als ein besonders neuralgischer Punkt erwies sich in der Phase der Schulschließung und des »Homeschoolings« die Erhebung von Leistungsnachweisen: Da die etablierten, traditionellen Prüfungsformate in der Regel auf Präsenz, Kontrolle und auf Ausschluss analoger wie digitaler Hilfsmittel ausgerichtet sind, waren sie mit den Bedingungen des digitalen Fernunterrichts nicht oder kaum kompatibel. Auch aus diesem Grund wurde während der Schulschließungen im Schuljahr 2019/2020 vollständig auf Prüfungen verzichtet. Gleichzeitig ist deutlich ins Bewusstsein getreten, wie dringlich für den digitalen Fernunterricht Konzepte und Formate für zeitgemäße Prüfungen entwickelt werden müssen.

Ein Nachdenken über Prüfungsformate, das sich lediglich auf die Umsetzbarkeit in digitalen Settings beschränkt, greift allerdings zu kurz. Denn die für digitalen Fernunterricht als geeignet erachteten Prüfungsformaten dürfen nicht nur als Interims- oder Notlösung für partielle oder komplette Schulschließungen und längere Phasen des »Homeschoolings« verstanden werden. Vielmehr müssen sie im Rahmen des umfassenden, disruptiven und revolutionären digitalen Wandels gedacht werden, in dem sich hybrider Unterricht positioniert und der die Formen der Beurteilung und Leistungserhebung ebenso betrifft wie das Lehren und Lernen an sich.

Die hier vorgestellten Überlegungen zu der Funktion, dem Gegenstand und Subjekt, dem Zeitpunkt und der adäquaten Haltung in einer modernen Prüfungskultur sind also grundsätzlicher Natur und als Beitrag zur Diskussion über zeitgemäßes Lehren und Lernen unter den Bedingungen der Digitalisierung und Digitalität aufzufassen. Sie sollen eine Basis für die konkrete Diskussion zeitgemäßer Prüfungsformate im digitalen Fernunterricht, aber auch in hybriden Unterrichtssettings sowie im Präsenzunterricht des 21. Jahrhunderts bilden. Entsprechend elementar sind die Fragen, die im Folgenden vor dem Hintergrund der digitalen Transformation thematisiert werden sollen und die anhand konkreter Prüfungsformate für den digitalen Fernunterricht an geeigneter Stelle verdeutlicht werden.

Die Funktion zeitgemäßer Prüfungsformate

Die erste Frage, die gestellt werden muss, wenn man über zeitgemäße Formen der Leistungserhebung nachdenkt, fokussiert die Funktionen des Prüfens und Bewertens: Warum prüfen wir Schülerinnen und Schüler?

Im gegenwärtigen Schulsystem dienen Prüfungen der Selektion, der Sozialisation, der Information und Rückmeldung, der Lehr- und Lerndiagnose, der Lern- und Leistungserziehung und der Disziplinierung (vgl. Sacher 2009). In der Regel sind diese Funktionen eng an die Vergabe von Ziffernnoten geknüpft – eine nicht unproblematische Paarung, wie empirische Studien seit Langem zeigen: So lassen Noten nur sehr unsicher Rückschlüsse auf die tatsächlichen Leistungen von Lernenden zu, da sie durch leistungsunabhängige Faktoren wie Schichtzugehörigkeit (vgl. Baumert/Waterman/Schümer 2003), Migrationshintergrund (vgl. OECD 2018), Geschlecht (vgl. Maaz/Baeriswyl/Trautwein 2013) und sogar das Aussehen (vgl. Dunkake et al. 2012) verzerrt werden. Sie stigmatisieren leistungsschwächere Schülerinnen und Schüler (vgl. Sacher 2009) und sind Ausdruck einer extrinsisch motivierenden Lernsituation, stehen also konträr zum lern- und motivationstheoretischen Ideal des selbstbestimmten, selbstkontrollierten und selbstgesteuerten, intrinsisch motivierten Lernens. Nicht nur, aber insbesondere auf die hinsichtlich ihrer Leistungsfähigkeit besonders förderbedürftigen Schülerinnen und Schüler wirken Noten oft deprimierend und führen zu negativen Auswirkungen auf deren Selbstkonzept und Persönlichkeitsentwicklung. Doch selbst die leistungsstarken Schülerinnen und Schüler, die augenscheinlich von guten Noten profitieren, werden vor allem extrinsisch motiviert, während die intrinsische Motivation für das Lernen und den Gegenstand leidet (vgl. Brügelmann 2006; Schmidinger 2012). Mitunter werden Noten auch als Macht- und Disziplinierungsinstrument missbräuchlich eingesetzt (vgl. Sacher 2009). Die Beurteilung von Leistungen mit Noten ist also aus der Perspektive der Pädagogik und Didaktik umstritten und aus testtheoretischer Perspektive weder objektiv noch reliabel oder valide (vgl. Ingenkamp 1971; Brügelmann 2006). Vor diesem Hintergrund wundert es nicht, dass Arbeitgeberinnen und Arbeitgeber vermehrt eigene Tests, Assessment-Center und andere Bewerbungsprozeduren durchführen, während schulische Zeugnisse allenfalls als erste Filter dienen (vgl. Brügelmann 2006, S. 35; Reinmann 2012, S. 34 f.).

Wenn sich ein Schulsystem also der beträchtlichen, aber nicht unmöglich zu bewältigenden Herausforderungen annimmt, die Prüfungskultur und die damit einhergehenden institutionellen Rahmenbedingungen grundlegend zu reformieren, wäre es nicht nachvollziehbar, wenn die vielen Nebenwirkungen und Verzerrungen, die mit der bisherigen Praxis verbunden sind, erneut repliziert werden würden. In Anlehnung an Jürgens und Sacher (2000) ist deshalb ein vorrangig pädagogisch begründetes Leistungsverständnis notwendig, das gleichermaßen auf produkt- und prozessbezogenem sowie auf individuellem und kooperativem Lernen gründet und problemorientiert, vielfältig und kognitiv aktivierend ausgerichtet ist. In einem solchen Lernsetting erfüllen Prüfungen vorrangig die Funktion der fördernden Rückmeldung, die die individuellen Stärken der Schülerinnen und Schüler anerkennt und gleichzeitig sachbezogene Unterstützung bietet, um die diagnostizierten Schwächen der Lernenden mithilfe konkreter und differenzierter Hinweise auf Entwicklungspotenziale und Lern- und Fördermöglichkeiten zu überwinden.

Zeitgemäße Prüfungsformate orientieren sich also vor allem an der Förder- und Berichtsfunktion, während die Bedeutung der Selektionsfunktion in den Hintergrund treten muss. Denn solange »die Selektionsfunktion im System dominiert, werden eine stärkere Motivation der leistungsschwächeren Schülerinnen und Schüler und eine differenziertere Förderung ihres Lernens nicht erreicht werden können« (Brügelmann 2006, S. 44).

Der Gegenstand zeitgemäßer Prüfungsformate

Eine Kernfrage jeder Prüfung betrifft ihren Gegenstand. Welche Wissensbestände und welche Kompetenzen sollen in der Schule reproduziert, welche reformiert, welche als dysfunktional verworfen oder welche gänzlich neu in das schulische Bildungsverständnis aufgenommen werden?

Gegenwärtig scheint vor allem das Prüfen traditionellen, also deklarativen bzw. lexikalischen Wissens im Verdacht zu stehen, unter den Bedingungen der Digitalisierung an Bedeutung einzubüßen: In der Schule der Buchkultur konnte noch von der Prämisse ausgegangen werden, dass ein gemeinsamer Wissensbestand das Fundament kultureller Kommunikation sei (vgl. Giesecke 2005, S. 17) und dass das vermittelte Wissen sowie die damit verbundenen Kompetenzen auch in Zukunft mit einiger Sicherheit von Relevanz sein würden. Bildungskanons, Standardisierung und (Lehr-)Bücher als »Programme, die sagen, wie Menschen und Kulturen wahrnehmen, denken und handeln sollen« (vgl. Giesecke 2005, S. 18), waren die logische Konsequenz. Im Unterricht des typographischen Zeitalters war es somit durchaus sinnvoll, sich an der Vermittlung von inhaltlichem Wissen mit dem Ziel der Wissensakkumulation und an der Vermittlung von »kognitiven Routinekompetenzen« (vgl. Schleicher 2019, S. 34) zu orientieren und den entsprechenden Lernerfolg in Prüfungen abzufragen.

Im Zeitalter der Netzkultur allerdings verliert die Schule ihr Informationsmonopol: Schülerinnen und Schüler können online über Suchmaschinen und somit in ihren persönlichen Lernumgebungen zu fast allen Themen Informationen recherchieren und sie in außerschulischen und informellen Lernnetzwerken kommunikativ verarbeiten. Faktenwissen wird gleichwohl nicht überflüssig: Schon aus Effizienzgründen müssen Schülerinnen und Schüler nach wie vor zentrale Kenntnisse auswendig beherrschen; vor allem aber ist Fachwissen eine grundlegende Facette jeder Kompetenz und ermöglicht überhaupt erst die strategische und kritische Suche nach und Auseinandersetzung mit Informationen. Inwiefern aber die reine Abfrage – anstelle etwa der Einbettung in komplexe Aufgaben – von deklarativem Sach- und Faktenwissen angesichts der nahezu ubiquitären Verfügbarkeit von Informationen heute noch sinnvoll ist, muss kritisch hinterfragt werden, nicht zuletzt auch deshalb, weil sich solche leicht zu vermittelnden und zu testenden kognitiven Fähigkeiten am einfachsten digitalisieren, automatisieren und auslagern lassen (vgl. Schleicher 2018, S. 12).

Worin modernes Wissen dagegen besteht und welche Kompetenzen sich Schülerinnen und Schüler aneignen sollen, um auf ein Leben in der Kultur der Digitalität vorbereitet zu sein, wird divers diskutiert. Weitgehend Konsens ist, dass die Schule des 21. Jahrhunderts ihre Lernenden aufgrund der Schnelligkeit der Entwicklung technischer Innovationen auf eine Welt im Wandel vorbereiten und sie dazu befähigen muss, auch mit Herausforderungen umzugehen, von denen wir derzeit noch nichts wissen bzw. die sich nur in Ansätzen abzeichnen und deren Auswirkungen schwer abzuschätzen sind. Spätestens seit der Umstellung von der Input- zur Outcome-Orientierung nach PISA wird deshalb von Schule und Unterricht immer nachdrücklicher eine Fokussierung konzeptionellen, prozeduralen, epistemischen und metakognitiven Wissens (vgl. Brandhofer et al. 2018, S. 329; Schleicher 2018, 12 f.) sowie eine »Konzentration auf das Nichtautomatisierbare« (Döbeli Honegger 2016, S. 47 ff.) gefordert, wie sie sich z. B. in den Kompetenzbereichen »Kreativität und Innovation«, »Kritisches Denken und Problemlösen« sowie »Kommunikation und Kollaboration« widerspiegelt (vgl. Battelle for Kids 2019; Fadel/Bialik/Trilling 2015, S. 69 ff.). In Prüfungssituationen lassen sich diese Wissens- und Kompetenzbereiche vor allem in offenen, kompetenzorientierten Formaten abbilden, die verschiedene, individuelle und kreative Lösungswege ermöglichen. Reine Reproduktionsaufgaben, deren Antworten im Internet recherchiert und per *copy/paste* eingesetzt werden können, ohne dass kritisches Denken oder bestimmte Such- und Bewertungsstrategien erforderlich wären, müssen problemlösenden und Transferaufgaben weichen. Sie sollten in digitalen Prüfungssituationen so gestellt sein, dass gerade die kritische Recherche nach Informationen sowie Such- und Bewertungsstrategien gefordert sind und die Diskussion online wie offline mit anderen Novizinnen, Novizen und Expertinnen und Experten zum Lösungsweg dazugehört. Als zentraler Maßstab solcher Prüfungsformate muss im digitalen Fernunterricht der Grundsatz wissenschaftlicher Redlichkeit etabliert werden: Quellen werden vollständig genannt, indirekte und direkte Zitate sowie Paraphrasen kenntlich gemacht, fremde Gedanken und Ideen müssen für die Lesenden von eigenen unterscheidbar sein und Autorschaft angegeben werden.

Beispiel für den digitalen Fernunterricht: Open Media-Klausur und Take Home-Exam

Besonders von der Frage nach dem Prüfungsgegenstand berührt ist die traditionelle Form der Klausur, in der Wissen und Verständnis abgefragt wird und die vor dem eben beschriebenen Hintergrund überholt erscheint. Als zeitgemäße und für den digitalen Fernunterricht geeignetere Alternative haben sich die (begrifflich etwas sperrige) »Online-Open Book-Klausur« (alternativ möchte ich den Begriff »Open Media-Klausur« vorschlagen) und das »Take Home-Exam« erwiesen (vgl. Vrabl 2020). Open Media-Klausuren zeichnen sich dadurch aus, dass die Prüfungskandidatinnen und -kandidaten in einem eng umrissenen Zeitraum festgelegte Aufgaben auf ihren digitalen Devices bearbeiten und dabei auf alle zur Verfügung stehenden Unterlagen sowie das Internet zugreifen dürfen. Wichtig ist, den Schülerinnen und Schüler die Chancen, aber eben auch die Gefahren, die mit den beschriebenen Freiheiten verbunden sind, transparent zu machen. Denn aufgrund der Beschränkung der Arbeitszeit gelingt eine effektive Arbeit mit den Hilfsmitteln nur dann, wenn sie die Schülerinnen und Schüler bereits in der Vorbereitung gründlich gesichtet, strukturiert, aufbereitet und verstanden haben. Von der Lehrperson erfordert die Open Media-Klausur komplexe, kognitiv aktivierende und »Tiefenlernen« (Vrabl 2020, S. 1) ermöglichende Aufgaben zu stellen, die zur Problemlösung anregen und Transferleistungen einfordern. Reine Reproduktionsaufgaben eignen sich für das Format nicht.

Take Home-Exams gehen über die Open Media-Klausur in der Hinsicht hinaus, dass den Schülerinnen und Schülern ein größerer Zeitraum für die Bearbeitung der Aufgaben zur Verfügung steht – Vrabl empfiehlt ein bis zwei Wochen, üblich sind aber auch Bearbeitungszeiten von ein bis drei Tagen. Das Komplexitätsniveau der Aufgaben liegt über dem der Open Media-Klausur, konzeptionelle, kreative, synthetisierende und zur kritischen Beurteilung anregende Aufgaben gewinnen an Bedeutung.

Das Subjekt zeitgemäßer Prüfungsformate

Nicht nur die Frage, was geprüft wird, unterliegt der digitalen Transformation, sondern auch die Frage nach dem Subjekt der Prüfung muss in der Kultur der Digitalität bzw. im digitalen Fernunterricht gestellt werden.

In der Buchkultur war das Subjekt von Lehr- und Lernprozessen »unstrittig der einzelne Mensch« (Giesecke 2005, S. 23), das Objekt die Reproduktion und Anwendung des kulturell als bedeutsam erachteten Wissens. Zwar richt(et)en sich schulische Vermittlungsprozesse und Instruktionsformen mit gelenkten Aufgaben und unter Annahme einheitlicher Bearbeitungswege kollektiv an die Schulklasse, geprüft wurde und wird jedoch in der Regel die isolierte Person. Die Prüfungsformate der Buchkultur tragen so dem Leistungsbegriff der Industriegesellschaft Rechnung. Er ist

> *Ausdruck einer individuellen Urheberschaft, eines individuellen »Wissens, Könnens und Wollens«, d. h. ein Indikator für die einem Individuum zuschreibbare und sich in Resultaten oder Produkten niederschlagende »Leistungsfähigkeit und Leistungsbereitschaft«. (Ricken 2018, S. 47)*

Es entspricht der Logik der Individualisierungsprozesse der Gutenberg-Galaxis, dass das Ergebnis jeder Prüfung Auskunft über den Lernerfolg der Prüfungskandidatinnen und -kandidaten gibt und gleichzeitig Vergleiche zwischen den Geprüften ermöglicht. Im schulischen Kontext führte dies zu einer Standardisierung der Prüfungsformate, der Frage- und Aufgabenstellungen sowie der angelegten Bewertungsmaßstäbe (vgl. Ricken/Reh 2017, S. 252).

Die Epoche des digitalen Paradigmas aber ist von Vernetzung »als dominante Vergesellschaftungsform« (Rosa 2019, S. 115) und von »Gemeinschaftlichkeit« (Stalder 2017, S. 95) als kulturelle Form der Digitalität geprägt. Dies schlägt sich in veränderten Konstruktionsbedingungen von Wissen nieder. Denn Lernen vollzieht sich nicht länger vorrangig als »einseitiger Wissens- oder Fertigkeitstransfer, sondern […] als offener Austausch zwischen Personen mit unterschiedlichen Wissens- und Erfahrungsniveaus« (ebd., S. 135). Hierbei spielt Kommunikation eine wesentliche Rolle, da weniger das Individuum als vielmehr die Gemeinschaft in einem sozialen, interaktiven Prozess Wissen als »gemeinsam geteilte Bedeutung« (Blömeke et al. 2006, S. 337) entwickelt. Diese sozial-konstruktivistische Auffassung in der Tradition Vygotskys mündet in einer »Priorität des Sozialen vor dem Individuellen« (Reusser 2006, S. 155) und die solitäre Stellung und Bedeutung von einzelnen Expertinnen und Experten weicht im Internet einem kollektiven Netzwerk: Dessen Teilnehmerinnen und Teilnehmer »wissen mehr, sie finden schneller Antworten, ihre Neugierde wird weiter befeuert, sie lernen neue Aspekte ihres Themas kennen und beteiligen sich an mehr Gesprächen über diese Aspekte. Die Mehrwegkommunikation des Internets macht kluge Experten klüger denn je, obwohl wir inzwischen wissen, dass wir uns im Internet mitunter auch mit größerer Selbstzufriedenheit auf den Holzweg begeben können. Trotzdem ist dies ein spürbarer Unterschied. Wer früher meinte, der Klügste im Raum sein zu müssen, stellt heute fest, dass sich die Regeln geändert haben. Wenn ein Expertennetzwerk richtig funktioniert, dann ist der Klügste im Raum der Raum selbst« (Weinberger 2013, S. 85).

Diese Entwicklung führt in der digitalen Epoche dazu, dass das Subjekt von Lehr- und Lernprozessen nicht länger ausschließlich das Individuum ist, sondern ebenso das interpersonale soziale System (vgl. Giesecke 2005, S. 24). Das schließt Prozesse des individualisierten und personalisierten Lernens keineswegs aus, es erweitert aber die Möglichkeiten einer Prüfungskultur, in der Probleme und Aufgaben nicht mehr nur alleine, sondern im Austausch mit anderen Novizinnen und Novizen, aber auch Expertinnen und Experten sowie unter Zuhilfenahme analoger und digitaler Hilfsmittel bearbeitet werden.

Wenn Wissen also zunehmend in vernetzten Gemeinschaften und unter Einbezug verschiedener Medien erworben wird, können im digitalen Fernunterricht isolierte Einzelprüfungen ohne Zugriff auf das Internet »die Lernwirklichkeit der Kultur der Digitalität nicht mehr angemessen repräsentieren« (Krommer 2019, S. 95). Vielmehr sind Prüfungsformate erforderlich, die nicht nur die Verwendung eigener Unterlagen und bereitgestellten Materials ermöglichen, sondern die auch die Recherche, Kommunikation und Kollaboration erlauben und Peer-Feedback einfordern. Neben der Beurteilung von Einzelleistungen muss also in der Kultur der Digitalität verstärkt die Beurteilung von Gruppenleistungen und Teamarbeit in den Fokus rücken.

Beispiele für den digitalen Fernunterricht: Die Projektarbeit und die Kombination von Einzel- und Gruppenprüfungen

Zeitgemäße Prüfungen, die diesen Anforderungen entsprechen, können aus kollaborativen Projekten bestehen. Projektarbeit basiert »anstatt auf Fachsystematik und Gegenstandslogik in erster Linie auf den *Fragen der Schülerinnen und Schüler* an einen Lerngegenstand und organisiert den Lernprozess daran« (Rosa 2019b; Hervorhebung im Original). Der Gegenstand, mit dem sich die Projektgruppe auseinandersetzt, muss dabei lebensweltrelevant und gleichzeitig ausreichend komplex sein, »um daran vielfältige Fragen und Probleme individuell, ergebnisoffen und in Zusammenarbeit mit anderen zu erforschen und die eigenen Ergebnisse in der Gesamtgruppe (und später möglicherweise einer Schul- oder sogar außerschulischen Öffentlichkeit) zur Diskussion vorzustellen« (ebd.).

Die Rolle der Lehrperson unterliegt in der Projektarbeit einem Wandel: Sie ist nicht länger Wissensvermittlerin, sondern Lernbegleiterin, Moderatorin und »Lernprozessgestalterin« (ebd.). Die oder der Lehrende gibt den Schülerinnen und Schülern sowohl inhaltliches Feedback als auch Rückmeldung über die Art und Weise, sich dem Gegenstand zu nähern. Cloud-basierte Anwendungen erlauben das gemeinsame Arbeiten an Produkten auch dann, wenn kein Präsenzunterricht möglich bzw. notwendig ist. Der Austausch innerhalb der Lerngruppe kann über Lernmanagement-, Instant-Messaging- und Filesharing-Dienste erfolgen, über die kollaborative Prozesse unabhängig von Ort und Zeit koordiniert werden können. Diese Projekte münden im digitalen Fernunterricht in digitalen Produkten (z. B. in einem gemeinsam gestalteten Video, in einem kollaborativ geführten Blog, in einer Podcast-Reihe, einem E-Book, einem Wiki oder Etherpad etc.), welche am Ende der Projektphase einer (Semi-)Öffentlichkeit online präsentiert werden können.

Die Beurteilung der Projekte kann formativ in verschiedenen Phasen des Arbeitsprozesses vorgenommen werden, sodass auch Etappen wie die Planung des Projekts, die Recherche und Materialsammlung, die Auswertung und Strukturierung des Materials, die ersten Rohfassungen des späteren Produkts sowie Überarbeitungen und Korrekturen etc. in den Beurteilungsprozess einfließen können. Der Arbeitsprozess wird auf digitalen, für alle Beteiligten zugänglichen Plattformen dokumentiert und schriftlich, auditiv oder audiovisuell kommentiert. Überarbeitungen sind im digitalen Medium einfach vorzunehmen und nachzuvollziehen. Formative Assessments ermöglichen eine enge Begleitung und Beratung der Arbeitsgruppe durch die Lehrperson, aber auch Peer-Feedback durch die Lerngruppe; die Schülerinnen und Schüler erhalten die Möglichkeit, durch die verschiedenen Rückmeldungen den eigenen Lernprozess sowie das eigene Gruppenergebnis zu optimieren und das eigene Vorgehen zu reflektieren.

Soll die Bewertung des Endergebnisses der Projektarbeit auch summativ erfolgen, werden die Lehrenden vor die Herausforderung gestellt, individuelle Leistungen innerhalb eines kollektiven Arbeitsprozesses zu beurteilen. Hier empfiehlt es sich, mit Verfahren der Selbsteinschätzung zu arbeiten: Die Schülerinnen und Schüler erhalten z. B. auf das Endergebnis des Projekts eine gewisse Anzahl an Punkten, die sich in Drittelnoten (bzw. ganze Ziffernnoten mit Tendenz) umrechnen lassen. Dieselbe Anzahl an Punkten wird zusätzlich von den Gruppenmitgliedern intern je nach individuellem Anteil am Gruppenergebnis verteilt. Sind die Gruppenmitglieder der Meinung, dass alle den gleichen Beitrag zum Projekt geleistet haben, erhalten alle die gleiche Anzahl an Punkten und somit alle die gleiche Note. Einigen sie sich darauf, dass sich eine Person besonders verdient gemacht hat, erhält diese mehr Punkte und somit eine bessere Note. Die endgültige Note einer Schülerin oder eines Schülers setzt sich aus dem Durchschnitt der jeweiligen Punkte zusammen. Wampfler (2020) kritisiert diese Praxis, da sie den relevanten Prozessen der Projektarbeit zuwiderlaufe. Er plädiert dafür, Gruppenergebnisse auch als solche zu behandeln, sie jedoch nicht im Rahmen von fremdgesteuerten Prüfungen zu bewerten:

> Gelernt wird von Gruppen in Projektsettings. Daraus entsteht ein kollaboratives Lernprodukt, das als solches mit Feedback und Kritik versehen wird. Daraus ergibt sich eine Reflexionsmöglichkeit. Eine Bewertung entfällt. Generell lässt sich sagen, dass wirksame Lernprodukte, motivierende Lernsettings und Zusammenarbeit durch eine Orientierung an einer Kultur des Prüfens und Bewertens verunmöglicht werden. Wir müssen uns davon lösen. (Wampfler 2020)

Eine alternative Möglichkeit, im digitalen Fernunterricht sowohl individuelle wie auch gruppenbezogene Leistungen zu prüfen, liegt in der zweistufigen Kombination von Einzel- und Gruppenprüfungen (vgl. Kautz/Billerbeck 2018). Hier bearbeiten die Schülerinnen und Schüler Aufgaben zunächst alleine, etwa in Form einer Open-Media-Klausur, und reichen ihre Ergebnisse individuell ein. Anschließend erhalten alle die Möglichkeit, über einen längeren Zeitraum die verschiedenen Bearbeitungswege sowie die eingereichten Lösungsvorschläge in Kleingruppen online und offline sowie mithilfe kollaborativer Plattformen zu diskutieren. Auf dieser Grundlage können die Schülerinnen und Schüler nun entweder ihre ursprüngliche Antwort überarbeiten und erneut einreichen oder kollektiv ein Gruppenergebnis erstellen. Die Lehrperson berücksichtigt in der Bewertung die Ergebnisse beider Bearbeitungsphasen.

Der Zeitpunkt zeitgemäßer Prüfungsformate

Um sich der Frage nach dem richtigen Zeitpunkt bzw. Zeitraum einer Prüfung zu nähern, muss die Perspektive der Kultur der Digitalität durch eine epistemologische Perspektive ergänzt werden. Bereits in den 1970er Jahren wurde im Zuge der kognitiven Wende von der Lernpsychologie zunehmend die Vorstellung von einer informations- und verhaltenstheoretischen Wissensvermittlung infrage gestellt und das Interesse auf die Erforschung von Denkprozessen gerichtet (vgl. Driver/Easley 1978; Driver/Oldham 1986; Gilber/Watts 1983; Groeben/Scheele 1977). Neben eine transmissive Überzeugung trat die epistemologische Auffassung vom Lernen als Prozess und Ergebnis individueller Konstruktionsleistungen. Dieser Auffassung folgt die Lehr-Lern-Forschung bis heute, indem sie das Lernen als aktiven, selbstgesteuerten und gleichermaßen individuellen wie sozialen Konstruktionsprozess versteht, »in dem Wissensstrukturen verändert, erweitert, vernetzt, hierarchisch geordnet oder neu generiert werden. Entscheidend ist die aktive mentale Verarbeitung, die sich in der handelnden Auseinandersetzung mit der sozialen und natürlichen Umwelt oder im Umgang mit Symbolsystemen vollzieht« (Köller 2008, S. 211).

Die soziale Umwelt sowie die entsprechenden Symbolsysteme waren und sind durch die Digitalisierung einem besonderen Wandel unterworfen. Lernen ist nicht länger auf das Schulgebäude, den Klassenverband und den Vormittag beschränkt, sondern kann immer und überall stattfinden. Natürlich konnte auch im Zeitalter der Buchkultur außerhalb von Bildungsinstitutionen gelernt werden, die Zugriffsmöglichkeiten auf Informationen und Wissensbestände, die Vernetzung mit anderen Akteurinnen und Akteuren im Internet sowie die Gestaltung und die Reichweite der persönlichen Lernumgebung bewegen sich jedoch durch die Digitalisierung in völlig anderen Maßstäben. Sowohl der ko-konstruktivistische Lernbegriff als auch die Individualisierung von Lernwegen und -prozessen, die die Digitalisierung und das Internet ermöglichen, sind mit traditionellen Prüfungsformaten schwer vereinbar. Smit (2009) identifiziert hier ein Konfliktfeld, »welches auf der einen Seite besetzt wird vom Schüler oder von der Schülerin, welche selbstgesteuert, intrinsisch motiviert und kooperativ fachliche und überfachliche Kompetenzen erwerben soll. Auf der andern [sic] Seite des Feldes müssen der gleiche Schüler und die gleiche Schülerin auf die Prüfung hin extern vorgegebenes, individuell gut messbares fachliches Wissen akkumulieren. Als Rückmeldung erhalten sie eine Note, welche für die Selbststeuerung wenig Information beinhaltet. Eine Schülerin oder ein Schüler zieht aus einer schlechten Note die Information, dass er oder sie für Mathe wohl einfach nicht begabt sei« (Smit 2009, S. 16).

Zeitgemäße Prüfungsformate dagegen müssen dieser Individualität des Lernprozesses Rechnung tragen, indem sie nicht nur summativ, das heißt am Ende einer Unterrichtseinheit den Kompetenzzuwachs und die erbrachte Leistung der

Schülerinnen und Schüler zu einem festgelegten Zeitpunkt überprüfen und dokumentieren (assessments *of* learning; vgl. Smit 2008, S. 385), sondern auch formativ den Lernprozess begleitend unterstützen (assessments *for* learning; vgl. ebd.). Die Funktion formativer Prüfungsformate besteht weniger in der Leistungsfeststellung als vielmehr in der »Informationsfeststellung«, über die die Lehrenden erfassen können, »in welchen Teilbereichen noch ein ergänzender Unterricht zur Zielerreichung notwendig ist, um den weiteren Unterricht entsprechend der Bedürfnisse ihrer Schülerinnen und Schüler gestalten zu können« (Schmidinger 2013, S. 1).

Sowohl Lernfortschritte als auch Lerndefizite müssen transparent werden, wodurch es der Lehrperson möglich wird, Schülerinnen und Schüler gezielt und individuell zu unterstützen und die Lernenden in ihrer Selbsteinschätzungs- und Handlungskompetenz zu fördern. Rückmeldungen und Feedback erfolgen auf der Grundlage eines gemeinsam erarbeiteten Kriterienkatalogs. Mit Nölte (2017) lassen sich drei Dimensionen der formativen Rückmeldung unterscheiden: Das *Feed-Up* bezieht sich auf das Lernziel, das für die Lernenden von Beginn an transparent, in seiner Ausrichtung lebensweltrelevant eingebunden, sinnstiftend und persönlich herausfordernd sein muss. Das *Feed-Back* bezieht sich auf diese Zieldimension, indem den Schülerinnen und Schülern rückwärtsgewandt verdeutlicht werden soll, wie sie im Verhältnis zum angestrebten Ergebnis stehen. Das *Feed-Forward* als zentrales Feedbackprinzip formativer Assessments ist vorwärtsgewandt auf die individuelle Förderung der Lernenden und die Überwindung persönlicher Defizite und Desiderate ausgerichtet. Da sich die Lernwege und die Lernfortschritte innerhalb einer Lerngruppe aufgrund der Individualität der Schülerinnen und Schüler, aber auch aufgrund unterschiedlicher Ziele und Gegenstände, an denen gearbeitet wird, unterscheiden, erfolgen die Rückmeldungen nicht automatisch für alle zum gleichen Zeitpunkt, sondern personalisiert auf den jeweiligen Lernstand bezogen. Formative Beurteilungen sind nicht nur in digitalen Prüfungsszenarien möglich und sinnvoll, hier aber besonders komfortabel zu etablieren, da sich Überarbeitungsschritte mit digitalen Medien besonders leicht dokumentieren und nachvollziehen sowie Rückmeldungen medial vielfältig (z. B. schriftlich als Anmerkung in einem kollaborativen Dokument, als Audiokommentar, als Videofeedback etc.) vornehmen lassen.

Die Haltung gegenüber Schülerinnen und Schülern in zeitgemäßen Prüfungsformaten

Der Aufwand, der betrieben werden muss, um in Prüfungssituationen des digitalen Fernunterrichts an den traditionellen Vorschriften und Restriktionen der Leistungserhebungen der Buchkultur festhalten zu können, ist beträchtlich: Prüfungen, die in einem kommunikativen und interaktiven Informationsmedium wie dem Internet auf die Vermeidung von Kommunikation, Interaktion und Information angewiesen sind, müssen das eigentliche Grundprinzip des Mediums für die Dauer der Überprüfung mühevoll ausklammern. Denn die Bandbreite möglicher Betrugsversuche ist groß: Antworten auf Klausurfragen können im Netz nachgeschlagen werden, die Schülerinnen und Schüler können voneinander abschreiben und Lösungen austauschen, Prüfungen können von Eltern oder Bekannten anstelle der zu Prüfenden bearbeitet werden, etc. Mit dem Ziel der Verhinderung solcher Betrugsversuche werden panoptisch anmutende Online-Proctoring-Maßnahmen diskutiert: Das Verhalten der Geprüften könne während der Prüfung in Bild und Ton aufgezeichnet, die Nutzung von Browser und mobilen Devices kontrolliert bzw. gleich ganz unterbunden und Tastaturanschläge protokolliert werden (vgl. Foster/Layman 2013; kritisch Chin 2020; Funke et al. 2020). Die Überwachung von Prüfungssituationen und die Vereitelung von Betrugsversuchen sind natürlich keine Phänomene, die erst mit dem Internet aufgekommen sind; da das Netz jedoch Affordanzen zu Kommunikation und Kollaboration sowie zur Informationsrecherche in besonderem Maße aufweist, wirken unterbindende Proctoring-Maßnahmen hier besonders widersprüchlich.

Prüfungen im digitalen Zeitalter generell und im digitalen Fernunterricht im Besonderen bedürfen also eines moralischen Umdenkens sowie einer Haltungsänderung: Anstatt Schülerinnen und Schüler in Prüfungssituationen mit Misstrauen, Kontrolle und Überwachung zu begegnen, sollten Leistungserhebungen von einer Kultur des Vertrauens, der (Selbst-)Verantwortung und der Aufrichtigkeit geprägt sein. Eine defizitorientierte, vorverurteilende Erwartungshaltung, die a priori von der Unehrlichkeit der Lernenden ausgeht, weicht einem Vertrauen auf die Redlichkeit der Schülerinnen und Schüler, die so entsprechende moralische Wertvorstellungen und Selbstbilder internalisieren können. Nur so übernehmen die Lernenden (Mit-)Verantwortung für ihren eigenen Lernprozess und dessen Organisation und nehmen die Möglichkeiten zur Mit- und Selbstbestimmung in Anspruch.

Wie eine solche Kultur in der Schule eingeführt werden kann, demonstriert Mecklenburg (2020) in einem Brief an die Prüfungskandidatinnen und -kandidaten, der von einem positiv-zugewandten und persönlichen Verhältnis zwischen Lehrenden und Lernenden und von einer Kultur der Offenheit, Ehrlichkeit und Selbstreflexion geprägt ist, von Zuversicht in die Möglichkeiten sowie von der Achtung der Grenzen der Lernenden zeugt und die zwischenmenschliche Ebene von der Ebene der Bewertung und Benotung trennt.

Auch wenn oder gerade weil dieser Paradigmenwechsel herausfordernd ist – »denn alle Beteiligten sind im Rahmen eines Schulsystems sozialisiert worden, das Prüfungen ganz selbstverständlich an Präsenz und Kontrolle knüpft« (Dreier et al. 2020) –, sollte er durch geeignete Prüfungsformate unterstützt werden.

Es kann vermutet werden, dass vor allem fremdbestimmte und auf extrinsischer Motivation beruhende Prüfungsformate, die auf die Überprüfung von Wissen und Verständnis abzielen, Betrugsversuche begünstigen. Erfahren die Lernenden dagegen bereits im (Fern-)Unterricht ein hohes Maß an Selbsttätigkeit, lebensweltnaher Situiertheit und Kontextuiertheit, Vernetzung, sozialer Einbettung und vielfältiger Anschlussmöglichkeiten (vgl. Schmidinger 2012, S. 103 f.), erhöht dies die Wahrscheinlichkeit der Betrugsverhinderung auf persönlicher und inhaltlicher Ebene: Die Schülerinnen und Schüler entwickeln ausgehend von eigenen Fragestellungen im besten Falle einen subjektiv bedeutsamen Bezug zum Lerngegenstand und sind intrinsisch motiviert, ihren erworbenen Lernzuwachs und Kompetenzgewinn zu demonstrieren und zu diskutieren. Sie begegnen ihrem Lernprozess mit Eigenverantwortung und stellen diese auch in Prüfungssituationen unter Beweis.

Beispiele für den digitalen Fernunterricht: Das E-Portfolio

Im digitalen Fernunterricht ist vor diesem Hintergrund die Arbeit an E-Portfolios ein vielversprechendes Prüfungsformat. E-Portfolios sind zielorientierte Sammlungen von Arbeiten, die den individuellen Lernprozess in einem oder mehreren Themen- und Kompetenzbereichen abbilden sollen und digital erstellt und präsentiert werden. Im Gegensatz zu analogen Portfolios ermöglicht die digitale Variante die symmediale Einbettung schriftlicher, visueller, auditiver und audiovisueller Medien. Zusammen mit Verlinkungen auf weiterführende Quellen oder andere Portfolios gewinnt das E-Portfolio eine zusätzliche Verweis- und Ausdrucksebene. Formen des zeit- und ortsunabhängigen kollaborativen Arbeitens sind möglich und sinnvoll. Durch die Option, das Abschlussergebnis online zu veröffentlichen und zu präsentieren, gewinnt die eigene Arbeit zudem eine Sichtbarkeit, Reichweite und (Semi-)Öffentlichkeit, die traditionelle Prüfungsformate vermissen lassen oder allenfalls eingeschränkt bieten können.

Die Arbeit an individuellen oder kollektiven Portfolios wird begleitet vom Austausch mit der Lerngruppe und der Lehrperson und deren Feedback, sodass die Schülerinnen und Schüler zur stetigen Reflexion ihrer Lernentwicklung in einer positiven Fehlerkultur angeregt werden. Die Gütemerkmale des Portfolios werden unter Partizipation der Lernenden festgelegt und sorgen für Transparenz bezüglich der Ziele und der Bewertungskriterien (vgl. Bauer/Szucsich/Himpsl-Gutermann 2016, S. 129). Die eigentliche Bewertung der Prüfungsleistung erfolgt sowohl formativ als auch summativ. Portfolios ermöglichen somit einen hohen Grad an individualisierten und differenzierten Lernerfahrungen, die eingebettet sind in eine selbstbestimmte, eigenverantwortliche, situierte und adressatenorientierte Lernumgebung.

Der digitale Fernunterricht als Herausforderung und Chance für die digitale Transformation

Als Grundprinzip einer sinnvollen Prüfungskultur gilt das »Constructive Alignement« (vgl. Biggs/Tang 2011; Gerick/Sommer/Zimmermann 2018). Die Grundidee dieses Leitgedankens ist die Abstimmung der Prüfungsformate auf die Lehr- und Lernaktivitäten während des Unterrichts. Alle Kompetenzen, die das Prüfungsformat erfordert, müssen im Unterricht erworben werden können bzw. die Kompetenzen, deren Aneignung der Unterricht ermöglicht, sollen in der Prüfung unter Beweis gestellt werden. Ein Unterricht, der sich an den 4K (Kommunikation, Kollaboration, Kreativität und kritisches Denken) orientiert, bereitet beispielsweise nicht auf eine traditionelle Klausur oder auf einen Multiple-Choice-Test vor, in denen Interaktion und Zusammenarbeit mit anderen untersagt sind. Umgekehrt bereitet ein Unterricht, der auf Wissensvermittlung ausgelegt ist, nicht auf ein Prüfungsformat vor, das Kreativität und kritisches Denken verlangt.

So gilt für die Transformation der Prüfungsformate, dass diese nur dann gelingen kann, wenn auch die didaktischen Ansätze und das Verständnis von Lehren und Lernen den Bedingungen der Kultur der Digitalität gerecht werden. Zeitgemäße Prüfungsformate verlangen anspruchsvolle pädagogische, didaktische und dringend auch rechtliche Reformen von Unterricht und Schule. Umgekehrt gilt jedoch auch, dass die Einführung und Erprobung alternativer Prüfungsformate genau den Anstoß bieten und die Spielräume öffnen können, die ein erfolgreicher digitaler Wandel im Bildungssystem benötigt.

Literatur

Albrecht, C., Preis, M. & Schildhauer, P. (2021). Verstetigung im Wandel. Antinomien als Konstanten digitaler Transformation? In M. Beißwenger, B. Bulizek, I. Gryl & F. Schacht (Hrsg.), Digitale Innovationen und Kompetenzen in der Lehramtsausbildung (im Druck). Duisburg: UVRR.

Battelle for Kids (2019). Framework for 21st Century Learning. Definitions. http://static.battelleforkids.org/documents/p21/P21_Framework_DefinitionsBFK.pdf.

Bauer, R., Szucsich, P., & Himpsl-Gutermann, K. (2016). Zeig, was du kannst! E-Portfolios als alternatives Assessment-Tool im Fremdsprachenunterricht. https://homepage.univie.ac.at/alessandro.barberi/Publikationen/MEDIENIMPULSE%202016_2017.pdf#page=127.

Baumert, J., Watermann, R. & Schümer, G. (2003). Disparitäten der Bildungsbeteiligung und des Kompetenzerwerbs. Zeitschrift für Erziehungswissenschaft, 6 (S. 46-71).

Biggs, J. & Tang, C. (2011). Teaching for Quality Learning at University. What the Student Does. 4. Auflage. Maidenhead: Society for Research into Higher Education & Open University Press.

Blömeke, S., Risse, J., Müller, C., Eichler, C. & Schulz, W. (2006). Analyse der Qualität von Aufgaben aus didaktischer und fachlicher Sicht. In Unterrichtswissenschaft (S. 330-357), Jg. 34 (4).

Bolz, N. (1993). Am Ende der Gutenberg-Galaxis. Die neuen Kommunikationsverhältnisse. München: Wilhelm Fink Verlag.

Brandhofer, G., Baumgartner, P., Ebner, M., Köberer, N., Trültzsch-Wijnen, C. & Wiesner, C. (2019). Bildung im Zeitalter der Digitalisierung. In S. Breit, F. Eder, K. Krainer, C. Schreiner, A. Seel & C. Spiel (Hrsg.), Nationaler Bildungsbericht Österreich 2018, Band 2: Fokussierte Analysen und Zukunftsperspektiven für das Bildungswesen (S. 307-362). Graz: Leykam.

Brügelmann, H. (2006). Sind Noten nützlich – und nötig? Ziffernzensuren und ihre Alternativen im empirischen Vergleich. Eine Expertise der Arbeitsgruppe Primarstufe an der Universität Siegen im Auftrag des Grundschulverbands e. V., Frankfurt (Kurzfassung). In H. Bartnitzky, H. Brügelmann, U. Hecker & G. Schönknecht (Hrsg.), Pädagogische Leistungskultur (S. 17-46). Frankfurt am Main: Grundschulverband – Arbeitskreis Grundschule e.V.

Chin, M. (2020). Exam Anxiety: How Remote Test-Proctoring is Creeping Students Out. As schools go remote, so do tests and so does surveillance. https://www.theverge. com/2020/4/29/21232777/examity-remote-test-proctoring-online-class-education.

Döbeli Honegger, B. (2016). Mehr als 0 und 1 – Schule in einer digitalisierten Welt. Bern: hep.

Dreier. R., Krommer, A., Nölte, B. & Schmitz, O. (2020). Zeitgemäße Prüfungsformate für den Distanzunterricht. https://medium.com/@szcgn/zeitgemäße-prüfungsformate-für-den-distanzunterricht-adb4a1ffda91.

Driver, R. & Easley, J. (1978). Pupils and Paradigms: a Review of Literature Related to Concept Development in Adolescent Science Students. In Studies in Science Education, Vol. 5 (1) (S. 61-84).

Driver, R. & Oldham, V. (1986). A Constructivist Approach to Curriculum Development in Science. In Studies in Science Education, Vol. 13 (1) (S. 105-122).

Dunkake, I., Kiechle, T., Klein, M. & Rosar, U. (2012). Schöne Schüler, schöne Noten? Eine empirische Untersuchung zum Einfluss der physischen Attraktivität von Schülern auf die Notenvergabe durch das Lehrpersonal. In Zeitschrift für Soziologie. Jg. 41 (2) (S. 142-161).

Fadel, C., Bialik, M. &; Trilling, B. (2015). Four-Dimensional-Education. The Competencies Learners Need to Succeed. Boston: The Center for Curriculum Redesign.

Foster, D. & Layman, H. (2013). Online Proctoring Systems Compared. https://www.caveon.com/ wp-content/uploads/2014/03/Online-Proctoring-Systems-Compared-Mar-13-2013.pdf.

Funke, J., Ortelt, T. R. & Eugster, B. (2020). Online-Proctoring als didaktische Einbahnstraße. https://hochschulforumdigitalisierung.de/de/blog/online-proctoring-als-didaktische-einbahnstrasse.

Gerick, J., Sommer, A. & Zimmermann, G. (2018). Kompetenzorientierte Prüfungsformen – Eine praxisorientierte Hinführung. In dies. (Hrsg.), Kompetenz Prüfungen gestalten. 53 Prüfungsformate für die Hochschullehre (S. 9-17). Münster/New York: Waxmann.

Giesecke, M. (2005). Auf der Suche nach posttypographischen Bildungsidealen. In Zeitschrift für Pädagogik, Jg. 51 (1) (S. 14-29).

Gilbert, J. K. & Watts, D. (1983). Concepts, Misconceptions and Alternative Conceptions: Changing Perspectives in Science Education. In Studies in Science Education, Vol. 10 (1) (S. 61-98).

Groeben, N. & Scheele, B. (1977). Argumente für eine Psychologie des reflexiven Subjekts. Paradigmawechsel vom behavioralen zum epistemologischen Menschenbild. Darmstadt: Steinkopff.

Ingenkamp, K. (Hrsg.) (1971). Die Fragwürdigkeit der Zensurengebung. Texte und Untersuchungsberichte. Basel: Beltz.

Jürgens, E. & Sacher, W. (2000). Leistungserziehung und Leistungsbeurteilung. Neuwied: Luchterhand.

Kautz, C. & Billerbeck, K. (2018). Kombination von Einzel- und Gruppenprüfung im Zwei-Stufen-Verfahren. In J. Gerick, A. Sommer & G. Zimmermann (Hrsg.), Kompetenz Prüfungen gestalten. 53 Prüfungsformate für die Hochschullehre (S. 105-108). Münster/New York: Waxmann.

Köller, O. (2008). Lehr-Lern-Forschung. In W. Schneider & M. Hasselhorn (Hrsg.), Handbuch der Pädagogischen Psychologie (S. 210-222). Göttingen: Hogrefe-Verlag.

Krommer, A. (2019). Paradigmen und palliative Didaktik. In A. Krommer, M. Lindner, D. Mihajlović, J. Muuß-Merholz & P. Wampfler (Hrsg.), Routenplaner #digitaleBildung. Auf dem Weg zu zeitgemäßem Lernen. Eine Orientierungshilfe im digitalen Wandel (S. 81-100). Hamburg: ZLL21 e.V.

Maaz, K., Baeriswyl, F. & Trautwein, U. (2013). Herkunft zensiert? Leistungsdiagnostik und soziale Ungleichheiten in der Schule. In D. Deißner (Hrsg.), Chancen bilden. Wege zu einer gerechteren Bildung – ein internationaler Erfahrungsaustausch (S. 185-341). Wiesbaden: Springer VS.

McLuhan, M. (1968). Die Gutenberg-Galaxis. Das Ende des Buchzeitalters. Düsseldorf/Wien: Econ.

Mecklenburg, L. (2020). Bevor Du beginnst. Prüfungen ohne Aufsicht. https://medium.com/@ larsmecklenburg/bevor-du-beginnst-6b57bfd053f3.

Nölte, Björn (2017). Formative Assessment: Bewerten um des Lernens Willen. https://www.bpb.de/ lernen/digitale-bildung/werkstatt/255718/formative-assessment-bewerten-um-des-lernens-willen.

OECD (2018). The resilience of students with an immigrant background: Factors that shape wellbeing. Paris: OECD Publishing.

Reinmann, G. (2012). Was wäre, wenn es keine Prüfungen mit Rechtsfolgen mehr gäbe? Ein Gedankenexperiment. In G. Csanyi, F. Reichl, A. Steiner (Hrsg.), Digitale Medien – Werkzeuge für exzellente Forschung und Lehre (S. 29-40). Münster, New York, München und Berlin: Waxmann.

Reusser, K. (2006). Konstruktivismus – vom epistemologischen Leitbegriff zur Erneuerung der didaktischen Kultur. In M. Baer, M. Fuchs, P. Füglister, K. Reusser & H. Wyss (Hrsg.), Didaktik auf psychologischer Grundlage. Von Hans Aeblis kognitionspsychologischer Didaktik zur modernen Lehr- und Lernforschung (S. 151-168). Bern: hep.

Ricken, N. & Reh, S. (2017). Prüfungen – Systematische Aspekte der Geschichte einer pädagogischen Praxis: Einführung in den Thementeil. Zeitschrift für Pädagogik. Jg. 63 (3) (S. 247-258).

Ricken, N. (2018). Konstruktionen der ›Leistung‹. Zur (Subjektivierungs-)Logik eines Topos. In S. Reh & N. Ricken (Hrsg.), Leistung als Paradigma – Zur Etablierung und Transformation eines pädagogischen Konzepts (S. 43-60). Wiesbaden: Springer VS.

Rosa, L. (2019a). Lernen im digitalen Zeitalter. In A. Krommer, M. Lindner, D. Mihajlović, J. Muuß-Merholz & P. Wampfler (Hrsg.), Routenplaner #digitaleBildung. Auf dem Weg zu zeitgemäßem Lernen. Eine Orientierungshilfe im digitalen Wandel (S. 103-118). Hamburg: ZLL21 e.V.

Rosa, L. (2019b). Projektlernen im digitalen Zeitalter. https://shiftingschool.wordpress. com/2019/05/22/projektlernen-im-digitalen-zeitalter/.

Sacher, W. (2009). Leistungen entwickeln, überprüfen und beurteilen. Bewährte und neue Wege für die Primar- und Sekundarstufe. 5., überarbeitete und erweiterte Auflage. Bad Heilbrunn: Julius Klinkhardt.

Schleicher, A. (2018). Shaping the Digital Turn. Synergie. Fachmagazin für Digitalisierung in der Lehre, 6, (S. 10–15) https://www.synergie.uni-hamburg.de/de/media/ausgabe06/synergie06.pdf.

Schleicher, A. (2019). Weltklasse: Schule für das 21. Jahrhundert gestalten. Bielefeld: wbv Publikation.

Schlömerkemper, J. (2017). Pädagogische Prozesse in antinomischer Deutung. Begriffliche Klärungen und Entwürfe für Lernen und Lehren. Weinheim: Beltz Juventa.

Schmidinger, E. (2012). Lern- und unterrichtstheoretische Begründung alternativer Formen der Leistungsbeurteilung. In F. Hellmich, S. Förster & F. Hoya (Hrsg.), Bedingungen des Lehrens und Lernens in der Grundschule. Bilanz und Perspektiven (S. 101-104). Wiesbaden: Springer VS.

Schmidinger, E. (2013): Formative Leistungsbeurteilung. In Erziehung und Unterricht (S. 1-10). 9-10.

Smit, R. (2008). Formative Beurteilung im kompetenz- und standardorientierten Unterricht. In Beiträge zur Lehrerinnen- und Lehrerbildung. Jg. 26 (3) (S. 383-392).

Smit, R. (2009). Die formative Beurteilung und ihr Nutzen für die Entwicklung von Lernkompetenz. Eine empirische Studie in der Sekundarstufe 1. Baltmannsweiler: Schneider.

Stalder, F. (2017). Kultur der Digitalität. 2. Auflage. Berlin: Suhrkamp.

Vrabl, O. (2020). Lehren und Lernen in disruptiven Zeiten: (Online) Open Book Exam & Take Home Exam. Hinweise für Lehrpersonen. http://oliviavrabl.com/pdf/online_openbook_exam_lehrende.pdf.

Wampfler, P. (2020). Von Prüfungen zu Kompetenznachweisen zu Kollaboration. https://schulesocialmedia.com/2020/06/11/von-pruefungen-zu-kompetenznachweisen-zu-kollaboration/.

Weinberger, D. (2013). Too Big To Know. Das Wissen neu denken, denn die Fakten sind keine Fakten mehr, die Experten sitzen überall und die schlaueste Person im Raum ist der Raum. Bern: Hans Huber.

Anna Reuter

Reflexionskompetenz – Gelingensbedingung in hybriden Lernprozessen

Die Schule als System wurde – in der Wahrnehmung unmittelbar Beteiligter – vermutlich immer schon als volatil erlebt. Das belegen neue Bildungspläne, didaktische Konzepte, pädagogische Strömungen und nicht zuletzt Generationen »neuer« Schülerinnen und Schüler, die mit Buchstaben und anderen Titeln Zuschreibungen erfuhren, die sie von älteren Generationen abgrenzten. Das Schulsystem ist fortwährend Veränderungen unterworfen, denen bislang mehr oder weniger gelassen mit Alltagsstrategien begegnet werden konnte. Über Jahrzehnte hinweg musste sich das System Schule daher nicht maßgeblich neu ausrichten. Die Schulschließungen während der Corona-Krise zum Jahresbeginn 2020 aber haben in einem Maße das Verlassen der Komfortzone erforderlich gemacht, das die oben genannten Vermeidungsstrategien an ihre Grenzen führte. Lehrende wie Lernende sahen sich teils gewaltigen Handlungsbedarfen gegenüber, die für viele Veränderungen und damit neue Erfahrungen mit sich brachten: Für Kommunikation, die Bereitstellung und das Abrufen von Wissen, Leistungsräume, Beurteilungsprozesse etc. mussten »andere« Formate gefunden und in den Austausch gebracht werden. Gleichsam katalytisch hat der Fernunterricht in der Folge Abgleichungsprozesse angestoßen, der Diskurs über sich in Videokonferenzen verändernde Kommunikation, die Relevanz der Beziehungsgestaltung, die Aktualität der Lehrpläne und andere Themen ist nicht mehr nur in kleinen bildungsnahen Zirkeln geführt worden. Die Schöpfung des Begriffs »neue Normalität« zeugt von der gesellschaftsweiten Konfrontation mit diesen gemeinsam erlebten Umbrüchen.

Gleichwohl werden diese Veränderungen höchst unterschiedlich beurteilt, je nach Vorstellung von »guter Schule« und dem, was diese heute und zukünftig zu leisten hat. Zeichnen wir beispielsweise das in diesem Band bereits entfaltete Bild künftig erforderlicher Lern- und Lehrprozesse nach, wird an einem Aspekt von Schule und Unterricht besonders deutlich, mit welch radikalem Wandel wir gerade umzugehen suchen: Mit Blick auf die Thematik »Prüfungsformate [resp. Leistungsbeurteilung] im digitalen Wandel« stellt sich eindrücklich die Größe der Reibungsfläche dar. Im synchron organisierten Präsenzunterricht war und ist Leistungsbeurteilung so selbstverständlich ein Verfahren, das für alle Schülerinnen und Schüler zur gleichen Zeit am gleichen Ort stattzufinden hat, dass sich diese »Vorgabe« nicht einmal in den relevanten Gesetzestexten wiederfindet (vgl. Schmitz 2020). Ähnlich selbstverständlich ist, dass die zu beurteilende Leistung in einem kontrollierten Rahmen erbracht wird. Im Zuge der Schulschließungen und des zu gestaltenden Fernunterrichts zeigte sich schnell, dass hier Klärungsbedarf bestand, da diese bestehenden Vorannahmen bzw. Verfahren nicht übertragbar waren.

Wie also können die während der Distanzphasen erbrachten und teils sehr bemerkenswerten Leistungen der Schülerinnen und Schüler wertgeschätzt werden, wenn das bekannte Beurteilungssystem nicht stolperfrei anzuwenden ist, da es auf Gleichzeitigkeit und Isoliertheit fußt? An diesem Phänomen wird deutlich, dass es nicht darum geht, Prüfungsformate zu identifizieren oder zu entwickeln, die den hergebrachten Postulaten Rechnung tragen. Vielmehr ist nun angezeigt, Vorannahmen zu hinterfragen. Am Beispiel *Leistungsbeurteilung* festgemacht hieße das, zu klären, woraufhin genau wir Leistung ermöglichen, Leistung erfassen, Leistung kommunizieren und schlussendlich auch beurteilen.[14] Offenbar muss Leistungsbeurteilung im System Schule neu gedacht werden.

Ein weiteres Beispiel aus diesem thematischen Kontext (Reuter 2020): Unlängst hat ein Online-»Prüfungsformat« in den sozialen Medien von sich reden gemacht, das die Problematik auf den Punkt bringt: Für eine im Fernunterricht zu bearbeitende Klassenarbeit sollten sich die Schülerinnen und Schüler mit zwei Geräten zu einer Onlinekonferenz anmelden, die zu lösende Aufgabe ausdrucken und sich dann bei der Erarbeitung filmen, sodass die Lehrperson nachvollziehen konnte, dass nicht geschummelt wurde. Was wird hier überprüft? Die technische Ausstattungsqualität der Familie? Die Medienkompetenz im Umgang mit zwei Geräten? Die Konzentrationsfähigkeit angesichts der digital überwachenden Präsenz des Lehrers? Hier ist zweifelsohne ein Weg beschritten worden, der technologische Artefakte unserer Zeit zielführend eingesetzt hat. Aber ist das hier verfolgte Ziel noch zeitgemäß? Steht hier nicht überdies ein Generalverdacht im Raum, der allen Schülerinnen und Schülern nicht angemessenes Verhalten unterstellt? Dazu kommt, dass ein gemeinsames Erarbeiten, der selbstständig in die Wege geleitete Diskurs und das kollaborative Verfassen des Lernprodukts, Pfuschen also, im Vergleich zur regelkonformen Lösung der gestellten Aufgabe als schlechtere Variante gilt. Was aber wäre, wenn eben diese Form des »Pfuschens« die lernwirksamere wäre? Und schlimmer noch: Ist nicht die Vorannahme, die Leistungsnote könne das Richtige und Relevante erfassen, mit Blick auf die im 21. Jahrhundert erforderlichen Kompetenzen ohnehin obsolet? Was also tun? Wenn Leistungsbeurtei-

---

14 Zu Recht stellt Christian Albrecht in diesem Band (S. 130ff.) infrage, ob diese Leistung immer auch benotet werden muss.

lung laut schulrechtlicher Vorgabe als Grundlage für individuelle Förderung dient, muss sie vorrangig Aufschluss geben über Potenziale und relevante Rückschlüsse mit Blick auf Förderaspekte erlauben. Das »Woraufhin fördern?« ist heute also anders zu beantworten als ehedem, da deklaratives Wissen neben konzeptuellem, prozedualem und vor allem metakognitivem Wissen neu gewichtet werden muss.

Die komplexen Fragestellungen, die auch dieses Beispiel aufruft, zeigen ein weiteres Mal die Notwendigkeit auf, Leistungsbeurteilung im System Schule neu zu rahmen (vgl. dazu den Beitrag von Albrecht in diesem Band). Vor allem aber offenbaren sich an diesem exemplarischen Themenfeld blinde Flecken nicht unerheblichen Ausmaßes. Ein System wie *Schule*, das sich fortwährend verändert und diesen Prozess aktiv hinterfragen und gestalten muss, wenn es auf qualitativ relevante und nicht auf zufällige Veränderungen abzielt, kann sich ein Reflexionsvakuum solcher Relevanz nicht leisten. Offenkundig besteht nicht nur Bedarf, die inhaltlich-intentionale Ausrichtung der schulischen Ausbildung zu hinterfragen, sondern das System selbst als lernende Organisation muss Reflexionsbedarfen umfänglicher und flexibler entsprechen. Metakognitive Reflexionsprozesse sind dabei Garant für transferfähige, handlungsleitende Erkenntnis und als solche unabdingbar in komplexen, problemlösenden Lernprozessen, sowohl für die lernende Organisation als auch auf unterrichtlicher Ebene.

Reflexion als Gelingensbedingung im Hybridunterricht

Die exemplarische Betrachtung der Umwälzungsbedarfe im Themenfeld Leistungsbeurteilung kann die Bedeutung von Reflexion für das System Schule eindrücklich aufzeigen. Noch relevanter wird Reflexionskompetenz, betrachtet man sie aus der Perspektive der Schülerinnen und Schüler: In asynchronen Phasen des Fernunterrichts sind sie in besonderem Maße gefordert, eigenverantwortlich zu arbeiten.

Eigenverantwortlichkeit bedeutet in diesem Zusammenhang beispielsweise:
- über die Kommunikationswege informiert zu sein und diese nutzen zu können
- die Instruktionen, ungeachtet des Formats (Text, Video, Audioaufnahme, Internetseite etc.) zur Verfügung zu haben und eigenständig zu erarbeiten
- sich bei Bedarf aktiv Hilfe in der Peergroup zu holen
- Aufgabenstellungen allein oder im Team selbstständig zu bearbeiten und Probleme dabei zu lösen
- die Motivation auch in längerfristigen Lernprozessen aufrechtzuerhalten
- die Vor- und Nachteile von Einzel- oder Gruppenarbeit abzuwägen und sich begründet für ein Setting zu entscheiden
- den Grad an erforderlicher Sorgfalt zu entscheiden
- sich die Zielsetzung des Lernprozesses verlässlich vor Augen zu führen

- den zur Verfügung stehenden Zeitrahmen im Blick zu halten
- zu entscheiden, wie differenziert und verantwortungsbewusst Feedback für die Optimierung der eigenen Lernprodukte und/oder des Lernprozesses genutzt wird (*Welche Konsequenzen leite ich für mich und mein Handeln aus dem Feedback der Lehrperson/meines Lernpartners ab?*)
- die Ergebnisse zu prüfen, gegebenenfalls zu optimieren und zur Verfügung zu stellen, etc.

Das sind echte Herausforderungen. Gehen wir davon aus, dass Aufgabenstellungen künftig komplexere Kompetenzbereiche in den Blick nehmen bzw. in tendenziell offeneren Unterrichtssettings dialektische Problemstellungen noch stärker individuelle Strategien abrufen werden, wird sich der oben dargestellte Bedarf noch deutlicher herausstellen. Diese Herausforderung kann sicherlich in dialogischen Lernprozessen im regelmäßigen Austausch mit den Lehrenden und den Peergroups gesenkt werden. Zwischenfeedback würde ein Nachjustieren des Lernprozesses erlauben. Dennoch werden in weiten Teilen die Schülerinnen, die Schüler bzw. Teams den Lernprozess eigenständig zu gestalten haben, sodass metakognitive Kompetenzen resp. Reflexionskompetenz an Bedeutung gewinnen.

Insofern rückt die Frage nach dem Kompetenzaufbau in den Fokus: Inwiefern gelingt es uns aktuell, in unterrichtlichen Prozessen Reflexionskompetenz anzubahnen? Woran machen wir fest, dass Lernfortschritte erzielt werden? Was genau macht ein hohes Reflexionsvermögen aus?

Reflexive Haltung in einer sich verändernden Schule

Ein Veränderungsprozess ist zugleich ein Lernprozess, wenn die Veränderung reflexiv bearbeitet wird. Reflektiertheit als Dimension des Meta-Lernens zielt ab auf ein tieferes Verständnis der eigenen Lernprozesse und die Befähigung zu deren Selbststeuerung. Die Verantwortung für erfolgreich erlebte Veränderung liegt also bei jeder und jedem Lernenden selbst. Ich als Teil des sich wandelnden Systems muss Veränderung und vor allem mein eigenes Lernen positiv konnotieren. Dabei ist kritische Distanz zum eigenen Tun erforderlich. Auch gilt es, die persönliche Triebfeder zu identifizieren, um in der Folge die eigenen Lernfortschritte als Motor gewinnbringend nutzen zu können.

In einer Kultur der Digitalität, in der das Wissensmonopol nicht mehr bei einzelnen Personen liegt, benötige ich Strategien, relevantes Wissen zu beschaffen und dieses zielführend zu nutzen. Bin ich in der Lage, Missgeschicken, Fehlern oder Unerwartetem mit angemessener Distanz, vielleicht sogar mit Humor zu begegnen? Kann ich mich vom Begriff »Fehler« (als normativem Negativpol) verabschieden und stattdessen das Optimierungspotenzial in den Fokus rücken?

Sich selbst als Lernende zu erleben, kann positiv wie negativ konnotiert sein. Sich selbst als wirksam zu erleben hingegen nicht. Dieses Gefühl wird wohl von jedem Menschen als positiv wahrgenommen. Umso sinnvoller ist es, Lernprozesse so zu gestalten, dass die eigene Selbstwirksamkeitserwartung erfüllt werden kann. Lasse ich mich als Schülerin oder Schüler vom Glaubenssatz leiten, Mathe noch nie gekonnt zu haben (und deshalb auch nie zu können), oder glaube ich, dass ich, wenn ich mich auf den Lernprozess einlasse, auch bislang Unbekanntes oder Nichtgekonntes werde lernen können? Bin ich als Lehrer oder Lehrerin in der Lage, eine unterrichtliche Erfahrung mehrperspektivisch zu beleuchten und so zu verarbeiten, dass sich mein Handlungsrepertoire erweitert? Oder beobachte ich mich dabei, die Ursache für nicht gelungene Unterrichtsprozesse bei den Schülerinnen und Schülern zu suchen, die nicht genügend mitgemacht haben?

Theorien der Kausal-Attribution zeigen Zusammenhänge zwischen Erfolgs- bzw. Misserfolgserleben und der individuellen Selbstzuschreibung von (stabil zur Verfügung stehenden) Fähigkeiten und (variabler) Anstrengungsbereitschaft der Lernenden auf. Kann ich weniger gute Leistungen meiner fehlenden Anstrengungsbereitschaft zuschreiben, sehe ich die Qualität meiner Arbeit als kontrollierbar bzw. beeinflussbar an und verorte Misserfolge nicht als unveränderlich. »Erfolg sollte internal, variabel und kontrollierbar erklärt werden. Das heißt, der Erfolg ist auf meine eigene Anstrengung, die ich selbst kontrollieren kann, zurückzuführen. Misserfolg sollte ebenfalls internal, variabel und kontrollierbar erklärt werden. Das heißt, der Misserfolg ist auf meine mangelnde Anstrengung zurückzuführen, die ich aber beeinflussen kann« (Rosemann/Bielski 2001, S. 103). Edward Deci und Richard Ryan gehen in ihrer Selbstbestimmungstheorie davon aus, dass ein »Mensch die angeborene motivationale Tendenz hat, sich mit anderen Personen in einem sozialen Milieu verbunden zu fühlen, in diesem Milieu effektiv zu wirken (zu funktionieren) und sich dabei persönlich autonom und initiativ zu erfahren« (Deci/Ryan 1993, S. 229).

Was bedeuten diese Haltungsaspekte für die Konzeptualisierung des Begriffs »Reflexion«?

Reflexionskompetenz – eine Annäherung an den Begriff

Sollen metakognitive Reflexionsprozesse innerhalb eines lernenden Systems in diesem Sinne gewinnbringend sein, reicht es nicht, sich der Aufgabe »Reflektiere dich!« zu stellen. Braucht es dafür nicht zunächst eine Antwort auf die Frage, was erkenntnisbringendes Reflektieren ausmacht? Prüfen Sie einmal: Könnten Sie beschreiben, woran Sie festmachen, dass Sie jemanden als »sehr reflektiert« erleben?

Erste Thesen bieten sich an: Erfolgreiches Reflektieren ist dann gegeben, wenn Lernende eigenständig in der Lage sind, eine Erfahrung metakognitiv in einem aktiv und zielführend strukturierten Prozess so zu verarbeiten, dass sie tragfähige Handlungsmöglichkeiten konsolidieren bzw. erweitern. Reflexionskompetenz bedeutet also, über entsprechendes konzeptuelles Wissen (»Ich habe ein belastbares Konzept des Begriffs ›Reflexion‹ entwickelt«), prozeduales Wissen (»Ich kenne und nutze Instrumente und strukturierende Prozessstrategien«) und metakognitives Wissen (»Ich weiß, was und wie ich lernen möchte und kann den Prozess entsprechend steuern«) zu verfügen. Die lernwirksame Selbstattribution »Ich kann meinen Lernerfolg steuern« und damit einhergehendes Autonomieerleben wären mit diesen Zugriffen adressiert.

John Dewey liefert in seinem grundlegenden Werk »How we think« eine weitere Annäherung an den komplexen Begriff:

> *Reflection involves not simply a sequence of ideas, but a consequence — a consecutive ordering in such a way that each determines the next as its proper outcome, while each in turn leans back on its predecessors. The successive portions of the reflective thought grow out of one another and support one another; they do not come and go in a medley. Each phase is a step from something to something — technically speaking, it is a term of thought. Each term leaves a deposit which is utilized in the next term. The stream or flow becomes a train, chain, or thread. (1933, S. 1)*

Dewey beschreibt zunächst einen inkrementellen Prozess, in dem Erkenntnisse interdependent aufeinander aufbauen. Weiterhin heißt es dort:

> *»Further consideration at once reveals certain subprocesses which are involved in every reflective operation. These are: a) a state of perplexity, hesitation, doubt and b) an act of search or investigation directed toward bringing to light further facts which serve to corroborate or to nullify the suggested belief« (ebd., S. 4).*

Hier lassen sich Querbezüge zum Lernverständnis aus einem kognitiven Konflikt heraus sowie zu motivational relevanten Aspekten des »wissen Wollens« herstellen. Dewey legitimiert damit das in diesem Beitrag herangezogene Verständnis von Reflexion als Lernprozess.

Bei Niklas Luhmann finden sich weitere Ansätze, die Auskunft darüber geben, wie sich Reflexion konkreter beschreiben ließe: Soziale Systeme (und damit auch die Schule) bestehen aus Kommunikationen. In diesen Systemen anschlussfähig, das heißt in Kommunikation zu bleiben, macht erforderlich, dass wir über selbstreferenzielle Techniken verfügen: Wir müssen befähigt sein zur Selbstbeobachtung, Selbstbeschreibung, Selbstvereinfachung (vgl. Schuldt 2017, S. 26 f.).

Diese kurze Konzeptualisierung verdeutlicht die Komplexität des Unterfangens einmal mehr. Um die Reflexionsprozesse jedoch noch greifbarer und damit für

Lernende steuerbar zu machen, braucht es operationalisierbare Beschreibungen des Reflexionsprozesses.

Operationalisierung von Reflexion

Diese Ausführungen lassen sich mit Gelingensbedingungen in Reflexionsprozessen zusammenfassen: Diese Prozesse sollten möglichst
- Selbststeuerung erfahrbar machen (im Sinne des Autonomieerlebens respektive positiver Selbstattribution)
- inkrementell strukturiert sein
- aus einer Unsicherheit/Assimilationsbedarf heraus initiiert werden (das heißt an den Fragen der Lernenden orientiert sein)
- in der Folge motivational bedeutsam sein
- Phasen der Selbstbeobachtung, -beschreibung und -vereinfachung beinhalten

An dieser Stelle bietet es sich an, existierende Modelle in den Blick zu nehmen, die über diese Voraussetzungen bereits verfügen. Im Rahmen einer Studie zur Reflexionsfähigkeit von Lehramtsstudierenden unterscheiden beispielsweise John D. Bain, Colleen Mills, Roy Ballantyne und Jan Packer fünf Reflexionsebenen; die Autoren der Studie gehen ebenso wie Dewey von einem Stufenmodell aus und gewährleisten somit eine inkrementelle Struktur.

Im benannten Modell werden die beobachteten Verarbeitungsebenen der Studierenden mit Blick auf ihr Reflexionsniveau kategorisiert: Ausgehend vom *Reporting* (Berichten oder Nacherzählen ohne Bezug zu eigenen Erkenntnissen) entwickelt sich die Reflexionsfähigkeit über die Phasen des *Responding* (Beobachten oder Urteilen ohne weitere Schlussfolgerungen oder Erläuterungen), *Relating* (Identifizieren persönlicher Bedeutungen, Erklärungen oder Fehler, aber aus einem teils oberflächlichen Verständnis heraus) und *Reasoning* (aus einem tiefen Verständnis heraus Erfahrung analysieren und Hypothesen bilden) bis hin zur *Reconstruction* (hohes Maß an abstraktem Denken, Verallgemeinern bzw. Extrahieren allgemeiner Prinzipien, Planen des weiteren Lernens) (vgl. Bain/Mills/Ballantyne/Packer 1999).

Aufbauend auf diesem Modell bietet es sich nun an, die jeweiligen Stufen so klar zu umreißen, dass sie dem hier intendierten Anwendungsbezug entsprechen. Darüber hinaus bedarf es konkreter, beobachtbarer Operatoren, damit diese für selbstgesteuerte Optimierungsplanungen und Feedback herangezogen werden können. Im Themenfeld der Geographie erforschte Nina Brendel bereits 2017, ebenfalls aufbauend auf den Reflexionsstufen nach Bain et al., wie tiefere Reflexion im Sinne *globalen Lernens* angestoßen werden kann. Mithilfe von Weblogs als digitale Lerntagebücher wurde nach qualitativer Methodik erhoben, wie tiefgreifend

Schülerinnen und Schüler über diese oder ähnliche Themenfelder des *globalen Lernens* reflektieren, welche Faktoren Reflexion beeinflussen und wie reflexives Denken individuell und gezielt gefördert werden kann (Brendel 2017).

Die hier perspektivisch durch die Bedarfe des Hybridunterrichts gerahmten inhaltlichen Voraussetzungen machen indes eine Überprüfung und Anpassung der Stufen erforderlich. Die Gelingensbedingungen der Reflexionsprozesse müssen sich in den jeweils benannten Operatoren abbilden. Das bedeutet beispielsweise, dass die Selbstbeobachtung als Ausgangspunkt des Reflexionslernprozesses explizit Erwähnung findet und somit den Lernenden die Relevanz der individuellen Wahrnehmung vor Augen führt. Operatoren, die Irritationen oder Zweifel illustrieren, können diese neu als Reflexionsanlässe (und nicht als Indiz für das eigene Unvermögen) auffassen. Das Stufenmodell erlaubt in der Folge insofern Selbststeuerung, als Lernende die für sie relevanten Beobachtungsaspekte und Fragestellungen herausfiltern können. Je nach Reflexionskontext böte es sich darüber hinaus an, jeweils relevante Implikationen zur Verfügung zu stellen oder mit zunehmender Reflexionserfahrung gemeinsam zu identifizieren, sodass der Lernanlass noch zielführender fokussiert werden kann.[15]

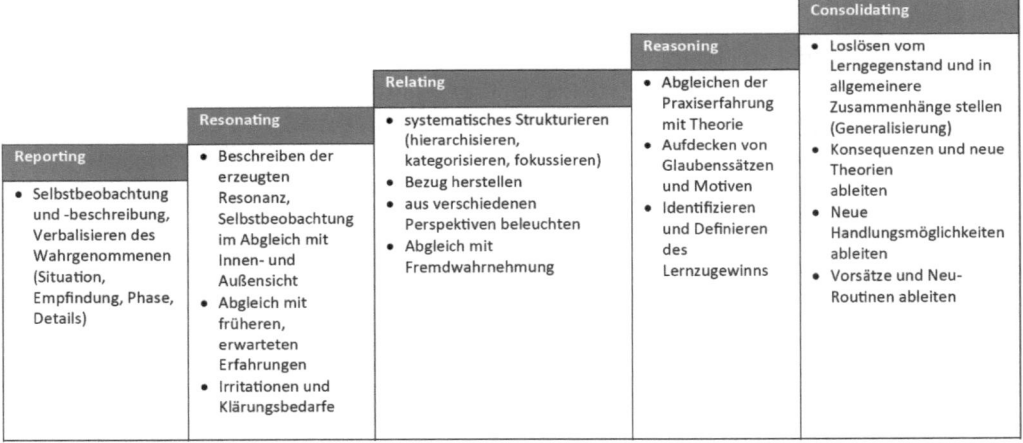

Abb. 1a: Übersicht der Reflexionsstufen

15 Beispiel aus dem Kontext Lehrerausbildung: »Aspekte Ihrer Überlegungen könnten sein: Zielerreichung nebst Indikatoren, Grad der Schüler- und Lehreraktivität, Gelenkstellengestaltung, Leistungsniveau, Methodenpassung etc.«

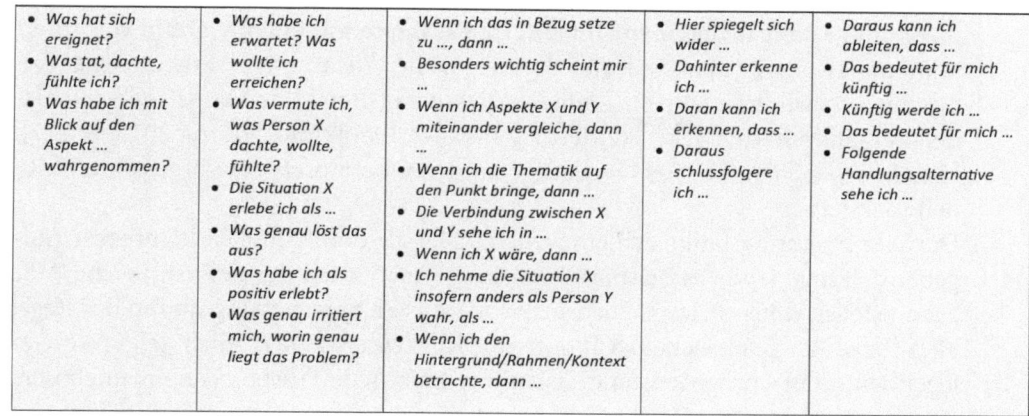

• Was hat sich ereignet? • Was tat, dachte, fühlte ich? • Was habe ich mit Blick auf den Aspekt ... wahrgenommen?	• Was habe ich erwartet? Was wollte ich erreichen? • Was vermute ich, was Person X dachte, wollte, fühlte? • Die Situation X erlebe ich als ... • Was genau löst das aus? • Was habe ich als positiv erlebt? • Was genau irritiert mich, worin genau liegt das Problem?	• Wenn ich das in Bezug setze zu ..., dann ... • Besonders wichtig scheint mir ... • Wenn ich Aspekte X und Y miteinander vergleiche, dann ... • Wenn ich die Thematik auf den Punkt bringe, dann ... • Die Verbindung zwischen X und Y sehe ich in ... • Wenn ich X wäre, dann ... • Ich nehme die Situation X insofern anders als Person Y wahr, als ... • Wenn ich den Hintergrund/Rahmen/Kontext betrachte, dann ...	• Hier spiegelt sich wider ... • Dahinter erkenne ich ... • Daran kann ich erkennen, dass ... • Daraus schlussfolgere ich ...	• Daraus kann ich ableiten, dass ... • Das bedeutet für mich künftig ... • Künftig werde ich ... • Das bedeutet für mich ... • Folgende Handlungsalternative sehe ich ...

Abb. 1b: Übersicht der Fragestellungen für die Reflexionsstufen.

Aufbau von Reflexionskompetenz – Konsequenzen für den Unterricht

Die Komplexität einer umfassenden Reflexionskompetenz legt nahe, Schülerinnen und Schülern regelmäßig und institutionalisiert Angebote zu machen, um entsprechenden Kompetenzaufbau anzubahnen. Lernsettings müssen Reflexionsprozesse thematisieren und Reflexionserfahrung ermöglichen; Aufgabenstellungen sollten es erforderlich machen, Reflexionstechniken zu erproben und zu optimieren. Prüfen die Lerngruppen in dialogischen Lernprozessen regelmäßig gemeinsam, auf welcher Reflexionsstufe sie sich befinden, trainieren sie differenzierendes, relationales und mehrperspektivisches Denken. Reflexionsfähigkeit wird dabei mithilfe von konkret operationalisierten Fragestellungen (siehe oben) gefördert, da jede und jeder Lernende sich selbst im Reflexionsprozess verorten kann und lernt, diesen aktiv zu steuern.

Darüber hinaus sind zahlreiche Vehikel denkbar, die metakognitive Strategien zum Thema machen und strukturell in Lernprozesse eingebunden werden können. Hierzu zählen z. B. Lerntagebücher bzw. Logbücher, ritualisierte Feedbackphasen oder Peer-Settings, die innerhalb der Klassengemeinschaft oder auch klassen- bzw. stufenübergreifend angesiedelt sind. Oftmals sind bereits vorhandene Förderkonzepte mit Blick auf Reflexionsanlässe zu optimieren bzw. neu auszurichten.

Regelmäßiger Meta-Unterricht zu Zielerreichung, Kommunikation, Prozessplanung und -gestaltung und sozialem Miteinander erlaubt den Schülerinnen und Schülern, nach und nach systemische Denkstrategien nachzuvollziehen und herzuleiten. Nach Derek Cabrera bedeutet dies, folgende Aspekte in Denkprozesse einzubeziehen: »Differenzierung (›Entwickle zunehmend anspruchsvolle Beschreibungen von Gedanken und Gegenständen‹), Systeme (›Dekonstruiere

Ideen und rekonstruiere neue integrierte Konzepte mit einer Vielzahl von Interaktionen zwischen dem Teil und dem Ganzen‹), Relationen (›Erkenne die Verbindungen zwischen Dingen‹) und Perspektiven (›Betrachte Dinge von verschiedenen Standpunkten aus‹)« (zitiert nach Fadel, Bialik und Trilling 2017, S. 117).
Hier lassen sich schlüssig Querbezüge zu den Operatoren des vorgestellten Modells herstellen.

Darüber hinaus bestätigt sich ein weiteres Mal die Sinnhaftigkeit komplexer Aufgabenstellungen, wie es beispielsweise im Projektlernen der Fall ist: Solche Aufgaben stellen differenzierte, anspruchsvolle Auseinandersetzung und in der Regel
Neu- bzw. Re- oder Dekonstruktion von Konzepten sicher. Auch geben sie Gelegenheit, dem Lerngegenstand gegenüber eine neue Perspektive einzunehmen.
Kritisch-systemisches Denken kann zuverlässig gefördert werden und führt zu
höherem Reflexionsvermögen. Ein schüleraktivierender, kurze Zeitspannen um-
fassender Wechsel zwischen Instruktions- und Konstruktionsphasen, trainiert
überdies diskursives Denken und Selbstbeobachtung.[16]

Tendenziell »agile« Lernsettings können Reflexionskompetenz insofern begünstigen, als ihnen per definitionem Prinzipien des (sich selbst) Prüfens und Ad-
aptierens innewohnen (»inspect and adapt«). Agile Rahmenwerke wie *Scrum*, die
mittlerweile auch in schulischen Kontexten umgesetzt werden, schaffen mit fest
verankerten Evaluationsereignissen und Artefakten vielfältige Reflexionsanlässe
(Reuter 2020).

Des Weiteren bieten Verfahren aus der Kognitionsforschung und Psychologie Impulse, die geeignet sind, Denkstrategien und handlungsleitende Denkmuster auf-
zudecken und in den Diskurs einzubringen. Exemplarisch sei hier das *Repetory
Grid*-Verfahren nach George Kelly genannt. Mithilfe dichotomer Beschreibungen
eines Umstandes, Gefühls, einer Eigenschaft o. Ä. und des sich anschließenden
systematischen Vergleichs können individuelle Konstrukte und Glaubenssätze
aufgedeckt und bearbeitbar werden (vgl. Grabner, 2006, S. 7).[17] Verfahren, die re-
lational strukturierend wirken, wie die Strukturlegetechnik, Szene-Stop-Reaktion
(vgl. Wahl 2020) und andere, sind ebenfalls hilfreich, Bezüge zwischen Handeln

---

16 Hier passt ein Impuls von Rolf Dubs zu »guten und schlechten Denkern«: Schlechte Denker
suchen nach Gewissheit und Sicherheit und vermeiden Vieldeutigkeit. Sie sind nicht selbstkritisch und mit ersten Lösungsansätzen zufrieden. Sie sind impulsiv, geben rasch auf und sind von
der Richtigkeit erster Ideen überzeugt. Die allgemeinen Merkmale von »Guten Denkern« sind
hingegen: Sie begrüßen kritische Situationen und schätzen Vieldeutigkeit. Sie sind genügend
selbstkritisch, suchen immer nach anderen Möglichkeiten und Zielen, suchen vielseitige Belege.
Sie sind reflektiv und überlegend, suchen wenn nötig intensiv (1995).

17 Ein Beispiel aus meiner Fachseminararbeit kann das Potenzial aufzeigen: Auf die Frage nach
dem Gegenteil von »zuverlässig« bieten unterschiedliche Antworten wie »schlampig« oder »unabhängig« eine dichotome Polarisierung, die es erlaubt, über die dahinterliegende Werthaltung
ins Gespräch zu kommen.

und Denkschemata herzustellen und forschend auf die eigene Kompetenzentwicklung zu blicken.

Insbesondere für Lehrerinnen und Lehrer ist Reflexion mit Blick auf Abgleich zwischen Theorie und Praxis unabdingbar, um Erfahrung gewinnbringend in Einsicht zu überführen. Hier böten sich Lerntandems an, die themenbezogen Alltagssituationen im Unterricht erforschen und für ihre Reflexionsvorhaben Zeit und Raum erhalten. Auch schulübergreifende Partnerschaften oder projektbezogene Kooperationen mit Universitäten, Unternehmen oder Studienseminaren, bestenfalls zusammen mit Schülerinnen und Schülern, sind empfehlenswert, da sie Multiperspektivität und damit Differenzierungspotenzial gewährleisten.

Grundsätzlich scheint es mir (für alle Beteiligten des Bildungssystems) ratsam, aus einer bewusst undogmatischen Haltung heraus reflexiven Umgang mit Alltagserfahrungen zu pflegen, regelmäßig die eigenen Glaubenssätze zu hinterfragen und dies auch modellhaft vorzuleben. Hier schließt sich der Kreis zu den eingangs ausgemachten Klärungsbedarfen im Themenfeld der Leistungsbeurteilung. Sie ließen sich als Lernfeld im hybrid organisierten Unterricht heranziehen, um daraus zukunftsrelevante Rückschlüsse auf Lernen im postdigitalen Zeitalter abzuleiten. Das böte nicht zuletzt Anlass, unsere eigene Reflexionskompetenz immer wieder in Abgleich zu bringen. Diese Chance sollte das System *Schule* nicht ungenutzt vorüberziehen lassen.

Literatur

Bain, J., Mills, C., Ballantyne, R. & Packer, J. (1999). Using Journal Writing to Enhance Student Teachers' Reflectivity During Field Experience Placements. In Teacher and Teaching: theory and practice (S. 51-73).

Brendel, N. (2017). Reflexives Denken im Geographieunterricht. Eine empirische Studie zur Bestimmung von Schülerreflexion mithilfe von Weblogs im Kontext Globalen Lernens. Münster: Waxmann Verlag.

Deci, E. & Ryan, R. (1993). Die Selbstbestimmungstheorie der Motivation und ihre Bedeutung für die Pädagogik. Zeitschrift für Pädagogik 39 (S. 223-238).

Dewey, J. (1933). How we think. Boston: Houghton Mifflin Harcourt.

Dubs, R. (1995). Lehrerverhalten. Zürich: Verlag des Schweizerischen Kaufmännischen Verbandes.

Fadel, C., Bialik, M., & Trilling, B. (2017). Die vier Dimensionen der Bildung. Was Schülerinnen und Schüler im 21. Jahrhundert wissen müssen. Hamburg: ZLL21 e. V.

Grabner, H. (2006). Die Persönlichkeitkonstrukttheorie von George Kelly. Norderstedt: GRIN Verlag.

Reuter, A. (2020). Warum Scrum in der Schule? In T. Mittelbach (Hrsg.), Scrum in die Schule. eBook. Karlsruhe: Visual Ink Publishing.

Rosemann, B., Bielski, S. (2001). Einführung in die Pädagogische Psychologie. Weinheim: Beltz.

Schmitz, O. (2020). Zeitgemäße Prüfungsformate. https://medium.com/@szcgn: https://medium.com/@szcgn/zeitgemäße-prüfungsformate-252b16361583.

Wahl, D. (2020). Wirkungsvoll unterrichten in Schule, Hochschule und Erwachsenenbildung. Bad Heilbrunn: Julius Klinkhardt.

Dorothea Wichmann

Sonderpädagogische Förderung in Distanz

Der folgende Beitrag nimmt den Distanzunterricht aus der spezifischen Perspektive der sonderpädagogischen Förderung in den Blick. Sonderpädagogische Förderung umfasst Maßnahmen, die Kindern und Jugendlichen eine erfolgreiche Bildung sowie die bestmögliche und soziale Entwicklung ermöglichen (UN-BRK 2008). Die Förderung erfolgt bundesweit gemäß den entsprechenden Förderschwerpunkten auf der Basis einer prozessorientierten Förderdiagnostik. Es handelt sich hierbei um gezielte individuelle Fördermaßnahmen, die in einem Förderplangespräch mit dem Lernenden, den Erziehungsberechtigten und dem Team, welches zuständig für das schulische Lernen ist, erörtert und in einem Förderplan festgehalten werden. Sonderpädagogische Förderung kann in unterschiedlichen Settings stattfinden: in der Klasse, in Kleingruppen innerhalb der Klasse, in klassen- oder jahrgangsübergreifenden Lerngruppen oder auch in Form von Einzelförderung (Heimlich 2016, S. 15). Diese Organisationsformen lassen sich genauso auf sonderpädagogische Förderung in Distanz anwenden.

Inklusiver Unterricht meint somit einen der möglichen Orte sonderpädagogischer Förderung. Diese Art Unterricht berücksichtigt die Vielfalt und Heterogenität von Lerngruppen, bewertet diese als Bereicherung (Hochschulrektorenkonferenz und Kultusministerkonferenz 2015, S. 2). Inklusiver Unterricht meint die gemeinsame Beschulung von Kindern und Jugendlichen mit und ohne Behinderung (Kultusministerkonferenz 2011, S. 7). Der weite Inklusionsbegriff, der alle Dimensionen von Heterogenität einbezieht (Löser/Werning 2015, S. 17), ist von der Kultusministerkonferenz an dieser Stelle nicht gemeint.

Weitgehende Fehlanzeige

Weitgehende Fehlanzeige – mit dieser Kurzformel lässt sich die Diskussion über Distanzlernen von Schülerinnen und Schülern mit Beeinträchtigung wiedergeben. Vielleicht lag es am Zeitpunkt der bundesweiten Schulschließungen? In der zweiten Schuljahreshälfte 2020 stand die Phase der Abschlussprüfungen bevor. Viele rechtliche und praktische Fragen von tausenden von Absolventinnen und Absolventen mussten rasch beantwortet werden. Die Situation von Schülerinnen und Schülern mit Beeinträchtigungen wurden nur dann wahrgenommen, wenn sie auch im Kontext dieser Fragen von Relevanz war. Eine Untersuchung bundesweiter Regelungen hinsichtlich des Zeitraumes der Schulschließungen ergab: »Keine explizite Regelung« und »übergreifende Ausblendung« sonderpädagogischer Förderung (Casale 2020, S. 258-263). Als Erklärungen hierfür werden der oben genannte Zeitdruck einhergehend mit anderen Priorisierungen zu Beginn der Pandemie sowie die Vermutung angeführt, dass vermutlich aktuell keine tragfähigen Ansätze zur sonderpädagogischen Förderung in Distanz existieren könnten (ebd., S. 263). Die Autoren der Untersuchung fordern daher eine gemeinsame Entwicklung von Elementen sonderpädagogischen Distanzlernens sowie eine wissenschaftliche Prüfung dieser Angebote hinsichtlich ihrer Wirksamkeit und die Konzeption entsprechender Professionalisierungsangebote (ebd., S. 264).

Der überwiegend negative Befund eigener Recherche deutet an, dass nicht nur das Thema sonderpädagogischer Förderung in Distanz bislang kaum Beachtung findet, sondern auch Inklusion im Unterricht allgemein. Dringlichkeit ist angezeigt. Untersuchungen zeigen, dass die Zeit der Schulschließung insbesondere bei Schülerinnen und Schülern, die sonderpädagogischer Förderung bedürfen, zu negativen Entwicklungen geführt hat. Die noch laufende COPSY-Studie zeigt etwa, dass sich die Lebensqualität von Kindern und Jugendlichen vermindert hat. Psychische und psychosomatische Auffälligkeiten zeigen sich vor allem bei belasteten Familien (UKE 2020).

Das Recht auf individuelle Förderung in Distanz

Das allgemeine Menschenrecht junger Menschen auf Bildung (Vereinte Nationen 1948) und das Recht von Menschen mit Behinderung auf individuelle Förderung (Vereinte Nationen 2008) haben Bestand auch angesichts der behördlichen Schließung von Schulen (Casale 2020, S. 254). Auch unter diesen Umständen sind »angemessene Vorkehrungen für die Bedürfnisse des Einzelnen [zu treffen] und innerhalb des allgemeinen Bildungssystems die notwendige Unterstützung [zu leisten], um erfolgreiche Bildung zu erleichtern« (UN-BRK Artikel 24 Absatz 2, 3 und 4).

Die Fragen, die sich hiernach in Bezug auf die aktuelle Situation stellen, sind: Wie sehen die »angemessenen Vorkehrungen« und die »notwendige Unterstützung« im Distanzlernen aus? Wie kann somit sonderpädagogische Förderung in Distanz gelingen?

Angesichts dieser komplexen Situation setzt die Recherche nach Methoden und passenden Tools ein. Diese Suche erweist sich als schwierig. Abgesehen davon, dass sich Lernende mit Beeinträchtigungen in ihren Bedürfnissen gravierend voneinander unterscheiden und es kaum möglich ist, Lehrkräften allgemein gültige

Handlungsempfehlungen an die Hand zu geben, sind Tools oft zu kurzlebig. Daher soll es hier darum gehen, grundlegende Überlegungen zum Distanzlernen im Hinblick auf sonderpädagogische Förderung anzustellen und darauf aufbauend konkrete Ideen zum kollaborativen Arbeiten in inklusiven Lerngruppen aufzuzeigen, die von allgemeiner Bedeutung für die Entwicklung entsprechender Lernsettings sind.

Impulse für das Distanzlernen

Die Impulse für das Distanzlernen (vgl. vorne in diesem Band) und das Bild der didaktischen Schieberegler (vgl. den Text von Krommer in diesem Band) können aus sonderpädagogischer Perspektive geprüft und ergänzt werden. Vor dem Hintergrund der in Abschnitt 1 skizzierten Desiderate bietet es sich an, den folgenden, spezifisch sonderpädagogischen »Schieberegler« zu ergänzen:

So viel sonderpädagogische Förderung im inklusiven Unterricht wie möglich, so viel individuelle sonderpädagogische Förderung in der Kleingruppe oder Einzelförderung wie nötig.

Förderung im inklusiven Unterricht **Einzelförderung oder Förderung in Kleingruppen**

Bei der Organisation der sonderpädagogischen Förderung ist neben der Sozialform auch die Qualität der Unterstützung zu bedenken. Während »universelle und gezielte Unterstützung« sehr gut im inklusiven Unterricht der Gesamtgruppe zu gestalten ist, wird »spezialisierte Unterstützung, welche intensive oder individualisiert eingesetzte Maßnahmen meint, die durch spezialisiertes Personal durchgeführt wird« eher in Kleingruppen oder im Rahmen der Einzelförderung möglich (Heimlich 2016, S. 14). Neben der organisatorischen Frage, in welchem Rahmen sonderpädagogische Förderung angeboten wird, zeigt sich hier auch eine qualitative Frage. Was dient dem Individuum auf dem Weg zu einer erfolgreichen Bildung? Welche Kinder oder Jugendlichen bedürfen aufgrund ihrer Lernvoraussetzungen besonderer Unterstützung? Wie sieht dieser Unterstützungsbedarf aus und wie kann man ihn realisieren? Die Feinabstimmung zwischen den beiden Organisationsformen »inklusive Lerngruppe« und »Kleingruppe« oder »Einzelförderung« erfolgt durch ein genaues Hinsehen auf die individuellen Lernbedürfnisse.

Die sonderpädagogische Förderung hat in der Gesamtgruppe eine andere Qualität als in der Kleingruppe oder gar in der Einzelförderung. Sie findet in der Gesamtgruppe eher punktuell statt und ist den für die Gesamtgruppe relevanten Entwicklungsbereichen untergeordnet. Dagegen stellt die sonderpädagogische Förderung der oder des Einzelnen eine gezielte individuelle Maßnahme dar, die organisatorisch entweder in der Kleingruppe von Lernenden mit meist ähnlichen Förderschwerpunkten oder in Einzelförderung durchgeführt wird. Es wird somit deutlich, dass im inklusiven Unterricht in der Gesamtgruppe oft ein anderes Ausmaß an Förder- und Unterstützungsmaßnahmen möglich ist als in der individuellen sonderpädagogischen Förderung im kleineren Rahmen. So kann eine Lehrkraft in der Gesamtgruppe mittels Aufgabengestaltung den Förderbereich »Kommunikationsfreude« in den Fokus rücken, die individuellen Unterstützungsbedarfe der einzelnen Lernenden wie beispielsweise in den Bereichen Artikulation oder Syntax dagegen sind oftmals nur durch Förderung in Kleingruppen oder in Einzelförderung gezielt möglich.

Umsetzung der Impulse für das Distanzlernen

Die Voraussetzungen zur Gestaltung verschiedener Formen sonderpädagogischer Förderung in physischer Präsenz oder in virtueller Distanz sind ähnlich. Es bedarf der Kreativität, Innovationsfreude und oft auch der Improvisation im gemeinsamen Tun mit den Lernenden. Lernwege sind immer individuell. Die genaue Kenntnis der Lernvoraussetzungen und der sonderpädagogischen Unterstützungsbedarfe sind notwendige Voraussetzungen, um Lernsituationen gelingend zu gestalten. Grundwissen über die einzelnen Förderschwerpunkte, aber auch Wissen um die spezifischen Aneignungsformen sind hilfreich. Ebenso bedeutsam ist die Kenntnis inklusiver didaktischer Modelle, die auf die Situation des Distanzlernens angewandt werden.

Hinweise zu den Förderschwerpunkten im Hinblick auf Lernen in Distanz

Heterogene Lerngruppen zeichnen sich durch eine Vielfalt von Lernvoraussetzungen aus. Vielfalt wird als Chance gesehen (Achermann et al. 2017, S. 32). Die Grundannahme, dass jede und jeder seine Stärken und Schwächen hat, hat Konsequenzen für die Gestaltung des Unterrichts. Dieser gelingt, wenn Lehrende ihre Lerngruppe gut kennen und über grundlegendes Wissen hinsichtlich möglicher Lernschwierigkeiten verfügen. Das Arbeiten im Team mit anderen für die Lerngruppe verantwortlichen Personen sowie der Einbezug der Lernenden in die Planung und Durchführung von Unterricht und der Förderung wirkt sich positiv aus.

Im Folgenden ist eine Sammlung von Hinweisen zum Distanzlernen bezogen auf sonderpädagogische Förderschwerpunkte mit infrage kommenden Maßnahmen aufgeführt. Die Aufstellung ist nach Förderschwerpunkten sortiert, eingedenk der Tatsache, dass es sich hierbei um ein Konstrukt handelt, das vielmehr administrativen denn pädagogischen Charakter hat (KMK 1994). Die Zusammenstellung ist nicht allein auf Lernende mit sonderpädagogischem Unterstützungsbedarf bezogen. Vielmehr profitieren unterschiedliche Personengruppen, wenn Lernumgebungen auf vielfältige Art angepasst werden können. Als allgemeine Empfehlungen zur Adaption von Lernangeboten für Schülerinnen und Schüler mit sonderpädagogischem Unterstützungsbedarfe lassen sich Zeitzugabe, Ansprechen verschiedener Wahrnehmungskanäle, kleinschrittiges Vorgehen und Formulierung klarer Abläufe und Strukturen aufzählen. Lern-, Wahrnehmungs- und Sinnesbeeinträchtigungen unterschiedlicher Art erschweren unter Umständen die Rezeption und Verarbeitung von Information. Dies kann zur raschen Ermüdung und zu einer verkürzten Konzentrationsleistung führen. Pausen und gezielte personelle bzw. technische Unterstützung entlasten die Lernenden. Detaillierte Rückmeldung und eine intensive Beziehungsgestaltung helfen, die Motivation zu erhalten. Von großer Relevanz ist die technische Anpassung der digitalen Lernumgebung an die Nutzenden. Viele Techniken zur Barrierefreiheit werden derzeit entwickelt. Als hilfreich erscheint in diesem Zusammenhang das Tool *easyreading.eu* mit Vorlesefunktion, Symbolunterstützung, Vereinfachung von Texten, Übersetzungshilfe, Lineal und Optimierung der Farbkontraste für Webseiten. Zur Überprüfung der Barrierefreiheit von Webseiten und anderen Online-Angeboten mit unterschiedlichen Filtern bietet sich das Tool *funkify.org* an.

Sonderpädagogischer Förderschwerpunkt	Hinweise zum Distanzlernen
Lernen (LE) Emotionale und soziale Entwicklung (ES)	- farblich und/oder mit Icons strukturierte Lernumgebung im Learning-Management-System - Förderung der Selbstregulation und Motivation - strukturierte Arbeitsaufträge - detaillierte Zeitpläne mit Angabe von Arbeitsphasen und -pausen, Tagesschema - kollaborative Arbeitsformen - Regeln für Videokonferenzen und Arbeiten in Distanz - Rückmeldung durch Gleichaltrige und Lehrkräfte - ggf. Unterstützung der Erziehungsberechtigten bei der Gestaltung häuslicher Lernprozesse (Casale 2020, S. 263)

Sonderpädagogischer Förderschwerpunkt	Hinweise zum Distanzlernen
Sprache (SQ)	- Variation hinsichtlich der typographischen Gestaltung von Texten - Anbieten von Visualisierungen - Vorlese- und Diktierfunktion - Autokorrektur zur Überarbeitung von Texten - Chat als Alternative zur verbalen Äußerung in Videokonferenzen
Geistige Entwicklung (GG)	- farblich und/oder mit Icons strukturierte Lernumgebung im Learning-Management-System - Orientierungshilfen, Tagesschema
Körperliche und motorische Entwicklung (KmE)	- Diktierfunktion für die Anfertigung schriftlicher Arbeitsbeiträge - Vereinfachung von Multitouch-Gesten durch *AssistiveTouch* an mobilen Endgeräten - assistive Technologie wie Steuerung per Kopf- oder Augenbewegung oder Sprache - Apps zur unterstützten Kommunikation (Heusinger 2020, S. 103)
Hören und Kommunikation (HK)	- Visualisierung - Transkription von Audiobeiträgen (Heusinger 2020, S. 102) - Untertitel bei Videobeiträgen (Heusinger 2020, S. 103) - Head-Set, um Störgeräusche zu minimieren - Hinzuziehen des Chats und klare Kommunikationsregeln für Videokonferenzen - Sicherstellung von guter Bild- und Tonqualität
Sehen (SE)	- Diktierfunktion für Anfertigung schriftlicher Arbeitsbeiträge - Audiodeskriptionen bei Videomaterial (Heusinger 2020, S. 102)
(Autismus-Spektrum-Störung (ASS))	- Visualisierung von Informationen - Zeit- und Ablaufplanung (Heusinger 2020) - Reduktion von Ablenkungselementen - Unterstützung bei Kollaboration hinsichtlich klarer Rollenvorgabe und Aufgabenstellung

Tabelle 1: Hinweise zum Distanzlernen bezogen auf Förderschwerpunkte

Universal »Design for Learning« als Planungsrahmen für Distanzlernen

Neben der Kenntnis der verschiedenen Förderschwerpunkte und ihrer Implikationen für das Distanzlernen ist die Auseinandersetzung mit didaktischen Modellen wichtig, um ein didaktisch-methodisches Modell für sonderpädagogische Förderung im Distanzlernen zu finden. In der Vergangenheit wurde eine Vielzahl didaktischer Modelle im Kontext inklusiven Unterrichts diskutiert. Der Fokus lag jedoch immer auf dem Lernraum in physischer Präsenz. Nun bedarf es einer ergänzenden Konzeption für den virtuellen Raum. Im Hinblick auf Distanzlernen erscheint das *Universal Design for Learning* (UDL) als geeignet (Rose/CAST 2018). Es handelt sich hierbei um Richtlinien, die 2009 erstmals in einem dynamischen und kollaborativen Arbeitsprozess von pädagogischem Fachpersonal und angrenzenden Disziplinen veröffentlicht worden sind. Allmählich wird der Ansatz auch in der deutschsprachigen Literatur rezipiert, insbesondere im Bereich Sonderpädagogik (Schlüter 2016, 2018).

UDL bietet einen Rahmen dafür, wie verschiedene Unterstützungsangebote (von nicht technischen über einfache technische bis zu komplexeren digitalen Technologien) eingesetzt werden, um etwaige Barrieren im Lernprozess abzubauen. Es gilt, Lernumgebungen derart zu gestalten, dass Lernende ihren individuellen Lernweg zielgerichtet und motiviert gehen können. Das Design der Lernumgebung wird somit an den Lernenden angepasst. Die Richtlinien nach UDL stellen eine Sammlung konkreter Vorschläge dar, mit denen diese Adaption erfolgen kann. Der Rahmen des UDL ist in drei Prinzipien gegliedert, drei Fragestellungen und mehrere sogenannte Kontrollpunkte. Die Arbeitsweise mit diesem Leitfaden gestaltet sich als praktikabel. Lehrerinnen und Lehrer reflektieren auf Basis der Prinzipien und Fragestellungen den Lerninhalt und mögliche Lernziele. Dies geschieht zum einen in der vertikalen Ebene, in der verschiedene Aspekte des Lernens in den Blick genommen werden – wie die Frage nach dem Grund, der Darstellung und der Methodik des Lernens. In der horizontalen Ebene werden Fragen nach dem Zugang, der Realisierung des Lernens sowie der Verinnerlichung während des Lernens eröffnet. Sogenannte Kontrollpunkte bieten Ideen für die Umsetzung in die pädagogische Praxis (vgl. Rose/CAST 2018).

Anbei erfolgt eine Übersicht des UDL mit ergänzten Kürzeln der Förderschwerpunkte sowie mit der Abkürzung ASS für Autismus-Spektrum-Störung an entsprechenden Kontrollpunkten. Diese sind als erste Orientierung für Lehrkräfte gedacht und dienen als Unterstützung bei der Organisation von Distanzlernen in einer heterogenen Lerngruppe. Somit kann eine Lehrkraft effektiv mögliche Barrieren je nach Förderschwerpunkt identifizieren. Anhand der Kontrollpunkte erhält sie konkrete Hinweise zur Optimierung des Lernsettings.

	Grund *Warum* des Lernens	Darstellung *Was* des Lernens	Aktion und Ausdruck *Wie* des Lernens
Verbesserung des Zugangs zum Lernziel	Wecken von Lerninteresse (LE, ES, GG, ASS) - individuelle Wahlmöglichkeiten und Autonomie - Angebot an relevanten, sinnvollen und authentischen Aufgaben- Minimierung von Ablenkungen und empfundenen Bedrohungen	Wahrnehmung (SQ, GG, HK, SE, ASS) - Anpassung der Darstellungen - Berücksichtigung diverser Wahrnehmungskanäle	Motorik (KME) - Variation in Methoden zu Antworten und Steuerung
Realisierung	Anstrengung und Beharrlichkeit(LE, ES) - Klärung der Bedeutsamkeit von Zielen und Vorgaben - Optimierung des Anforderungsniveaus durch Variation von Anforderungen und Hilfen - Förderung der Zusammenarbeit und Gemeinschaft - Rückmeldung in Bezug auf Lernprozess	Sprache und Symbole(SQ, ASS) - Klärung dieser, auch im Hinblick auf Satzbau - Unterstützung beim Textverständnis - Nutzung anderer Sprachen ermöglichen - Anbieten von Illustrationen	Ausdruck und Kommunikation(SQ, GG, ASS) - Vielfalt von Kommunikationsmöglichkeiten - Nutzung von Werkzeugen und Hilfsmitteln - abgestufte Unterstützung bei Übungen einrichten
Verinnerlichung während des Lernens	Selbstregulierung(LE, ES, ASS) - Motivation durch Förderung der Erwartungen auf den eigenen Lernprozess - Einüben von eigenen Bewältigungsstrategien- Entwicklung von Selbsteinschätzung und Reflexion	Verständnis(LE) - Aktivierung von Hintergrundwissen - Hervorhebungen von wesentlichen Informationen - Anleitung zur Verarbeitung und Visualisierung von Informationen - Unterstützung hin zum Transfer	Ausführende Funktionen(LE, ES, GG, ASS) - Unterstützung bei Zielsetzung - Assistenz bei Planungs- und Strategieentwicklung - Orientierung im Umgang mit Informationen und anderen Ressourcen - Verfolgen und Einschätzen des eigenen Lernfortschritts

Tabelle 2: UDL Richtlinien (eigene Übersetzung der Guidelines Version 2.2) mit ergänzten Förderschwerpunkten

Kollaboration als Moment sonderpädagogischer Förderung

Kollaboration stellt ein wesentliches Moment in sonderpädagogischer Förderung dar, welches auf die Teilhabe der und des Einzelnen in die Gesellschaft oder – in diesem Falle – in die Lerngruppe zielt. Beim kollaborativem Lernen steht die Gruppe und ihr gemeinsamer Arbeitsprozess im Zentrum. Durch die gemeinsame Bearbeitung einer Aufgabenstellung, das Aushandeln und Bestimmen der einzelnen Schritte und ihrer Verantwortlichen werden Lernende angehalten, ihr Wissen mit anderen zu teilen und sich das Wissen anderer anzueignen. Darüber hinaus findet eine intensivere Reflexion des gemeinsamen Arbeitens statt. Diese findet sich in den Kommentaren, die den Arbeitsprozess reflektieren, in Entscheidungen, die von den Verantwortlichkeiten begründet werden müssen und in der Pflege der Feedbackkultur wieder (Heusinger 2020, S. 45).

Sonderpädagogische Förderung findet in solchen kollaborativen Arbeitsformen immanent statt. Eine Auswahl der Förderbereiche, die hier angesprochen werden, sind Merk-, Abstraktions-, Transferfähigkeit, emotionale und soziale Fähigkeiten wie das Äußern von Bedürfnissen, Selbststeuerung und Konfliktfähigkeit, Förderung des Lern- und Arbeitsverhaltens hinsichtlich Ausdauer, Belastbarkeit, Konzentration, Arbeitsplanung sowie sprachlicher und kommunikativer Kompetenzen (Fleckenstein 2015, S. 13). Kinder und Jugendliche tragen mit ihren Fähigkeiten zum gemeinsamen Arbeitsergebnis bei. Dafür ist es unerlässlich, auf Besonderheiten bei den Lernvoraussetzungen, den jeweiligen Aneignungswegen und dem Kommunikationsverhalten der Einzelnen einzugehen. Ein hohes Maß an Empathie ist dafür die Voraussetzung. Lehrkräfte sind in diesen Arbeitsphasen gefordert, die Lerngruppe zu begleiten und sie dabei zu unterstützen, die hierfür notwendigen Fähigkeiten zu erwerben und einzuüben. Kollaborativ gestaltete Unterrichtsarrangements ermöglichen ein Zugehörigkeitsgefühl und ein Gefühl der Teilhabe. Diese sind wesentliche Merkmale einer guten Lernatmosphäre im inklusiven Unterricht.

Aus der bisherigen Unterrichtspraxis in physischer Präsenz sind Lehrkräften eine Vielzahl von didaktischen Ansätzen und Methoden bekannt, um Kollaboration unter Lernenden zu ermöglichen und zu fördern. Doch wie können kollaborative Lernformen in den Modus des Distanzlernens transferiert werden? Es gilt, die zugrundeliegenden Prinzipien auf den digitalen Raum zu übertragen: Mehrere Personen arbeiten an einem Vorhaben auf verschiedenen Niveaus, an diversen Aufgabenfeldern, tauschen sich über ihre Arbeitsergebnisse aus und reflektieren ihren Arbeitsprozess. Die folgenden Beispiele zeigen, wie dies auch im Distanzlernen möglich ist. Ein Minimum an technischer Ausstattung – wie entsprechende Endgeräte und eine stabile Internetverbindung – ist unerlässlich und kann nur im Ausnahmefall durch analoges Vorgehen ersetzt werden. Die genannten Tools sind keine erschöpfende Zusammenstellung, denn Tools sind schnelllebig und unterliegen rascher Veränderung. Meist reicht eine kurze Recherche, um die für das eigene Vorhaben passenden Tools zu finden. Die Nutzung von Tools im Distanzlernen hat einen positiven Nebeneffekt. Die Vielfalt der Tools und die Möglichkeiten zu technischen Feinjustierungen vermindern eventuell vorhandene Barrieren. Hybridformen, die analoges und digitales Arbeiten verbinden, sind denkbar. Nicht-digital erarbeitete, einzelne Lernprodukte wie gemalte Bilder, handgeschriebene Texte oder angefertigte Modelle sowie die entsprechenden digital erstellten Pendants können durch entsprechende Tools in ein gemeinsames Vorhaben zusammengefasst werden. Je nach Situation kann die Rezeption der Arbeitsergebnisse entweder individuell auf einer Plattform oder in einem Learning-Management-System erfolgen. Es besteht ebenfalls die Option, diese gemeinsam im Klassenraum oder im Rahmen einer Videokonferenz in einem virtuellen Galeriegang zu betrachten. Bei der Auswahl von kollaborativen Vorhaben im Distanzlernen als eine Möglichkeit der sonderpädagogischen Förderung kann ein Blick auf die zuvor tabellarisch dargestellten Zusammenstellungen Hinweise zum Distanzlernen bezogen auf Förderschwerpunkte (Tab. 1) und UDL Richtlinien (Tab. 2) mit ergänzten Förderschwerpunkten geben. Im Folgenden werden Unterrichtsvorschläge beispielhaft besprochen.

Beispiel 1: Kollaboratives Schreiben interaktiver Hypertextgeschichten

Gemeinsame Schreibprozesse – wie Schreibkonferenzen – sind vielen Schülerinnen und Schülern vertraut. Interaktive Whiteboards verlagern entsprechende Methoden in den virtuellen Raum. Lernende können an einem gemeinsamen Textprodukt arbeiten. Gerade Kinder und Jugendliche, die Unsicherheiten hinsichtlich ihrer Lese- und Schreibfähigkeiten haben, können es als Entlastung erleben, wenn Mitschülerinnen und Mitschüler sie unterstützen indem sie mit dem Schreiben beginnen, ihre Texte ergänzen oder ihnen bei der Suche nach geeigneten Formulierungen helfen. Workchats, die einen parallelen schriftlichen Austausch ermöglichen, können hier eine wertvolle Ergänzung darstellen (Heusinger 2020, S. 49). Hohen Aufforderungscharakter hat das Schreiben interaktiver Hypertextgeschichten (Montesfusco 2020), die durch Verlinkungen auf andere Textseiten einen variablen Leseweg anbieten. Es gilt, eine Rahmenhandlung zu planen, Entscheidungsbäume zu definieren und diese schließlich sprachlich auszugestalten. Dies ermöglicht das Anbieten verschiedener Anforderungsniveaus. Eine Umsetzung mit *Twine* (vgl. Wampfler 2020, S. 36 f.) erlaubt etwa im Deutschunterricht, spannende Erzählungen zu verfassen, in Religion, Ethik oder Philosophie können Schülerinnen und Schüler Geschichten rund um Dilemma-Situationen gestalten und relevanten Entscheidungen erzählerisch vorgeben.

Beispiel 2: Kollaborative Gestaltung interaktiver Grafiken

Interaktive Grafiken haben einen hohen Aufforderungscharakter. Sie sprechen durch die Verbindung von Bild, Text, Audio und Video viele Sinne an und laden die Betrachterin oder den Betrachter zu eigenen Entdeckungstouren ein. Mittlerweile gibt es einige Tools, die die Erstellung von Grafiken vereinfachen, sodass Lerngruppen ihre eigenen Grafiken erstellen können (z. B. *Canva* oder *Adobe Spark*). Aufgrund der oben angesprochenen Wahrnehmungskanäle ist es möglich, dass Schülerinnen und Schüler in der Erarbeitung der einzelnen Elemente ihren individuellen Lernzugang auswählen. Lernende, die beispielsweise mehr über Bild- als Schriftsprache kommunizieren, haben somit die Möglichkeit, einen Beitrag zur Erklärung eines Sachverhaltes auf der Bildebene – sei es über Fotos, Video oder ein selbstgemaltes Bild – beizusteuern. Zwei konkrete Formen von Grafiken verdeutlichen, wie interaktive Grafiken als Lernprodukte funktionieren:

1. Didaktische Landkarten: Als eine Form der interaktiven Grafik, zum Abschluss einer Unterrichtsreihe oder aber vorab im Sinne eines Advanced Organizers lassen sich sehr gut arbeitsteilig erstellen. Hierfür erarbeitet die Lerngruppe die Unterthemen des Gesamtthemas. Lernende können mit unterschiedlichen Schwerpunkten ihr Unterthema entweder in Einzelarbeit, im Team oder in der Kleingruppe bearbeiten (Hirsch 2019). Hierzu erstellen sie Abbildungen, Informationstexte, weiterführende Betrachtungen, Audiokommentare oder Erklärvideos. All diese verschiedenen Repräsentationsformen werden in den einzelnen Unterthemen durch Verlinkungen zu einer didaktischen Landkarte zusammengeführt. Auch hier zeigt sich, dass jedes Einzelelement – sei es ein Bild, ein kurzer oder längerer Text, ein Audio- oder Videobeitrag – zur Gestaltung des Gesamtwerks beiträgt. Konkrete Tools, mit denen sich hier arbeiten ließe, sind infogram.com, visme.co oder genial.ly. Thematisch besteht bei diesem Beispiel viel Freiraum, sinnvollerweise werden Fragestellungen bearbeitet, zu denen ein visueller Zugang denkbar ist.

2. Interaktive Zeitleisten: Handlungsplanung ist ein wichtiges Element bei der Gestaltung von Arbeitsprozessen. Lernende entwerfen zunächst eine Vorstellung der zeitlichen Abfolge von Einzelschritten die es braucht, um ein Handlungsergebnis zu erhalten. Für das Lernen von Schülerinnen und Schülern mit sonderpädagogischem Unterstützungsbedarf ist dies elementar, denn ihre emotionale, soziale und geistige Entwicklung bedarf hierin oft zusätzliche Unterstützung. Das Arbeiten mit Zeitleisten, bzw. visuellen Darstellungen von Abläufen stellt eine Möglichkeit der sonderpädagogischen Förderung dar.

Komplexe Handlungseinheiten werden in mehrere Einzelschritte untergliedert. Die einzelnen Schritte lassen sich von verschiedenen Teams oder Kleingruppen bildlich und schriftlich darstellen sowie mit Audio- oder Videoaufnahmen unterlegen. Schließlich werden die erarbeiteten Teilschritte in eine Zeitleiste, eine weitere Form einer interaktiven Grafik, eingefügt. Die unterschiedlichen Fähigkeiten der Lernenden kommen hier zur Geltung, wenn die Teilaufgaben getrennt nach Interesse und Begabung bearbeitet werden: grafische Gestaltung der gesamten Zeitleiste und einzelner Elemente, inhaltliche Darstellung, audio-visuelle Umsetzung des Einzelschrittes etc.

Konkrete Ideen zur Umsetzung von Unterrichtsthemen:
- Deutsch: Vorgangsbeschreibung, Aufbau einer Spannungsgeschichte
- Mathematik: Entwicklung des Zahlensystems
- Biologie: Entwicklungszyklen
- Geschichte/Musik/Kunst: Epochendarstellungen
- Technik: Anfertigung eines Werkstücks
- Hauswirtschaft: Kochen eines Gerichts

Die inhaltliche Stimmigkeit einer Zeitleiste beispielsweise zu einer Vorgangsbeschreibung lässt sich durch reales Ausprobieren und Nachahmen überprüfen. Hierzu betrachtet die Lerngruppe die Zeitleiste im virtuellen Raum und einige Lernende befolgen durch konkretes Handeln in physischer Präsenz die Teilschritte. Brüche oder Lücken in der Beschreibung lassen sich so schnell identifizieren. Die für den Teilschritt verantwortlichen Schülerinnen und Schüler nehmen diese Rückmeldung auf und überarbeiten ihren Auftrag. Mögliche Tools wären: *infogram, visme, genial.ly*.

Kollaborative Erarbeitung digitaler Touren

Die Zusammenführung von analoger und digitaler Welt in Touren durch die Umgebung ist reizvoll und lässt sich durch Tools einfach bewerkstelligen. Bei diesen handelt es sich um Autorensysteme, die mit eigenen Informationen wie Fotos, Audios, GPS-Koordinaten, Fragen und Aufgaben gefüllt werden müssen. Das Sammeln der oben genannten Informationen erfolgt durch die Schülerinnen und Schüler, welche ihre unterschiedlichen Fähigkeiten einbringen können. Während einige Kinder und Jugendliche ihre Ortskenntnis beweisen können, bringen andere ihre visuelle Wahrnehmungsfähigkeit, Freude an der Recherche zu bestimmten Orten oder Entwicklung von Erkundungsfragen und -aufgaben ein. Schließlich werden die gesammelten Angaben hochgeladen und in die Reihenfolge des angedachten Weges der Tour gebracht.

Konkrete Ideen zur Umsetzung von Unterrichtsthemen:
- Deutsch: Vorstellung der eigenen Schule
- Mathematik: geometrische Formen auf dem Schulgelände
- Erdkunde: Kartenkunde
- Geschichte: Römische Zeugnisse in der Umgebung

Viele digitale Touren in der näheren Umgebung finden sich bereits im Netz. Es lohnt sich auf den entsprechenden interaktiven Landkarten nachzusehen, ob diese sich für die eigene Lerngruppe eignen. Mögliche Tools wären: *Actionbound, Biparcours, Digiwalk.*

Kollaboratives Filmen von Erklärvideos

Die Erstellung eines Erklärvideos erfordert eine Vielzahl von Teilaufgaben; wie das Anfertigen eines Drehbuches oder das Schreiben von zentralen Begriffskarten, das Zeichnen von Bildeinheiten, die Aufnahme von Audiokommentaren sowie Erstellung des Titelbildes und des Abspanns. Diese Teilaufgaben lassen sich wiederum in Einzelarbeit, in Teams oder in Kleingruppen je nach Neigung und Vermögen bearbeiten. Schließlich müssen diese Teilergebnisse zu einem Erklärvideo zusammengefügt werden (Schlegel 2016). Dabei hat jeder Teilschritt, sei es das Bewegen der Begriffskarten per Hand, das Zeichnen von Filmelementen, die Synchronisation oder die technische Bearbeitung des Bildes seine Bedeutung für das Gesamtergebnis.

Konkrete Ideen zur Umsetzung von Unterrichtsthemen:

- Deutsch: Zeitformen
- Englisch: Wegerklärungen
- Mathematik: Bruchrechnung
- Chemie: Stoffe und ihre Verbindungen

Mögliche Tools wären: *Explaineverything, Edpuzzle.*

Abschlussbetrachtung

Die dargestellten Ausführungen sollen Lehrerinnen und Lehrern, die im Bereich sonderpädagogische Förderung und im Gemeinsamen Lernen tätig sind, Anregung und Unterstützung zugleich sein. Sonderpädagogische Förderung im Distanzlernen ist möglich. Kollaboration ist ein Moment sonderpädagogischer Förderung, welches realisierbar ist. Neben Kreativität, Innovationsfreude und oft auch Improvisation braucht es Grundkenntnisse sonderpädagogischer Förderschwerpunkte und ihrer Implikationen für die Unterrichtsgestaltung. Mittels eines Planungsrahmens, wie hier *Universal Design for Learning*, kann die Gestaltung von Lernumgebungen im Distanzlernen für heterogene Lerngruppen optimiert werden. Es gilt, weiterhin nach Formen, Methoden und Möglichkeiten der technischen Umsetzung zu suchen. »Fehlanzeige« sollte nicht mehr der Befund sein, wenn man fortan an das Bildungs- und Teilhaberecht von Menschen mit Beeinträchtigungen im Distanzlernen denkt.

Literatur

Achermann, B. (Hrsg.) (2017). Index für Inklusion: Ein Leitfaden für Schulentwicklung. Weinheim/Basel: Beltz.

Casale, G., Börnert-Ringleb, M. & Hillenbrand, C. (2020). Fördern auf Distanz? Sonderpädagogische Unterstützung im Lernen und in der emotional-sozialen Entwicklung während der Schulschließungen 2020 gemäß der Bundesländer. In Zeitschrift für Heilpädagogik 71 (S. 254-267).

Fleckenstein, J., Jankuhn, S., Meiering, S. & Scholz, H. (2015). Diagnostischer Leitfaden zur Erstellung des sonderpädagogischen Unterstützungsbedarfs. Idstein: Schulz-Kirchner-Verlag.

Heimlich, U., Hillenbrand, C. & Wember, F. (2016). Lernen. In Ministerium für Schule und Weiterbildung des Landes Nordrhein-Westfalen (Hrsg.), Sonderpädagogische Förderschwerpunkte in der NRW. Ein Blick aus der Wissenschaft in die Praxis. Düsseldorf: Tannhäuser Media GmbH.

Heusinger, M. (2020). Lernprozesse digital unterstützen. Ein Methodenbuch für den Unterricht. Weinheim/Basel: Beltz.

Hirsch, N. (2019). Infografiken zum Lehren und Lernen. https://ebildungslabor.de/blog/infografiken/.

Hochschulrektorenkonferenz und Kultusministerkonferenz (2015): Lehrerbildung für eine Schule der Vielfalt. Gemeinsame Empfehlung von Hochschulrektorenkonferenz und Kultusministerkonferenz. https://www.kmk.org/fileadmin/Dateien/veroeffentlichungen_beschluesse/2015/2015_03_12-Schule-der-Vielfalt.pdf.

Kultusministerkonferenz (1994). Empfehlungen zur sonderpädagogischen Förderung in den Schulen in der Bundesrepublik Deutschland. https://www.kmk.org/fileadmin/veroeffentlichungen_beschluesse/1994/1994_05_06-Empfehlung-sonderpaed-Foerderung.pdf.

Kultusministerkonferenz (2011). Inklusive Bildung von Kindern und Jugendlichen mit Behinderungen in Schulen. https://www.kmk.org/fileadmin/Dateien/veroeffentlichungen_beschluesse/2011/2011_10_20-Inklusive-Bildung.pdf.

Löser, J. M. & Werning, R. (2015). Inklusion – allgegenwärtig, kontrovers, diffus? In Erziehungswissenschaft 26 51 (S. 17-24).

Ministerium für Schule und Bildung des Landes Nordrhein-Westfalen (Hrsg.) (2020). Handreichung zur lernförderlichen Verknüpfung von Präsenz- und Distanzunterricht. https://xn--broschren-v9a.nrw/fileadmin/Handreichung_zur_lernfoerderlichen_Verknuepfung/pdf/Handreichung-Distanzunterricht.pdf.

Montefusco, A. (2020). Hypertextgeschichten kollaborativ schreiben https://adrianomontefus.co/hypertextgeschichten-kollaborativ-schreiben/

Rose, D. & CAST (2018): Universal Design for Learning Guidelines Version 2.2. http://udlguidelines.cast.org.

Schlegel, F. (2016). Erklärvideos im Unterricht. https://www.lwl.org/film-und-schule-download/Unterrichtsmaterial/Erkl%C3%A4rvideos-im-Unterricht.pdf.

Schlüter, Ann-Kathrin et al. (2016). Unterrichtsgestaltung in Klassen des Gemeinsamen Lernens. Universal Design for Learning. Sonderpädagogische Förderung heute 61 3 (S. 270-285).

Schlüter et al. (2018). Universitäre Vorbereitung angehender Lehrkräfte auf inklusiven Unterricht. Seminarkonzeption zur Professionalisierung für inklusiven Fachunterricht. Zeitschrift für Heilpädagogik 69 (S. 582-595).

Universitätsklinik Hamburg-Eppendorf (Hrsg.) (2020). Psychische Gesundheit von Kindern hat sich während der Corona-Pandemie verschlechtert. Online: https://www.uke.de/allgemein/presse/pressemitteilungen/detailseite_96962.html

Vereinte Nationen (1948). Resolution der Generalversammlung 217 A (III) – Allgemeine Erklärung der Menschenrechte. https://www.un.org/depts/german/menschenrechte/aemr.pdf.

Vereinte Nationen (2008). Konvention über die Rechte von Menschen mit Behinderungen. https://www.bmas.de/SharedDocs/Downloads/DE/PDF-Publikationen/a729-un-konvention.pdf;jsessionid=38A00329C255C1FF8E5DF43F20B80F08?__blob=publicationFile&v=4.

Wampfler, P. (2020): Digitales Schreiben. Stuttgart: Reclam.

Autorenverzeichnis

Christian Albrecht ist wissenschaftlicher Mitarbeiter am Lehrstuhl für Didaktik der deutschen Sprache und Literatur der FAU Erlangen-Nürnberg. Seine Forschungsschwerpunkte liegen in der Literatur- und Mediendidaktik, insb. in der ästhetischen Kommunikation im Literaturunterricht, in der Filmdidaktik, in digitaler Bildung und in der empirischen Unterrichtsforschung.
christian.albrecht@fau.de | twitter.com/chrisalbrecht01

Andrea Eichler-Seitz ist Lehrerin für Volks- und Betriebswirtschaftslehre an der Carl-Theodor-Schule in Schwetzingen. Sie ist als Fachberaterin für Volks- und Betriebswirtschaftslehre und individuelle Förderung, sowie als Trainerin für Selbstorganisiertes Lernen in der Fortbildung am Zentrum für Schulqualität und Lehrerbildung, Baden-Württemberg, tätig.
andrea.eichler-seitz@zsl-rsma.de | twitter.com/eichler_cts

Florian Emrich ist Konrektor und derzeit auch kommissarischer Schulleiter an der KGS Niederkassel in Nordrhein-Westfalen. Zudem unterstützt er als Medienberater im Auftrag der Bezirksregierung Köln Schule beim Prozess der Digitalisierung.
florian@emrich.in | twitter.com/Bingenberger

Mona Frommer ist Lehrerin für die Fächer Geschichte mit Gemeinschaftskunde, Deutsch, Sport und Pädagogische Psychologie an der Max-Weber-Schule Kaufmännische Schule II Freiburg. Sie ist Trainerin und Fortbildnerin für Selbstorganisiertes Lernen am Zentrum für Schulqualität und Lehrerbildung, Baden-Württemberg.
mona.frommer@max-weber-schule.de | twitter.com/MoFro20

Simon Maria Hassemer ist Deutsch- und Geschichtslehrer an der Josef-Durler-Schule Rastatt und Projektleiter für »3D erleben« am ZSL Stuttgart. Er arbeitet in den Bereichen Gamification, Extended Reality und Lernraumgestaltung. In seiner Dissertation beschäftigte er sich mit der populärkulturellen Darstellung von Mittelalter in Medien des 21. Jahrhunderts.
dr.hassemer@jdsr.de | twitter.com/smhassemer

Axel Krommer ist Akademischer Oberrat am Lehrstuhl für Didaktik der deutschen Sprache und Literatur an der Universität Erlangen-Nürnberg.
*Axel.krommer@fau.de | twitter.com/mediendidaktik_*

Adriane Langela-Bickenbach ist Lehrerin für Fremdsprachen am Gymnasium St. Leonhard Aachen, Fachleiterin Englisch in der Lehrerausbildung am ZfsL Aachen und in der Lehrerfortbildung aktiv. Sie denkt, spricht und schreibt zu den Themen Lernen, Kommunikation und Zusammenarbeit unter den Bedingungen der Digitalität sowie Gestaltung digitaler und analoger Lernräume. Ihr #GLASKonzept, das Videokonferenzen und kollaboratives Arbeiten in digitalen Medien zur Öffnung von Schule und für internationalen Austausch nutzt, wurde 2018 in der Kategorie Unterricht innovativ mit dem 1. Platz des Deutschen Lehrerpreises ausgezeichnet.
adrianebickenbach@web.de | twitter.com/adriane_langela

Stefanie Maurer ist Schulleiterin an der Averbruchschule in Dinslaken (NRW) und Trainerin für Unterrichtsentwicklung im digitalen Kontext der Bezirksregierung Düsseldorf. Ihr Schwerpunkt ist das Lernen mit Tablets im Grundschulunterricht, zu dem bereits 2014 eine DVD erschienen ist: Mobiles Lernen II, Aktive Medienarbeit mit iPads, MedienLB.
stefanie.maurer@br.nrw.de | https://twitter.com/maurerstef

Tom Mittelbach ist seit elf Jahren Fachoberlehrer an der Friedrich-Uhlmann-Schule, einer Gemeinschaftsschule in Laupheim im Landkreis Biberach. Er unterrichtet die Fächer Technik, Sport, Naturwissenschaft und Technik sowie Ethik. Zudem ist er als SMV-Beauftragter und als Referent in der Lehrerfortbildung tätig. Im Rahmen dieses Auftrages führt er unter Anderem Barcamps, pädagogische Tage und erlebnispädagogische Fortbildungen durch. Er ist Fachberater für Ethik und Technik an der Primarstufe. Bevor er in den Schuldienst kam arbeitete er ein Jahrzehnt als Streetworker in Ulm. Mittelbach ist Herausgeber des Buch »Scrum in die Schule«, Visual Books 2020.
http://Tommittelbach.org | https://Twitter.com/MittelbachTom

Christian Nagel ist Lehrer für Deutsch und Erziehungswissenschaft am Westfalen-Kolleg in Dortmund.
christian.nagel@wkdo.info

Anna Reuter ist Lehrerin für Gestaltungsfächer an einem Berufskolleg im Raum Köln. Seit 2003 begleitet sie als Fachseminarleiterin angehende Lehrerinnen und Lehrer in den Studienseminaren Köln und Leverkusen auf dem Weg in den Leh-

rerberuf. Sie ist Certified ScrumMaster®, Arbeitsschwerpunkte sind Agilität und Digitalität in der Bildung. https://annacologne.wordpress.com/
anna.reuter@zfsl-k.de | *twitter.com/CologneAnna*

Philip Stade ist Musik- und Geographielehrer an einem Gymnasium im Schwarzwald. 2021 wird seine Doktorarbeit zum Online-Diskurs "YouTube vs. GEMA" im Büchner Verlag erscheinen.
twitter.com/freiekultur

Philipp Staubitz ist Sonderpädagoge Lehrbeauftragter für den Bereich Lernen und emotionale und soziale Entwicklung am Sonderpädagogik Seminar in Freiburg. Er ist zudem in der Lehrerfortbildung tätig und beschäftigt sich schwerpunktmäßig mit dem Thema Digitalisierung am SBBZ. Imuplse und Selbstlernmöglichkeiten rund um dieses Thema dokumentiert er auf seiner Website www.ideenwolke.net.
philipp.staubitz@ab.sopaedseminar-fr.de | *twitter.com/loomite*

Monika Stiller Thoms ist Deutschlehrerin an der Kantonsschule Willisau und interessiert sich für Bildung im Kontext der Digitalität.
monika.stillerthoms@gmail.com | *https://twitter.com/ichbinstiller.*

Frauke Thoms ist Maturandin, Frederik Thoms Maturand an der Kantonsschule Wettingen.

Philippe Wampfler ist Deutschlehrer an der Kantonsschule Enge in Zürich und Dozent für Deutschdidaktik an der Universität Zürich. Er publiziert zu Digitalität und Bildung, zuletzt von ihm erschienen: Digitales Schreiben, Reclam 2020.
phwampfler@gmail.com | *https://twitter.com/phwampfler*

Dorothea Wichmann ist Lehrerin für sonderpädagogische Förderung und Sekundarstufe I und arbeitet als Inklusionsfachberaterin am Schulamt für die Stadt Bonn. Ihr Interesse gilt den Themen Inklusiver Hybridunterricht und sonderpädagogische Förderung in Distanz.
dorothea.wichmann@gmx.de | *twitter.com/killoyle*